ACCESO GRATIS ***a la Lectura en la Nube***

Para visualizar el libro electrónico en la nube de lectura envíe junto a su nombre y apellidos una fotografía del código de barras situado en la contraportada del libro y otra del ticket de compra a la dirección:

ebooktirant@tirant.com

En un máximo de 72 horas laborales le enviaremos el código de acceso con sus instrucciones.

TRABAJOS DE REVISIÓN DEL CÓDIGO PENAL

Proyecto de reformas y exposición de motivos (1903-1912). Estudios críticos y edición facsimilar

TRABAJOS DE REVISIÓN DEL CÓDIGO PENAL

Proyecto de reformas y exposición de motivos (1903-1912). Estudios críticos y edición facsimilar

JESSICA COLÍN MARTÍNEZ
RAFAEL ESTRADA MICHEL
MARIO A. TÉLLEZ G.
(Coordinadores)

tirant lo blanch
Ciudad de México, 2023

En caso de erratas y actualizaciones, la Editorial Tirant lo Blanch publicará la pertinente corrección en la página web tirant.com/mx.

Este libro será publicado y distribuido internacionalmente en todos los países donde la Editorial Tirant lo Blanch esté presente.

Esta obra pertenece a la Colección Editorial Rumbo al Bicentenario. Centro de Investigaciones Judiciales de la Escuela Judicial del Estado de México. Calle Leona Vicario núm. 301, Col. Santa Clara C.P. 50090, Toluca, Estado de México Tel. (722) 167 9200, Extensiones: 16821, 16822, 16804. Página web: http://www.pjedomex.gob.mx/ejem/

Editor responsable:
Dr. Juan Carlos Abreu y Abreu
Director del Centro de Investigaciones Judiciales

Editora ejecutiva:
L. en D. María Fernanda Chávez Vilchis

Equipo Editorial:
L. en D. Jessica Flores Hernández
L. en D. Orlando Aramis Aragón Sánchez

Diseño de portada:
Coordinación General de Comunicación Social
del Poder Judicial del Estado de México

La edición y el cuidado de esta obra estuvieron a cargo del Centro de Investigaciones Judiciales del Poder Judicial del Estado de México.

© TIRANT LO BLANCH
DISTRIBUYE: TIRANT LO BLANCH MÉXICO
Av. Tamaulipas 150, Oficina 502
Hipódromo, Cuauhtémoc,
CP 06100, Ciudad de México
Telf: +52 1 55 65502317
infomex@tirant.com
www.tirant.com/mex/
www.tirant.es
ISBN: 978-84-1197-138-6
MAQUETA: Innovatext

Si tiene alguna queja o sugerencia, envíenos un mail a: atencioncliente@tirant.com. En caso de no ser atendida su sugerencia, por favor, lea en www.tirant.net/index.php/empresa/politicas-de-empresa nuestro Procedimiento de quejas.

Responsabilidad Social Corporativa: http://www.tirant.net/Docs/RSCTirant.pdf

Autores

Jessica Colín Martínez

Rafael Estrada Michel

Emmanuel Heredia González

Diego Pulido Esteva

Odette María Rojas Sosa

Mario A. Téllez G.

JUNTA GENERAL ACADÉMICA

Índice

INTRODUCCIÓN ... 13
Jessica Colín Martínez, Rafael Estrada Michel y Mario A. Téllez G.

LA COMISIÓN REVISORA DEL CÓDIGO PENAL: DOCTRINAS, MIEMBROS Y TRABAJOS, 1903-1912 ... 23
Diego Pulido Esteva

LA FORMACIÓN DE LOS ABOGADOS DEL ESTADO DE MÉXICO EN EL PORFIRIATO ... 51
Mario A. Téllez G.

UN MAL SOCIAL GRAVE Y TRASCENDENTAL: LA EBRIEDAD EN EL DISCURSO JURÍDICO A FINALES DEL PORFIRIATO ... 77
Odette María Rojas Sosa

CODIFICACIÓN Y CAMBIO JURÍDICO. LA DISPUTA DE LAS ESCUELAS CLÁSICA Y POSITIVISTA EN LA REVISIÓN DEL CÓDIGO PENAL DEL DISTRITO FEDERAL, 1903-1912 ... 113
Jessica Colín Martínez

LA REFORMA AL CÓDIGO PENAL DE 1871 VISTA DESDE LA PRÁCTICA: PODER JUDICIAL FEDERAL, OPINIÓN PÚBLICA Y PROPUESTAS DE LOS JUZGADORES A FINALES DEL PORFIRIATO ... 161
Emmanuel Heredia González

SISTEMA PROCESAL Y CODIFICACIÓN SUSTANTIVA: LA EQUÍVOCA AUTONOMÍA DEL MINISTERIO PÚBLICO ... 207
Rafael Estrada Michel

TRABAJOS DE REVISIÓN DEL CÓDIGO PENAL.
PROYECTO DE REFORMAS Y EXPOSICIÓN DE MOTIVOS
(Facsimilar, en formato digital)

INTRODUCCIÓN

Las dos obras que publicamos en este volumen son los *Trabajos de revisión del código penal. Proyecto de reformas y exposición de motivos* (en formato digital), y seis textos de autoría individual que problematizan el proceso histórico en el que tuvo lugar esta importante iniciativa de reforma normativa y doctrinaria en México a comienzos del siglo XX. Se trata de un esfuerzo colectivo de difusión, discusión y análisis para la historia del Derecho y de la abogacía mexicana.

La publicación de fuentes histórico-jurídicas tiene una larga tradición en México, aunque salvo contados casos, no ha sido un género muy apreciado por las y los especialistas, a tal punto de que es difícil recordar a alguna investigadora o investigador de la historia del derecho únicamente por la autoría de obras de esa naturaleza. El libro *Fuentes sobre la historia del trabajo en Nueva España*, publicado por Silvio Zavala y María Costelo hace más de medio siglo constituye una valiosa excepción. Sin embargo, cabe señalar que difícilmente habría alcanzado tal reconocimiento sin la importante obra historiográfica que Zavala y Costelo publicaron posteriormente. Por ello, más allá del reconocimiento, y sin entrar ahora al debate sobre la justeza de tal circunstancia, pensamos que la publicación de fuentes históricas con fines de rescate y difusión es una tarea fundamental. En esa labor hemos perseverado los últimos lustros. Quienes coordinamos este volumen pertenecemos a tres generaciones distintas. No obstante, la vocación académica que nos une en torno a la historia del derecho mexicano nos hace sentir afortunados pensando que la continuidad en el rescate y difusión de fuentes histórico-jurídicas permanecerá por largo tiempo. La disponibilidad documental es condición esencial para elaborar nuevas reflexiones, formular nuevas preguntas y sugerir posibles explicaciones sobre fenómenos sociales diversos.

Esta es la mayor apuesta que hacemos con la publicación digital de los cuatro tomos que integran los *Trabajos de revisión del código penal*, obra editada en 1912 por la Oficina Impresora de Estampillas e inmediatamente situada en los anales de la trayectoria codificadora en México, aun como expresión jurídica de un proyecto que no prosperó de acuerdo con la pretendida reforma de la época. Ello, por supuesto, no resta en absoluto riqueza doctrinaria al documento, y menos aún a las reflexiones esgrimidas por personajes vinculados a la procuración, administración e impartición de justicia, a la política, o a la educación jurídica en el cambio de siglo. Por el contrario, consideramos que se trata de una fuente imprescindible —aunque poco explorada— para los estudios sobre la «cuestión penal» y las dimensiones socioculturales del derecho, lo mismo que para otras especialidades historiográficas. En suma, una fuente extraordinaria en la materia.

La difusión del uso de la imprenta facilitó la publicación de fuentes hasta el punto de alcanzar, varios siglos después, una ingrata contradicción: cuántas instituciones o personas agradecerían o estarían en condiciones de recibir de buen agrado hoy, por ejemplo, una nueva edición facsimilar de la célebre *Legislación Mexicana de Manuel Dublán y José M. Lozano*, con sus más de 30 volúmenes, sin considerar por el momento los costos económicos de una empresa de esa envergadura; y así sucede con innumerables obras, entre las que podrían referirse, las ya mencionadas de Zavala y Costelo. De ahí la importancia de la publicación en formato digital y su puesta en acceso abierto a través de la red, opción por la que se inclina buena parte de la comunidad. En un inicio nos preguntamos: ¿quién no ha renunciado en algún momento frente a la lenta descarga de una obra o ha pasado un mal rato por la inexistencia de conexión en el lugar en que quiere trabajar? Y pensamos en la posibilidad de tomar dos opciones, es decir, almacenar digitalmente la obra en algún repositorio institucional para ser consultada en la red y adjuntar al volumen en papel un DVD (*Digital Versatile Disc*). Las circunstancias tecnológicas nos orillaron a decantarnos por la primera opción y los cuatro tomos se encuentran disponibles en: https://historiografiamexicana.cua.uam.mx. Al igual que hemos hecho en obras anteriores, confiamos en la probidad profesional de quienes consulten este trabajo y lo citen debidamente en sus publicaciones.

Hechas estas precisiones sobre la publicación de los *Trabajos de revisión del código penal*, el segundo aporte de este volumen —no menos relevante por las discusiones planteadas— es la reflexión que investigadoras e investigadores hacemos en torno al referido documento con problematizaciones y puntos de partida disímiles, pero que dialogan en la complejidad del contexto de comienzos de siglo marcado por el cambio social y jurídico.

En el capítulo «La comisión revisora del código penal: doctrinas, miembros y trabajos, 1903-1912», Diego Pulido Esteva anuncia con claridad las pretensiones de los estudios críticos que integran la obra. Con base en diversas expresiones —esencialmente, las visiones divergentes del liberalismo jurídico porfiriano y de los discursos positivistas en torno a prácticas sociales en materia de justicia—, el autor apunta a la comprensión de un período determinado por encrucijadas. Los argumentos, personajes y derivas discursivas encuentran en su análisis un inequívoco orden para comprenderlos desde una visión de conjunto y de diálogo.

La codificación, expresión por antonomasia del modelo legalista de la modernidad decimonónica, fue la respuesta más rotunda ante la necesidad de los emergentes Estados nacionales de definir los alcances, límites y quehaceres de comunidades desiguales. De acuerdo con Pulido Esteva, la Constitución de 1857 fue, en tal sentido, un marco de referencia que a lo largo de su vigencia ancló un cúmulo de elogios que, traspuestos a su vez a otros cuerpos normativos como el Código Penal de 1871, legitimaron la inalterabilidad del derecho por varios años. Esta aproximación sugiere, en contraste, que las «nuevas ideas para explicar el crimen» problematizaron la supuesta serenidad jurídica con la que se encontró la comisión revisora. La encrucijada entre la tradición liberal y el arribo de la antropología y sociología criminal muestran, en el desarrollo del capítulo, destacadas nociones conceptuales asociadas al tránsito doctrinal de Beccaria a Lombroso y el desarrollo de un bagaje teórico que recrudeció «los prejuicios de raza, clase y género que predominaban en la élite» tanto mexicana como de otras realidades globales. Esta disputa enmarcó los trabajos de la comisión revisora del código penal, de ahí que se advierta como un aspecto que articula el análisis del capítulo a través de cuestionamientos puntuales.

La biografía colectiva de los miembros que integraron la comisión es un aporte esencial del texto de Diego Pulido para hilvanar la composición y rasgos intelectuales de la abogacía porfiriana —al menos de la que tuvo en sus manos la dirección de la reforma penal—. La revisión de fuentes de archivo permite al autor destacar, en primer término, el lugar de origen y de residencia de los abogados, aspecto estrechamente relacionado con su educación profesional y su incursión en cargos públicos del ramo judicial, especialmente en la Ciudad de México. Este planteamiento dialoga con el análisis desarrollado por Mario Téllez en el capítulo siguiente, que hace hincapié en el proceso educativo y de licenciamiento de los abogados en el estado de México para subrayar una línea de investigación que ha sido tangencial en los estudios de historia del derecho mexicano: el conocimiento de los personajes en relación con el fenómeno jurídico. La identificación de generaciones de juristas «con experiencias y destinos políticos distintos» realizada por Pulido Esteva contribuye a esta discusión historiográfica, un esfuerzo que sitúa los trabajos emprendidos por la comisión de 1903-1912 a la luz de sus propios creadores y cultura jurídica.

Una muestra palpable de estas manifestaciones se condensa en las entrevistas que realizó la comisión revisora para fundamentar la reforma penal, mismas que son estudiadas en el capítulo con base en una metodología que refleja con puntualidad las encrucijadas argumentales antes mencionadas. En tal sentido, la reflexión de Diego Pulido Esteva en su abordaje de las discusiones sobre la ley penal sugiere la trayectoria de «madurez y ocaso del porfirismo» a través de la codificación, expresión de un sistema que, no sin resistencia había comenzado a dar muestras de su perentorio fin. Las conclusiones del texto apuntan el dinamismo del proceso.

El segundo capítulo, de Mario A. Téllez G., condensa, sin proponérselo, algunas de las inquietudes analíticas de los estudios que acompañan esta edición. Las reflexiones que vierte en su texto «La formación de los abogados del estado de México en el porfiriato» permiten al autor dialogar con su propia obra —los personajes y el ámbito geográfico así lo sugieren—. Sin embargo, la intención escapa a la sutil revisión. La indagación sobre un período histórico que lejos está de agotar los acercamientos historiográficos articula inquietudes e interpretaciones, al igual que nuevos horizontes de investigación. El capítulo de Téllez G. es claro en tal objetivo, dado que analiza conjuntamente la consolidación de la codificación liberal decimonónica y el triunfo del positivismo jurídico en relación con la educación impartida a los futuros abogados en la entidad. Las líneas de estudio que unen a este acercamiento con las del texto que le precede y los subsecuentes revelan los parlamentos y tiempos de una historia jurídica que, es importante subrayarlo, ha sido heterogénea aún bajo la ilusión de una realidad común. La agudeza del autor para revelar las particularidades en esta trayectoria se fundamenta en un riguroso trabajo de archivo y contraste de fuentes.

La abogacía constituye el objeto de estudio que enlaza nociones de diversa índole. El texto de Mario Téllez apunta, en principio, a comprender cómo la ideología positivista en manos de una clase política «científica» arraigó en mayor o menor medida en algunos aspectos de la enseñanza preparatoria y profesional del derecho. La problematización de tal condición concierne a la forma: «Si bien es cierto que los estados seguían muy de cerca lo que legislara la Federación, primero tenían que hacer los procesos legislativos locales correspondientes». El influjo de los planes de estudio de la Escuela Nacional Preparatoria y de la Escuela Nacional de Jurisprudencia (ambas con asiento en la Ciudad de México) es cuestionado por el autor a la luz de la información disponible, pero también de sus silencios. ¿Qué ocurrió en el estado de México entre 1881 y 1889 cuando fue suprimida la carrera de jurisprudencia en la entidad? Una pregunta que entrelaza otros interrogantes igualmente sugerentes.

Las expresiones normativas que durante el último tercio del siglo XIX y primeras décadas del siglo siguiente fundamentaron la política educativa en el estado de México, en particular para derecho, son abordadas en el texto a contraluz de los exámenes de abogados o, mejor dicho, de los expedientes de los pretensores. El rigor en la observancia de la ley para la aplicación de los tres exámenes correspondientes o la dispensa de requerimientos —resabio del antiguo régimen— son elementos que el autor confronta para valorar la incorporación del positivismo en la entidad: «Es cierto que dieron prioridad a la ley con la que finalizaban los cursos pero hubo casos en que aplicaron la ley anterior, con la que iniciaban, lo cual evidenciaba las inconsistencias y los problemas de las innumerables reformas de la época». Las conclusiones que plantea Mario Téllez orientan nuevos itinerarios de investigación.

El estudio de Odette María Rojas Sosa, «Un mal social grave y trascendental: la ebriedad en el discurso jurídico a finales del porfiriato», analiza las posturas y perspectivas de los miembros de la comisión revisora del Código Penal de 1871, así como de funcionarios judiciales que fueron consultados por la comisión, respecto al vínculo entre el consumo de alcohol y la conducta delictiva. De acuerdo con la autora, aquellas nociones sancionadoras o punitivas en torno al consumo de bebidas embriagantes fueron recurrentes durante el porfiriato y potenciadas en gran medida por voces de eminentes juristas. Algunos de estos personajes, adscritos a la escuela italiana de antropología criminal, entre ellos el veracruzano Rafael de Zayas Enríquez, sugieren un diálogo significativo con otro de los trabajos de este volumen, dado que destacan la temprana difusión de esta escuela de pensamiento y su influjo en la trayectoria normativa en México.

Recurriendo a una amplia revisión historiográfica y de fuentes, Odette Rojas complejiza el tema a través del análisis del discurso médico desarrollado durante la época, destacando la incidencia y la relación de esta perspectiva con el ámbito del derecho. La atenuación o «remisión» de la pena a las personas que hubieren incurrido en una conducta criminal encontró sustento en la legislación de 1871. Sin embargo, la reflexión posterior —es decir, la concepción de dicho fenómeno en términos agravados o mayormente punibles— fue expresión de tal discusión científica. Los discursos, como deja ver el capítulo, oscilaron pendularmente a lo largo del período. La autora acentúa que el tema del alcoholismo se volvería un motivo frecuente en los tratados, tesis y otros escritos de los médicos tanto europeos como latinoamericanos. De este modo, subraya la autora, «médicos y abogados comenzaban a dar muestras de interdisciplinariedad».

La atención que se prestó al tema en los *Trabajos de revisión del Código Penal* fue importante, pero generó división entre los especialistas de la época. Cerca de la mitad de los personajes consultados por la comisión emitió el sentido de su opinión en relación con la ebriedad. La autora indica que en ello radicó «un dilema legal» que osciló entre las posibilidades de un diseño normativo que concibiera el estado de embriaguez como un factor excluyente, atenuante o agravante de la penalidad prevista para cada delito en particular. Los extractos de las opiniones de juristas y funcionaros revelan un caudal argumental importante, así como un aporte historiográfico destacado.

El capítulo de Jessica Colín Martínez, «Codificación y cambio jurídico. La disputa de las escuelas clásica y positivista en la revisión del Código Penal del Distrito Federal, 1903-1912», pone sobre la mesa una de las polémicas jurídicas más interesantes de aquellos años. Para la autora, resulta evidente la discusión entre la denominada escuela clásica y la escuela positivista durante la primera década del siglo XX, aun cuando, desde su perspectiva, la transición entre una y otra había germinado desde mucho tiempo antes. La autora lleva a cabo acercamientos puntuales a los planteamientos teóricos del derecho penal, en el que las ideas de los pensadores más influyentes del momento como Cesare Lombroso, Raffaele Garofalo y Enrico Ferri fueron traídas al análisis por los juristas mexicanos, entre ellos, de manera destacada, Miguel Macedo. Asimismo, señala que la materia de derecho criminal fue una asignatura de poca relevancia en los planes de estudio de jurisprudencia durante buena parte del siglo XIX hasta que adquirió relieve con la consolidación del proceso codificador, momento en que cambió su nombre y pasó a denominarse derecho penal. Y remata con esta aseveración: «En el orden de esta trayectoria resalta que hacia 1890 el estudio de la materia penal coincidió con la amplia difusión que tuvo la escuela positivista», y aporta distintas referencias que así lo muestran. En diálogo con otro de los trabajos aquí presentados, esta idea difiere con lo que sucedió en el estado de México, donde solo de manera tenue se aprecian algunas huellas de esta escuela de pensamiento.

Este contraste, que se hace evidente gracias a las referencias que suma Jessica Colín de lo reportado en otras entidades, hace necesario avanzar la investigación sobre estos temas. Para la investigadora no hay duda de la «amplia recepción que tuvo la escuela positivista». Sin embargo, pareciera que hasta el momento el balance que puede hacerse apunta a que las discusiones tuvieron lugar de forma localizada en algunas partes del país, mientras que en otras, aunque tal vez las hubo, no trascendieron: lo más inquietante, la cercanía a la Ciudad de México no parece ser un factor determinante. En el caso del estado de México, si bien se tuvo conocimiento sobre la escuela positivista de derecho penal, ello no significó que dejara su impronta en los planes de estudio en los que se formaron los abogados.

Tras realizar una interesante y extensa exposición sobre los debates que se dieron en torno al código penal, la autora señala: «Coincido con la historiografía que apunta a la pervivencia del arbitrio con la codificación», reflexión a la que se podría agregar, sí, pero no en la vieja concepción en donde el juzgador era legislador, sino en la concepción moderna en la que se aspiraba a que únicamente fuera un aplicador de la ley, de los códigos. Es cierto que en la primera década del siglo XX pueden encontrarse casos en los que el juez, apegado a la vieja tradición, resolvía bajo la figura del arbitrio, pero esta circunstancia fue disminuyendo con el tiempo porque el principio del fin de esta institución había comenzado en la práctica de los tribunales en la década de 1870, como evidencia el caso del estado de México.

Por su parte, el trabajo que firma Emanuel Heredia González, «La reforma al Código Penal de 1871 vista desde la práctica: poder judicial federal, opinión pública y propuestas de los juzgadores a finales del porfiriato», plantea el estudio de «las propuestas que un grupo de magistrados y jueces federales envió para reformar el Código Penal de 1871» y para lograrlo desarrolla un texto en tres partes. Primero, para dar cuenta del contexto, expone la organización del Poder Judicial a finales del porfiriato, sus carencias y algunas breves trayectorias en la carrera judicial de quienes hicieron aportaciones para reformar el Código Penal de 1871. En la segunda parte del capítulo, hace una interesante reconstrucción del «debate público» en torno a esta importante reforma en la que dibuja las posturas liberales, positivistas y eclécticas principalmente de los juzgadores. En el debate también aparecieron las preocupaciones de una sociedad que experimentaba una significativa agitación social y política, así como otros problemas serios de seguridad pública entre los que destacaban el alcoholismo como fenómeno social y ciertas conductas delictivas como el robo, la falsificación de moneda, el fraude, las heridas y lesiones por su incidencia en los juzgados federales. Se da, así, una coincidencia analítica con otro de los trabajos que aborda en detalle la construcción discursiva de la criminalidad durante el período en relación con el consumo de alcohol. El criminal y sus condiciones particulares nos aproximan a los conceptos de peligrosidad, temibilidad y culpabilidad.

En la tercera y última parte, Heredia sistematiza las propuestas de reforma al código penal de los juzgadores federales en las que, a pesar de la variedad de acercamientos, sugiere una tendencia para atender los asuntos ya anunciados en el debate público como el alcoholismo y la persistencia de los delitos arriba referidos. Muy interesante resulta la preocupación expresada por algunos juzgadores sobre la propuesta de reforma para reducir el arbitrio judicial, lo cual implicaría que el Código Penal de 1871 aún bajo la persistente intención de sus célebres redactores no logró disminuirlo con la intensidad esperada, ya que permitía «demasiado margen de discrecionalidad». Este último punto abre de forma clara una vertiente de investigación para los interesados en el fenómeno criminal.

De entre los varios comentarios finales que Emanuel Heredia plasma en su texto, destacamos uno que nos parece muy relevante: aquellos que opinaron sobre las reformas al código penal, sobre todo los jueces, «no plantearon propuestas que ejemplificaran cómo materializar los nuevos preceptos cientificistas que, desde su óptica, debía seguir el código». De este modo, queda abierta la discusión sobre las condiciones adjetivas o de instrumentación de la materia en virtud de la riqueza de las experiencias judiciales locales, sin perder de vista el aparente consenso del que gozaba la raíz sustantiva del derecho penal y que, en muchos casos, distaba de ser unánime.

El volumen concluye con el análisis de Rafael Estrada Michel, «Sistema procesal y codificación sustantiva: la equívoca autonomía del Ministerio Público», en el que plantea una revisión crítica de la autonomía que se le ha conferido al Ministerio Público (MP) a través de sucesivas modificaciones codificadoras. Desde el comienzo de su texto, el autor cuestiona las inacabadas reformas procesales que se hicieron sobre el MP. Con base en el pensamiento orientador de Paolo Grossi, profundiza tal objetivo. Señala provocativamente que, desde su punto de vista, hubo un aparente fracaso en los *Trabajos de revisión del Código Penal* en este particular porque las discusiones allí generadas sobre la institución no concluyeron en la publicación del código que se esperaba, si bien, al final, trascendieron a la Constitución de 1917. Para evidenciarlo, el autor glosa de forma amplia las actas del constituyente.

Se comprende, pues, que una de las nociones articuladoras del análisis que propone en su texto Rafael Estrada corresponde al proceso racionalista codificador en su expresión más acabada o sintética: el código. Esta formulación positivista del liberalismo y pretendidamente ordenadora del mundo no solo fáctico, sino también jurídico, estaba en contradicción con el *Ius commune* y su deriva procesal. No es gratuito, en consecuencia, el llamado de atención del autor para observar, tal vez con mayor ponderación, una trayectoria histórica que a principios del siglo XX, con los *Trabajos de revisión del Código Penal*, mostró importantes limitaciones, pero que la historiografía jurídica pareciera haber traslapado sin advertir los repliegues en la formación de una cultura del derecho todavía en pugna con la tradición. Desde esta óptica, el autor plantea que la participación de «juristas y letrados» en la codificación penal mexicana y de constitucionalización, más allá de valiosos esfuerzos plasmados en proyectos normativos o de reformas, solo adquiere relieve en función de la formalidad de quien tiene autoridad para crear el derecho, es decir, de su positivización: «En el terreno de la terca realidad, el código termina reduciéndose a la voz del soberano nacional, a ley positiva». Es este un aporte cardinal que dialoga con los capítulos que integran la obra para sugerir algunos efectos del devenir del fenómeno jurídico durante la última centuria.

Los personajes que orbitan en el análisis de Estrada Michel muestran los afanes de una época, un contexto polifónico cuya riqueza puede advertirse de manera concomitante entre el cambio social y jurídico, elucidado a través del proceso criminal «como el mayor generador de libertad en un sentido no estamental», en la función de un MP acusador «genuinamente público» y en las garantías consagradas en la Constitución de 1917. Sin duda, la trayectoria de larga data que traza el autor hasta la reforma constitucional de 2014 constituye una ineludible invitación a la lectura y reflexión, aún más en virtud de la propuesta orgánica que, como señala, «permitiría establecer un modelo de fiscalías de distrito».

En esa afirmación Estrada Michel concilia dos preocupaciones en torno al Ministerio Público: la histórica —de donde abreva explicaciones— y la contemporánea —en la que proyecta las razones de un diseño normativo e institucional—. Traer al presente los discursos y personajes pretéritos es una tarea que el autor emprende con la virtud de quien reconoce en la filosofía y teoría del derecho vías posibles para enmendar contradicciones y desvíos del positivismo jurídico.

Con estos análisis, en suma, pretendemos realizar un aporte que contribuya a la reflexión de la historia del derecho y de la abogacía mexicana. La importante tradición que en ello nos precede es un estímulo para continuar un diálogo permanente y abierto con la historiografía nacional y latinoamericana. La publicación de los *Trabajos de revisión del Código Penal. Proyecto de reformas y exposición de motivos* es un decidido esfuerzo académico e institucional que esperamos prevalezca. En esta labor agradecemos el atento y valioso apoyo en el procesamiento y edición de las imágenes a Karen Socorro González, alumna de la licenciatura en Derecho de la Universidad Autónoma Metropolitana, Unidad Cuajimalpa. Deseamos que esta colaboración favorezca sus intereses académicos y profesionales futuros.

Jessica Colín Martínez
Rafael Estrada Michel
Mario A. Téllez G.

LA COMISIÓN REVISORA DEL CÓDIGO PENAL: DOCTRINAS, MIEMBROS Y TRABAJOS, 1903-1912*

Diego Pulido Esteva

El Colegio de México

SUMARIO: I. PRESENTACIÓN. II. DE LA CODIFICACIÓN AL ESCRUTINIO CIENTÍFICO DEL DELITO. III. LOS TRABAJOS DE REVISIÓN Y EL CÓDIGO PENAL. IV. OPINIONES DESDE LA PRÁCTICA DEL DERECHO: JUECES, ABOGADOS DEFENSORES Y OTROS FUNCIONARIOS. V. CONSIDERACIONES FINALES. VI. REFERENCIAS.

I. PRESENTACIÓN

En 1903 se constituyó una comisión de juristas para revisar el Código Penal de 1871. Bajo auspicios de la Secretaría de Justicia, el grupo de abogados —entre los que figuraban Manuel Olivera Toro y Victoriano Pimentel— fue encabezado por Miguel S. Macedo, destacado miembro de la camarilla de los «científicos». Además, la comisión convocó un nutrido concurso de jueces y litigantes mediante cuestionarios. La sistematización de la información sobre las sesiones ordinarias permite inferir que sus labores duraron casi diez años, pues en 1912 comenzaron a publicarse los resultados y recomendaciones, aunque no resulta posible concretar las reformas debido a las circunstancias que atravesaba el país.[1] Por tanto, el código penal de Martínez de Castro siguió vigente hasta 1929.

---

* Una primera versión de este texto apareció publicada en 2013: «Los trabajos y los miembros de la comisión revisora del Código Penal del Distrito Federal, 1903-1912», en Óscar Cruz Barney, Héctor Fix-Fierro y Elisa Speckman Guerra, coords., Los abogados y la formación del Estado mexicano, (México: Universidad Nacional Autónoma de México-Instituto de Investigaciones Históricas/Instituto de Investigaciones Jurídicas/Ilustre y Nacional Colegio de Abogados de México, 2013, Serie Doctrina Jurídica, 683), pp. 391-416. Se ha hecho una revisión y cambios para esta nueva versión.

1 AGN, SJ, caja 598, exp. 693. Comisión encargada del proyecto de reformas al Código Penal, 1907.

Pese a que la legislación penal no experimentó mayores alteraciones durante más de medio siglo, sería incorrecto suponer que a lo largo de ese periodo navegó por aguas mansas. De hecho, el legado jurídico de la época de la reforma en el que se inscribió la obra codificadora enfrentó varias críticas. Buena parte de las dudas y discrepancias se expresaron en foros, revistas y periódicos de distinto signo con la activa participación de varios juristas que, embebidos de nuevas doctrinas jurídicas, teorías criminológicas y una experiencia judicial importante, consideraron que la ley penal distaba de responder a la realidad del país. En relación con los cambios en las ideas en torno al delito y las penas, las reflexiones de los miembros de la comisión revisora sugieren la necesidad de reflexionar, cuando menos, sobre tres aspectos.

En primer lugar, cabe preguntarse si el liberalismo pragmático del porfiriato transformó su visión de la legislación penal.[2] Al respecto, puede adelantarse que los participantes de la comisión atemperaron las críticas al código vigente que venían expresándose desde la última década del siglo XIX. Su posición moderada pudo obedecer a la diferencia entre la formulación de propuestas en congresos y publicaciones, y la reforma de las leyes.

En segundo lugar, el interés por conservar en lo posible el código penal invita a plantearse la razón por la que el régimen mantuvo un orden jurídico que, aunque fue en general aceptado, también fue cuestionado debido a las dificultades para aplicarlo. Al leer detenidamente los trabajos de la comisión revisora, se advierte que sus integrantes procedieron con cautela y con respeto a los preceptos constitucionales que acotaban las propuestas enviadas por otros juristas. Figuras como Macedo supieron conciliar las nuevas corrientes criminológicas —el positivismo y darwinismo social— con las doctrinas liberales, participando del eclecticismo que, desde entonces, impregnó la cultura jurídica mexicana.

En tercer lugar, es importante considerar el modo en que contribuyeron los juristas del porfiriato a la construcción del Estado moderno. Al observar el perfil biográfico de los miembros de la comisión, queda clara su labor en diversos cargos judiciales y políticos. Así, eran tanto teóricos del derecho como figuras públicas pertenecientes a instancias judiciales, administrativas y políticas.

Los tres aspectos mencionados adquieren sentido en la medida en que el legado jurídico liberal brindó las bases doctrinarias tanto del régimen de Porfirio Díaz como, en gran medida, de los gobiernos posrevolucionarios. Precisamente, la comisión de 1903 fue el eslabón entre ambos periodos históricos en materia penal, fundada en el criticado pero reafirmado liberalismo.

---

2 Sobre el «liberalismo transformado», véase Hale, *La transformación*.

Los resultados entregados por esta comisión reafirmaron los principios liberales en pleno resquebrajamiento del régimen porfiriano. Así, los integrantes apuntalaron el diseño penal de un Estado que pretendía dar respuesta a crisis de índole muy diversa. De alguna manera, es posible advertir que los comisionados compartían la perspectiva de un régimen para el que, como apunta Paul Garner, «el nacimiento del siglo XX representaba, en muchos aspectos, su apoteosis».[3] Quizás, por ello, únicamente se pretendió modificar algunos puntos específicos de las leyes e instituciones, incluida la legislación penal. Con todo, la comisión revisora sentó el referente jurídico hasta los inicios de la institucionalización y la segunda oleada codificadora de la que surgieron los códigos de 1929 y 1931.

Pese a su relevancia, la comisión revisora del código penal es apenas visible en la historiografía del derecho y se le menciona de pasada.[4] Parecería que la única obra jurídica generada en los albores del siglo XX y, más tarde, al calor del movimiento armado, fue la Constitución de 1917. Por ello, este estudio pretende subsanar dicho vacío.

El texto se divide en tres apartados. El primero ofrece un panorama de las corrientes de pensamiento de los penalistas porfirianos, es decir, la escuela clásica y el positivismo. En el segundo apartado se presenta un retrato general de los catorce miembros de la comisión revisora, mientras que el tercero se adentra en las opiniones emitidas por funcionarios judiciales de diversa índole en respuesta a los cuestionarios que la propia comisión distribuyó. Estas tres dimensiones permiten conocer las culturas jurídicas en materia penal durante el porfirismo tardío.

II. DE LA CODIFICACIÓN AL ESCRUTINIO CIENTÍFICO DEL DELITO

Comprender los trabajos de la comisión que trató de reformar el código penal exige repasar el origen de la codificación y las corrientes de pensamiento que inspiraron este proceso, toda vez que ciertos exponentes de la criminología porfiriana se distanciaron de las definiciones de delito y responsabilidad pe-

---

3 Garner, *Porfirio Díaz*, p. 204.

4 Una apretada revisión de avances recientes en historia del derecho y el castigo puede verse en Reich, «Recent Research on the Legal History», pp. 181-193. Hay excepciones, pues entre los estudios históricos que analizan la comisión revisora se encuentran, por un lado, Speckman, *Del Tigre de Santa Julia*, pp. 19-44, y, por otro, Cruz Barney, *La codificación en México*.

nal. En efecto, durante el último cuarto del siglo XIX, el discurso sobre la delincuencia en México se sustentó en interpretaciones de la criminalidad que contrastaban con las viejas doctrinas iusnaturalistas sancionadas por la ley. En términos esquemáticos, se transitó del «delincuente libre» de Beccaria al «criminal nato» de Lombroso.

La legislación penal de la segunda mitad del siglo XIX hizo suyos los principios de la escuela clásica de derecho penal. Así, es ampliamente reconocido que el Código Penal de 1871 hundió sus raíces en esa doctrina. Apoyados en la filosofía política liberal europea, los legisladores centraron su interés en el delito como concepto jurídico, esto es, como trasgresión del pacto social. Se consideraba, por tanto, que el delito era un acto surgido de la libre voluntad del individuo, es decir, de la libertad y responsabilidad respecto a sus propias acciones y omisiones. Para garantizar los derechos y proteger a la sociedad, el Estado —en su calidad de representante del pueblo— se arrogó el derecho de castigar al delincuente y conservar el orden.[5]

Así, entre los rasgos que definían esta corriente figuraba, en primer lugar, la supremacía del derecho, entendido como expresión de la voluntad general. De este modo, se partía de nociones contractualistas para entender el origen de la sociedad, supuestamente fundada mediante un pacto atemporal. La afirmación de la superioridad del derecho suponía una modernización jurídica y judicial: se transitó de la justicia de los jueces a la de las leyes, pues los actores políticos y los funcionarios judiciales debían limitarse a aplicar lo que dictaba la ley.

En segundo lugar, la escuela clásica de derecho penal concibió el delito como la acción voluntaria que violaba la ley. Por lo tanto, sustentó su explicación del delito en la noción de libre albedrío, es decir, suponía que todos eran responsables de sus actos. Consecuentemente, para calificar un delito, el liberalismo se centraba en la libertad, voluntad y capacidad de discernimiento del individuo.[6]

En tercer lugar, la ley penal justificó el castigo con base en el principio de defensa social. Dado que la sociedad emergía de un «contrato social», cualquier atropello de sus reglas era una ofensa a la sociedad en su conjunto.

Sobre estas bases, el Estado mexicano percibió la necesidad de construir cuerpos legislativos compatibles con las doctrinas políticas que lo sustentaban, plasma-

---

5 Padilla, p. 97.

6 «Código Penal del distrito y territorios federales», en Dublán y Lozano, comps., *Legislación*, t. XI, pp. 598-718. También conocido como el Código Martínez de Castro, esta legislación entró en vigor en abril de 1872.

das en la Constitución de 1857. El objetivo era brindar un marco de referencia legítimo que sancionara a la sociedad en los términos del liberalismo.[7] Dentro de este proceso de codificación, es posible ubicar la ley penal de 1871, concomitante con los lineamientos teóricos de la escuela clásica de derecho penal.[8]

En otras palabras, de acuerdo con el principio ilustrado según el cual todos los hombres son iguales, libres y racionales, la escuela clásica sostuvo la igualdad jurídica como fundamento de una sociedad conformada por individuos. Es decir, suponía la existencia de un pacto atemporal —el *rousseauniano* «contrato social»— mediante el cual, el pueblo transfiere parte de su voluntad y delega su soberanía a un gobernante, obligado a resguardar sus necesidades. Implicaba que todos los asociados participaron en el contrato, de ahí que se dedujera su igualdad ante leyes inherentes a la naturaleza humana, cuya observancia propiciaba la armonía social. Además de suprimir los tribunales especiales, la legislación liberal garantizaba derechos civiles y construía su concepción del delito con base en la noción de libre albedrío, según la cual todos los hombres tenían la misma posibilidad de elegir su camino y optar entre el bien y el mal.[9]

En resumen, el proceso de codificación respondió a la necesidad de articular cuerpos legales que regularan diversos campos del derecho sin alejarse de los postulados delineados en la Constitución de 1857.[10] La ley basada en ese código político delimitaba el funcionamiento de los organismos políticos, económicos y sociales, además de enumerar las obligaciones de las instituciones hacia el individuo, así como los deberes de los ciudadanos hacia estas. La nueva legislación de comercio, civil y penal atendió los preceptos constitucionales. Esto no significa que los comisionados dejaron de estudiar y adaptar otras fuentes doctrinarias.[11] Todo lo contrario, pues, según el propio Martínez

---

7 Speckman, *Crimen y castigo*, pp. 48 y 241. Elisa Speckman reparó en que los «operadores del derecho» conformaron un grupo reconocible. Sin excepción, nacieron antes de 1840 y obtuvieron su título en jurisprudencia antes de la década de los setenta, inclinándose por la escuela clásica. Finalmente, la mayoría ocupó cargos en los regímenes liberales. Pertenecieron, por tanto, a la generación que Luis González llama «liberales de pluma».

8 Cruz Barney, *La codificación en México*, pp. 42-50.

9 Para analizar esta doctrina en relación con el derecho penal porfiriano, véase Speckman, *Crimen y castigo*, p. 47, y Padilla, *De Belem*, p. 146.

10 En materia penal, la Constitución de 1857 estableció algunos principios. En los artículos 13 a 24 se reconocieron las garantías referentes a que nadie podía ser juzgado por leyes privativas ni tribunales especiales, se suprimieron los fueros a excepción del militar, se prohibieron la retroactividad de la ley y se establecieron la aplicación exacta de las leyes vigentes.

11 Asimismo, con la finalidad de resguardar el orden social y propiciar el desarrollo económico capitalista, los legisladores sancionaron la libertad de comercio, acogieron la propie-

de Castro, las fuentes del nuevo cuerpo jurídico en materia penal fueron, por un lado, los códigos penales francés, belga, español u prusiano, y por el otro, se reconoció la *Novísima Recopilación* de 1805 y las ideas de tratadistas como Jeremy Bentham, Alexis de Toqueville, Filippo Renazzi y Joseph L. E. Ortolan.[12]

Como muchos otros proyectos, la codificación penal enfrentó numerosos obstáculos durante la primera mitad del siglo. El liberalismo triunfante amplió las posibilidades de consagrar los principios modernos en la legislación. Al mismo tiempo, el código supuso el triunfo del modelo legalista, donde la justicia quedaba replegada a los dominios y prescripciones de la ley. O, como refiere Jaime del Arenal, operó un desplazamiento hacia «el imperio de la sistemática y de la visión geométrica de la vida social».[13]

Las opiniones en torno al código penal fueron elogiosas en los primeros años posteriores a su promulgación. Como obra legislativa, se dijo que «considerada en sus ideas capitales, encierra los progresos de la ciencia, la idea constante de regenerar a la sociedad y al delincuente; a este con el castigo, a aquella con el ejemplo».[14] Asimismo, Luis Méndez reconoció que los códigos promulgados en años recientes, eran:

> cuerpos de disposiciones en los que, conservándose mucho de lo bueno que contenían los códigos antiguos, se ha adoptado cuanto ha parecido bueno de las leyes modernas de varios países de Europa y aun de América, los códigos mexicanos exigen para ser bien comprendidos, un conocimiento profundo, a la par que vasto, de todos esos elementos.[15]

Con todo, varios artículos fueron modificados en la siguiente década. Entre otros, los referidos al robo, las lesiones, el homicidio y el adulterio.[16] Si bien a escala reducida, existían algunos precedentes de la revisión realizada por Macedo, Pimentel y Olivera Toro basada en la práctica judicial. Por su parte, el intercambio y circulación de nuevas ideas para explicar el crimen diversificaron las opiniones sobre el código penal.

Ahora bien, la criminología positivista fue producto, en buena medida, del recelo a las premisas consagradas por la escuela clásica de derecho penal. En particular, cuestionó la noción de libre albedrío y tendió a apuntalar las

---

dad privada y la libertad de disponer de ella, a la vez que normaron los contratos. Véase Speckman, *Crimen y castigo*, p. 244.

12 Martínez de Castro, *Exposición de motivos*, pp. 3-66.

13 Arenal, "El discurso en torno a la ley", p. 309.

14 *El Foro* (16 de marzo de 1876).

15 *El Foro* (1° ene. 1874).

16 Cruz Barney, *La codificación en México*, p. 73.

causales orgánicas, ambientales y sociales de la delincuencia. Así, el delito no podía ceñirse exclusivamente a una concepción abstracta —«metafísica», como solían decir—, sino que existían factores mesurables y comprobables mediante el método científico.[17]

Entre los impulsores de esta corriente destacaron dos vertientes. Por un lado, la italiana, también conocida como antropología criminal, cuyos más connotados representantes eran Cesare Lombroso y Enrico Ferri. Quizá fue esta vertiente la que tuvo más eco en el discurso porfiriano sobre la criminalidad. Entre los teóricos del derecho mexicano que se plegaron a sus postulados estuvieron Rafael de Zayas Enríquez y, sobre todo, Francisco Martínez Baca y Manuel Vergara, quienes, en sus *Estudios de antropología criminal,* sostuvieron que las reformas penales de la primera mitad del siglo XIX eran «sueños de grandes y generosos espíritus que nunca se hicieron ni se harán realidad».[18] La alternativa era conocer la etiología del crimen mediante la observación, experimentación y cuantificación. En particular, la antropometría —la medición del cráneo, y el análisis de los rasgos faciales y extremidades— fue adoptada para determinar los tipos de criminales que existían en México.

El segundo vector de la criminología positivista fue la variante francesa, representada fundamentalmente por Gabriel Tarde, que dirigió su mirada a los factores sociales y ambientales para explicar la criminalidad. También conocida como sociología criminal, tuvo menos repercusión en los criminólogos porfirianos que la corriente italiana. En cualquier caso, cabe citar el estudio de Julio Guerrero, titulado *La génesis del crimen en México,* que aplicó los postulados de este enfoque. Si la antropología criminal no se impuso en las comisiones oficiales, la vertiente sociológica apenas y reverberó.

Tan solo cabe apuntar que, en ambos casos, el delito fue concebido como una consecuencia de impulsos anómalos más que el producto de una decisión desacertada; resultaba necesario, por tanto, estudiar al delincuente, pues se consideraba que su tendencia criminal quedaba plasmada en anomalías físicas o «vicios de conformación» que el médico legista identificaba para evaluar su peligrosidad.

Siguiendo a Buffington, cabe advertir que los criminólogos mexicanos de fines del siglo XIX y principios del XX, produjeron discursos sumamente diversos y que en ellos incorporaron materiales heterogéneos, como estadísticas, informes policiales, expedientes judiciales, reportajes y anécdotas. Al

---

17 Padilla, *De Belem,* pp. 99-102.

18 Buffington, *Criminales y ciudadanos,* p. 74.

argumentar, reprodujeron los prejuicios de raza, clase y género que predominaban en la élite. Incluso sus pilares teóricos revelan el carácter ecléctico de la explicación de las causas del delito.[19]

En general, este distanciamiento del liberalismo puro no fue exclusivo del discurso jurídico y criminológico. Las ideas políticas también se habían transformado, aunque no exclusivamente por el impacto del positivismo.[20] Esto es, los discursos políticos acogieron una visión «organicista» de la sociedad, marcando un camino divergente al que había propuesto el liberalismo constitucionalista clásico de raíces ilustradas.[21]

En suma, el positivismo implicó un conflicto con algunas premisas de la escuela liberal. En primer lugar, el rechazo de la tesis de que el delito fuera producto de un acto voluntario, libre y racional. Por el contrario, para el positivismo el criminal estaba determinado por las leyes de la herencia, el medio físico y social, que hacían de él un individuo peligroso. En segundo lugar, semejante concepción negaba casi por completo la posibilidad de enmienda. Por lo tanto, la única solución era la completa eliminación completa del trasgresor o, cuando menos, su alejamiento definitivo del medio social.

III. LOS TRABAJOS DE REVISIÓN Y EL CÓDIGO PENAL

Una vez analizados los rasgos de las principales corrientes criminológicas imperantes en México a finales del siglo XIX, es posible adentrarse en los trabajos de la comisión revisora del código penal. Antes que nada, debe señalarse cómo se organizó la obra.

La versión publicada de los *Trabajos de revisión del Código Penal* presentaba una estructura que hizo transparente buena parte de su elaboración.[22] En

---

19 Buffington, *Criminales y ciudadanos*, pp. 61-63.

20 Hale, *La transformación del liberalismo*.

21 Palti, *La invención de una legitimidad*, p. 293. Según Elías Palti, la legitimidad después de la República restaurada se sustentó en una teoría social que dejó de ver el Estado como un proceso natural o espontáneo, emanado de un acuerdo voluntario, sino una construcción artificial, resultado de la acción humana. Esto requirió el desarrollo material de una red de dispositivos de control y regulación social. De hecho, ese periodo abrió un ciclo en que se crearon numerosas instituciones disciplinarias, como el sistema penitenciario y la educación elemental. Estas expandían de manera ostensible la esfera de intervención del Estado sobre la sociedad y los individuos (pp. 299-300).

22 Para las versiones manuscritas y taquigráficas: Actas, proyectos de reformas e informes de la comisión revisora del código penal. Tomo 1, 1910; AGN, SJ, caja 713, exp. 614, fs. 252 y exp. 615, 195 fs.

primer lugar, incorporó las opiniones de los prácticos del derecho sobre las reformas que consideraban convenientes.[23] En segundo lugar, incluyó estudios y proyectos redactados por los miembros de la comisión. En tercer lugar, comprendió las actas de las sesiones y los informes rendidos a la Secretaría de Justicia desde antes de que se formara la comisión.[24] En cuarto lugar, adjuntó el proyecto de reformas. Por último, dio cabida a la exposición de motivos donde se razonaron las reformas propuestas. Antes de adentrarse en la obra, es necesario presentar quiénes integraron la comisión revisora.

Para presentar de manera sintética el grupo que participó en la comisión, conviene ceñirse a una brevísima biografía colectiva de los miembros que la conformaron. De los datos recabados, destacan algunos rasgos del perfil colectivo (véase cuadro 1). En primer lugar, todos residían en la Ciudad de México. Curiosamente, de los 14 solo dos habían nacido en la capital del país. Esto se explica porque diez de ellos estudiaron en la Escuela Nacional de Jurisprudencia. Por ello, la incursión en cargos públicos del ramo judicial capitalino por parte de los egresados era frecuente.[25]

Efectivamente, en 1876 se decretó que los aspirantes al título de abogados debían aprobar un examen general en la Escuela Nacional de Jurisprudencia. Aunque empezaban a ser autorizadas otras instancias para expedir títulos, en 1902 la mayoría de estos eran expedidos por la Secretaría de Justicia e Instrucción Pública, una vez que el aspirante aprobaba el examen general en la mentada escuela. El enorme magnetismo de la Ciudad de México para los abogados de provincia se explica por el hecho de que allí estaba la institución que prácticamente consiguió monopolizar la formación jurídica.[26]

Asimismo, es posible destacar que en la comisión confluyeron, al menos, tres generaciones. Como puede verse, tan solo Manuel A. Mercado contaba entonces con más de setenta años.[27] El resto pertenecía a generaciones que habían tenido experiencias y ocupado destinos políticos distintos durante el porfiriato. Por un lado, la de los llamados «científicos», si bien el único miem-

---

23 Algunas se publicaron previamente de manera parcial en el *Diario de Jurisprudencia* entre 1904 y 1910.

24 AGN SJ, caja 681, exp. 577, 145 fs. Proyectos de reformas al Código Penal. Copias de las actas de las sesiones de la comisión, 1909.

25 AGN, SJ, caja 515, exp. 582, 9 fs. Miembros de la comisión encargada de formular un proyecto de reformas al Código Penal vigente, 1905.

26 Arenal, «Abogados en la ciudad de México», p. 43.

27 AGN, SJ, caja 681, exp. 636, f. 7. Licenciado Manuel Mercado, secretario de la comisión encargada de dictar las reformas que deben hacerse al código penal, 1909.

bro de esta camarilla era Macedo. Por el otro, el grueso de quienes desfilaron por la comisión, correspondían al grupo que Luis González denomina «centuria azul». Como afirma este historiador, entre 1903 y 1907 la relación de este grupo con el poder fue menos estrecha que la de su predecesora, al grado que solo la sexta parte ocupaba cargos políticos elevados. En este caso, los únicos que alcanzaron desde entonces puestos importantes fueron Macedo y Sodi. De modo que la carrera judicial estuvo por encima de sus trayectorias políticas. En todo caso, cabe destacar que si algo caracterizó al «cenáculo modernista» respecto a sus precedentes, fue que representaba a la minoría urbana y todavía más minoritaria clase media.[28]

Cuadro 1. Individuos que participaron en la Comisión Revisora

Nombre	Año de nacimiento	Lugar de origen	Formación		Cargos judiciales	Cargos políticos	Cd. Mx.	Periodo en la comisión revisora
			Año del título	Institución				
Jesús M. Aguilar	1854	Nvo. León	1877	ENJ (México)	Defensor de oficio 1880-1886 Juez correccional 1886-1890		X	1°
Manuel Calero	1868	Ver.	1895	ENJ (México)	Secretario de Justicia	Secretario de Fomento (1911) Secretario de Relaciones Exteriores (1912)	X	2°
Manuel Castelazo Fuentes			1894	ENJ (México)	Procurador general de la república		X	3°
Joaquín Clausell Franconis	1866	Cam.	1896	ENJ (México)	Jefe de la sección de justicia de la Secretaría de Justicia		X	1°
Julio García	1858	Gto.			Presidente de la SCJ (1928)	Subsecretario de Relaciones Exteriores (1912-13)	?	2°
Rafael L. Hernández	1875	Chih.	1900	ENJ (México)	Procurador fiscal del TSJDF Juez de Distrito en Querétaro (1899) Secretario de Justicia (1911)	Diputado por Puebla (1904-1906) Diputado por Oaxaca (1908-1910) Secretario de Gobernación (1912)	X	3°

28 González, *La ronda de las generaciones*, p. 53.

Nombre	Año de nacimiento	Lugar de origen	Formación		Cargos judiciales	Cargos políticos	Cd. Mx.	Periodo en la comisión revisora
			Año del título	Institución				
Miguel S. Macedo *	1856	México	1879	ENJ (México)	• Sec. Junta de Vigilancia de Cárceles Redactor del código civil	Presidente del Ayuntamiento Cd. Mx. Subsec. Gob. Senador	X	1°, 2° y 3°
Manuel A. Mercado	1838	Michoacán	1861	Colegio de San Ildefonso	Fiscal del TSJDF (1868-1876) Juez de distrito en Querétaro.	• Diputado por Puebla. Propietario (1878-1879) y suplente (1898-1900) • Diputado por Oaxaca (1904-1906 y 1908-1910) • Secretario de Gobernación	X	2°
Manuel Olivera Toro*	1860	Oaxaca	1886	ENJ (México)	Juez de distrito, correccional, de primera instancia Magistrado del TSJDF Ministro de la SCJ		X	1°, 2° y 3°
Juan Pérez de León			1880	ENJ (México)	Juez de distrito		X	2°
Victoriano Pimentel*	1862	Michoacán (Ario de Rosales)	1889	Colegio de San Nicolás (Morelia) ENJ (México)	Junta de Vigilancia de Cárceles (1895) Ministro de la SCJ		X	1°, 2° y 3°
Demetrio Sodi	1866	Oaxaca	1890	Instituto de Ciencias y Artes (Oaxaca)	Fiscal del Circuito de Tehuantepec Agente del MP de México (1893-1902) Magistrado de la SCJ (1905) Juez de distrito en Sonora (1906) Secretario de Justicia (1908-1911)	• Diputado suplente por Guerrero (1898-1902)	X	2°
Carlos Trejo y Lerdo de Tejada	1879	México	1903	ENJ (México)	Procurador de Justicia del Distrito Federal		X	3°
Gilberto Trujillo	1878	Jalisco (Guadalajara)	1902	ENJ (México)	5° oficial de la sección de legislación de la Secretaría de Hacienda		X	1°

Siglas: ENJ = Escuela Nacional de Jurisprudencia; MP = Ministerio Público; SCJ = Suprema Corte de Justicia; TSJDF = Tribunal Superior de Justicia del Distrito Federal.

*Miembros permanentes de la Comisión Revisora.

Debe señalarse que, de todos ellos, los únicos miembros permanentes fueron Macedo, Olivera Toro y Pimentel. Estos cuatro integrantes constituyeron la médula de la comisión revisora, pues redactaron los proyectos y participaron en ella desde que se formó hasta que finalizó sus labores.[29]

El resto tan solo participó en alguno de sus periodos. El primero, entre 1903 y 1909, fue un tanto intermitente y discontinuo.[30] El segundo, de 1909 a 1911, fue la fase en la que intervino de manera activa Demetrio Sodi, apurando la conclusión de los trabajos. Y, el último, de 1911 a 1912, se dedicó a las correcciones finales y, en todo caso, a la preparación editorial.

Aunque los lazos políticos eran débiles, no deja de observarse que gozaban de cargos judiciales destacados. Probablemente eran demasiado jóvenes, pues existía bastante movilidad entre los magistrados y los diputados. En palabras, de F. X. Guerra, «los intercambios entre los tipos de puesto fueron frecuentes».[31] Así, sería Macedo el que incursionaría en las esferas más altas, pues fue presidente del Ayuntamiento de la Ciudad de México, subsecretario de gobernación y senador. También debe subrayarse que fue alumno de Gabino Barreda, que no solo era el mayor representante del positivismo mexicano, en la Escuela Nacional Preparatoria, sino que, sobre todo, atesoraba una experiencia legislativa muy rica.[32] Asimismo, fue parte del grupo fundador de la Unión Liberal en 1892, formación que sería conocida popularmente como el partido de los «científicos».

En términos generales, al igual que Macedo, el resto de los miembros de la comisión revisora que escalaron políticamente lo hicieron durante la última etapa del porfirismo y el interinato de Francisco León de la Barra.

Por último, aunque fue breve e incluso secundaria, no puede pasarse por alto la participación de Joaquín Clausell —que sería recordado por su obra pictórica dentro del impresionismo—, pues era un notorio anti-reeleccionista. Esto le valió el ingreso en prisión en dos ocasiones, una de ellas motivada por dar cabida en las páginas de su periódico, *El Demócrata*, a la novela *Tomóchic*, de Heriberto Frías. Por lo tanto, incluso bien entrado el siglo XX, el régimen hizo algunos esfuerzos para integrar a sus opositores.[33]

---

29 AGN, SJ, caja 837, exp. 1186, 5 fs. Comisión revisora del Código Penal. Presidente Lic. Miguel l. Macedo, 1913.

30 Para algunos expedientes de los integrantes: AGN, SJ, caja 713, exp. 628 y 629, fs. 3. Julio García, miembro de la comisión revisora del código penal, 1910; Licenciado Jesús M. Aguilar (miembro de la misma). AGN, SJ, caja 713, exp. 630, fs. 2.

31 Guerra, *México: del antiguo régimen a la revolución*, vol. 1, p. 108.

32 Pérez de los Reyes, pp. 165-194.

33 Guerra y Torres, coords., *Estado y sociedad en México*, p. 177.

IV. OPINIONES DESDE LA PRÁCTICA DEL DERECHO: JUECES, ABOGADOS DEFENSORES Y OTROS FUNCIONARIOS

El cuerpo de entrevistas constituye una de las partes más interesantes de la comisión revisora. En septiembre de 1903, Eduardo Novoa, subsecretario de Justicia, dirigió a los magistrados y jueces con jurisdicción penal, a los representantes del Ministerio Público y a los defensores de oficio, tanto del fuero federal como del común, una carta donde expuso la intención del ejecutivo de emprender una revisión del código penal. En esta circular, los conminó a indicar las modificaciones que consideraban convenientes. Tan pronto recibieron la invitación, los defensores de oficio en el fuero penal se reunieron y aseguraron «tener gran práctica en los delitos penales», misma que les permitía sugerir reformas al código penal vigente.[34]

Cerca de cincuenta funcionarios respondieron. Expusieron puntualmente «las opiniones que su práctica les había sugerido». Con base en dicho corpus de entrevistas, la comisión revisora formó un índice. En el curso de sus labores, Macedo confesó que «tuvo en cuenta todas las opiniones emitidas y le cupo la satisfacción de admitir muchas de ellas»,[35] más allá las reformas puntuales que sugirieron y del grado en el que refrendaron —o se distanciaron de— las tesis escuela clásica de derecho penal.

Así, en este apartado me ocuparé de las ideas que expresaron los prácticos del Derecho en torno al código penal. En primer lugar, agrupé los argumentos que refrendaron los principios de la escuela liberal y, por lo tanto, del código de 1871. En segundo lugar, examinaré los argumentos que se acercaron a la escuela positivista. Por último, analizaré los discursos que, de una manera ecléctica y por las influencias por el darwinismo social, sugirieron reformas que no contravinieron las doctrinas en que se fundaba el código. En este sentido, destacaron las interpretaciones sobre diversos aspectos y llegaron a soluciones similares. Entre los puntos de crítica que suscitaron consensos, cabe señalar los siguientes: 1) el robo —o raterismo, como solían denominarlo— y la pena de transportación o relegación en colonias penales y 2) la limitación de la reducción de la pena o condena condicional por buena conducta.

---

34 *El País* (2 de octubre de 1903). La nota describió la «Junta de defensores. Reformas al Código penal», e indicó que se reunieron en la Sala de Defensores del Palacio del ramo penal para acordar su participación. Agustín Arroyo de Anda presidió esta junta en la que estuvieron, entre otros, José R. del Castillo, Renato Hernández y Hernández, Luis G. Curiel y Carlos Pereyra.

35 Secretaría de Justicia, *Trabajos de revisión del Código penal*, t. I, p. 2.

Entre los defensores acérrimos de la escuela clásica, destacaron Agustín Arroyo de Anda y Anguiano, Maximiliano Baz, Gonzalo Espinosa, Manuel Mateos Alarcón y Eduardo Zárate.

Arroyo de Anda era, a la sazón, jefe del cuerpo de defensores y abogado consultor de don Porfirio. En su informe, criticó en estos términos la reforma al art. 387, que extendió la pena por robo en casa habitación a cinco años:

> En odio al robo —señaló—, se han prodigado a los ladrones exageradas penas y haciendo caer las simples raterías bajo el terrible art. 387, contra las sanas doctrinas de los tratadistas, entre ellos Garraud y Francesco Carrara, se han llenado las cárceles de pseudo-criminales, más nocivos a la sociedad después de extinguir su larga condena, que antes de la ratería por la cual fueron juzgados.[36]

Al hablar de responsabilidad, por ejemplo, concordó y llevó al máximo las premisas de las circunstancias excluyentes y atenuantes. Para el también llamado «defensor de los pobres», las buenas costumbres y la confesión debían ser atenuantes desde primera hasta cuarta clase, a juicio del juez, e incluso debían motivar la conmutación o reducción de la pena. En torno al delicado asunto de la libertad preparatoria, convino con las reformas en esa materia (arts. 43 y 74) «porque debe estimularse a todo reo a su regeneración». Sin embargo, consideró que la aplicación de esta disposición quedaba obstaculizada porque existía una condición que marginaba de este recurso a los reos sentenciados a una pena superior a la de arresto mayor y menor a dos años (art. 3). La medida había motivado el absurdo de que los individuos que recibían una condena de esas características solicitaban que no les consideraran las atenuantes para poder pedir la libertad preparatoria. Esto es, Arroyo de Anda creyó en la capacidad de enmienda del delincuente, concebido como «ángel caído».

Posiblemente fuera obvio que un defensor de oficio mostrara un conocimiento más acabado de la legislación y sus tendencias doctrinarias que de las nuevas teorías criminológicas. Si acaso, se intuía que los nuevos atentados al pacto social obligaban a crear penas para castigar nuevos delitos como el caso de los llamados robachicos, a los que calificó de «plaga social» de reciente aparición. Asimismo, resulta significativo el peso que atribuyó a la opinión pública en los delitos cometidos por abogados. «El único juez competente para juzgar a los peritos en el conocimiento de la ley, y más aún, en el arte de litigar, es la opinión pública», afirmó.[37] Así, conminó a establecer algo similar

---

36 *Ibíd.*, t. I, p. 234.

37 *Ibíd.*, t. I, p. 236.

al *impeachment* anglosajón en esta materia. Por su parte, los magistrados Mateos y Zavalza, afirmaron:

> Siempre hemos creído que el código penal es el mejor cuerpo de leyes que tiene la república, porque reposa sobre un sistema perfectamente meditado y desarrollado, y por lo mismo, forma un todo armónico al cual no hay que hacerle reformas si no se quiere romper esa unidad y armonía de sistema. La mano del legislador no debe, pues, tocar ese monumento de legislación, objeto de calurosos y merecidos elogios de los criminalistas europeos más distinguidos, y debe concretarse a corregir los pequeños errores que contiene y a llenar las deficiencias de que adolece, no previendo o no castigando determinados delitos de una manera proporcionada a la gravedad de ellos.[38]

Esta actitud fue similar a la que adoptaron los miembros de la comisión revisora. En este caso, indicaban las enmiendas apelando a la experiencia que años de litigio sugería. Lo propio expuso Zárate, que también era magistrado del Tribunal Superior de Justicia del Distrito Federal:

> Tratándose de monumento tan respetable de nuestra legislación patria, como lo es el código penal, en mi humilde opinión, solo por poderosas razones y en muy limitados casos debe ser alterado.[39]

Igual que Arroyo de Anda, Mateos, Zárate y Zavalza, consintieron que el sistema penal reposaba en el sistema penitenciario. De ahí que la libertad preparatoria, que reducía hasta la mitad de la pena impuesta si el reo mostraba buena conducta, fuera uno de los aspectos que consideraron meritorios del código penal. Desde su punto de vista, esta «gracia» moderaba la severidad del castigo al tiempo que suponía un fuerte estímulo «para que los hombres que una vez se separaron del sendero del bien, vuelvan sobre sus pasos y se conviertan en seres útiles para la sociedad y sus familias».[40]

En este sentido, los magistrados celebraban la confluencia de dos principios. Por un lado, la severidad y rigor de la pena para que el castigo fuera ejemplar. Por el otro, la esperanza de obtener la remisión de la mitad del tiempo determinado por la sentencia. En todo caso, si algo resultaba deficiente para Mateos y Zavalza, eran las condiciones inacabadas del régimen penitenciario. En efecto, uno de los tropos más recurrentes entre los reformistas penales, y que fue tomado en consideración por los miembros de la comisión revisora, era la realidad de las cárceles, incluso a pesar de que la penitenciaría nacional ya había sido

---

38 *Ibíd.*, t. I, pp. 112-113.
39 *Ibíd.*, t. I, p. 124.
40 *Ibíd.*, t. I, p. 113.

inaugurada. Volviendo a la opinión de estos magistrados, los reos en Belén no adquirían hábitos de moralidad, ni amor al trabajo, ni se arrepentían de sus actos. Por ello, los que gozaban de libertad preparatoria reincidían a los pocos días o meses. Para este tipo de delincuentes, prescribieron el establecimiento de colonias penitenciarias en lugares que demandaran el incremento de la población para su desarrollo. En concreto, propusieron el territorio de Quintana Roo para confinar allí a los reos por robo y que extinguieran su condena, así como la creación de establecimientos de reclusión exclusivos para adolescentes y de confinamiento y educación para niños vagos o abandonados.

Por último, consciente de que las discusiones doctrinarias eran ríspidas en materia de la reforma jurídica, Espinosa, juez primero correccional, descalificó las propuestas inspiradas en la antropología criminal. Al decir de Espinosa, dos escuelas se disputaban la verdad: la clásica y la positiva. La primera, que sirvió de soporte al código penal, fundó todo su aparato teórico en la libertad de acción y en la capacidad de conocer el hecho delictivo, mientras que la segunda, de reciente creación y radicalmente opuesta a la anterior, identificaba en el hombre un fatalismo necesario, hereditario y negatorio de la libertad de acción. Surgidas en Italia, las corrientes positivistas no pasaban de ser, según este, meras teorías y experimentaciones, pues la ciencia no les concedía toda su verdad. Por lo mismo, no podían servir de base a la legislación. Incluso en los lugares donde la presencia de las nuevas ideas se había afianzado, como Francia e Italia, los códigos seguían las doctrinas de la escuela clásica. Esto es, partían de las mismas premisas que habían fundamentado el Código Martínez de Castro, que «fue producto de una elaboración metódica y científica, cuyo mérito no le han quitado el transcurso de los años, ni las discusiones de los teóricos, inspiradas en las nuevas lecciones desacreditadas con la experiencia y la estadística».[41] En todo caso, el problema radicaba en la aplicación de la ley. Apelaba para ello a su larga práctica, pues apenas cambiaba el personal de un tribunal o juzgado, la interpretación era modificada. De este modo, era un firme enemigo del arbitrio judicial y ferviente partidario del modelo legalista.

En el mismo sentido, aunque todavía más acendrado en su crítica, Maximiliano Baz consideró que toda reforma y toda adición al código penal debía estar en perfecta consonancia con su sistemática y ajustarse a su economía:

> Manifiesto queda —aseguró— que en lo absoluto rechazamos la adopción de principios y doctrinas tomados de las modernas escuelas antropológicas, y especialmente de la escuela de que Garófalo, Ferri y Lombroso son corifeos. Dónde

[41] *Ibíd.*, t. I, p. 162.

> están capacidados los "nuevos médicos penales que serían los encargados de administrar justicia.[42]

Todos estos testimonios revelan que en la reforma del código penal se jugaba mucho más que poner a la moda la legislación. La experiencia cotidiana revelaba deficiencias no en los cuerpos legales, sino en su aplicación.

Cuadro 2. Prácticos del derecho entrevistados

NOMBRE	CARGO PROFESIONAL
José Vicente Aguirre	Agente del ministerio público del juzgado de Oaxaca.
Alberto G. Andrade	Juez de distrito del estado de México.
Agustín Arévalo	Magistrado de la cuarta sala del Tribunal Superior de Justicia.
Agustín Arroyo de Anda y Anguiano	Defensor de oficio. Jefe del Cuerpo de Defensores de Oficio.
José I. Bandera	Agente del ministerio público.
Maximiliano Baz	Agente del ministerio público.
Jesús R. Bejarano	Agente del ministerio público del Distrito Federal.
Agustín Borges	Magistrado de la tercera sala del Tribunal Superior de Justicia del Distrito Federal.
Francisco Brioso	Juez de distrito de Oaxaca.
Jesús M. Cadena	Juez de distrito de Ensenada, B. C.
Valentín Canalizo	Magistrado de la segunda sala del Tribunal Superior de Justicia del Distrito Federal.
Ranulfo Cancino	Agente del ministerio público de Chiapas.
José R. del Castillo	Defensor de oficio.
Daniel A. Cepeda	Juez de distrito de Chiapas.
Cristóbal Chapital	Juez segundo de Distrito del Distrito Federal.
Juan Chávez González	Juez de distrito de Durango.
Belisario Cicero	Juez quinto correccional de México.
Ricardo Cicero	Magistrado del Tribunal del primer Circuito.

42 *Ibíd.*, t. I, p. 191.

NOMBRE	CARGO PROFESIONAL
Francisco Cortés	Agente del ministerio público.
Luis del Carmen Curiel jr.	Defensor de oficio.
Ismael Elizondo	Juez segundo correccional de México.
Gonzalo Espinosa	Juez primero correccional de México.
Eugenio Ezquerro	Juez tercero correccional de México.
Gabriel G. Estrada	Juez de Distrito de Querétaro.
Salvador J. Ferrer	Agente del ministerio público.
A. González de la Vega	Agente del ministerio público de Durango.
Rafael J. Hernández Madero	Defensor de oficio.
Fernando Lachica y Flores	Juez de distrito de Hidalgo.
José María Lezama Madariaga	Agente del ministerio público del Tribunal del primer Circuito. Juez del distrito de Tulancingo.
Alberto Lombardo	Agente del ministerio público del Tribunal del primer Circuito.
Felipe López Romano	Magistrado supernumerario del Tribunal Superior de Justicia del Distrito Federal.
Luis Masse	Magistrado de la segunda sala del Tribunal Superior de Justicia del Distrito Federal.
Manuel Mateos Alarcón	Magistrado de la tercera sala del Tribunal Superior de Justicia del Distrito Federal.
Martín Mayora	Magistrado de la segunda sala del Tribunal Superior de Justicia del Distrito Federal.
Francisco G. Moctezuma	Juez de distrito de Morelos.
Agustín Moreno	Magistrado del Tribunal del segundo Circuito.
D. A. Morfín	Juez de distrito de Guerrero.
Tomás Ortiz	Juez de distrito de San Luis Potosí.
Manuel Patiño Suárez	Juez cuarto de lo criminal de México.
Carlos Pereyra	Defensor de oficio.
Enrique Piña y Aguayo	Juez primero de lo criminal de México.
Enrique M. de los Ríos	Defensor de oficio.

NOMBRE	CARGO PROFESIONAL
Manuel Roa	Agente del ministerio público.
Emilio Rovirosa Andrade	Agente del ministerio público del distrito de Aguascalientes.
José Saavedra	Juez cuarto de lo criminal de México.
José de la Luz Sevillano	Agente del ministerio público del distrito de Morelos.
Hilario C. Silva	Juez de distrito de Aguascalientes.
Demetrio Sodi	Juez tercero de lo criminal de México.
Emilio Téllez	Juez cuarto correccional de México.
Wistano Velázquez	Juez segundo de lo criminal de México.
Eduardo Zárate	Magistrado de la tercera sala del Tribunal Superior de Justicia del Distrito Federal.
Ángel Zavalza	Magistrado de la tercera sala del Tribunal Superior de Justicia.

Tras revisar las opiniones que se adhirieron a la escuela clásica de derecho penal, examinaré aquellas que se aproximaron al positivismo en el mismo cuerpo de entrevistas. Quizá el mayor defensor de esta corriente criminológica fue Emilio Rovirosa, agente del ministerio público del distrito de Aguascalientes. En gran medida, su estrategia argumentativa fue apelar a la historicidad del código de 1871. Dentro de esta lógica, sostenía que, las circunstancias sociales habían cambiado, al igual que las teorías para explicar la criminalidad y el castigo. Rovirosa concedió que el Código de Martínez de Castro era un auténtico monumento legislativo de indiscutible valor, «hijo del cerebro fecundo y del corazón de oro de nuestro sabio jurisconsulto», que había probado sus beneficios en la administración de justicia.

> Pero esta obra —añadió—, perfectísima en su época, que surgió en medio del más espantoso caos legislativo penal, ya no corresponde, al menos en su mayor parte, a las exigencias de la época, a las necesidades sociales, a las tendencias del predominio científico, por lo que, consecuente el legislador con la ley evolutiva que todo lo cambia y perfecciona, se apresta a seguir las reglas de la adaptación.[43]

Por lo tanto, Rovirosa percibía que era necesario adoptar las corrientes inspiradas en Lombroso y Ferri, ya que la escuela clásica o «sentimentalista», como la calificó, incurría en un exceso metafísico cuando consideraba que

---

[43] *Ibíd.*, t. I, p. 61.

todos los seres eran iguales y capaces para regenerarse en el régimen penitenciario. En cambio, a la luz de las nuevas observaciones antropológicas, psicológicas y estadísticas, se verificó la existencia de diversos tipos de delincuentes que no se enmendaban. Siguiendo con su argumentación, Rovirosa sostuvo que en la génesis del delito mediaba el ambiente físico y social, que tentaba al presunto enmendado a recaer. Por ello, las premisas para explicar la criminalidad habían mutado, marcando un cambio radical:

> La escuela clásica estudiaba el delito, haciendo abstracción del delincuente; la escuela positiva estudia al delincuente como ser organizado, en sus relaciones con el medio físico, moral y social que lo rodea. La diferencia entre los caminos elegidos, es inconcluso, dan predominio avasallador a la escuela positivista penal, cuyas lecciones, en gran parte, deben aprovecharse para modificar nuestra legislación.[44]

Aun así, reconoció en que todavía existían problemas en la agenda de la escuela positivista que impedían que se llevara su influencia al código, pues si bien había generado progresos en el conocimiento de la delincuencia, estos avances no habían sido reducidos a fórmulas jurídicas claras. Sin embargo, el bagaje de la antropología criminal era suficiente para cuestionar algunos puntos del código penal. Por ejemplo, este cuerpo estableció como circunstancia agravante el grado de educación de un individuo, ya que su preparación lo hacía, supuestamente, más consciente y responsable de sus actos. Al menos, no podía alegar que ignoraba la ley. Para Rovirosa, esto resultaba aberrante, pues nada libraba a la gente instruida de la carga hereditaria y, por tanto, un individuo educado también podía ser un criminal nato. Igual que al ignorante, esta condición lo tornaba incapaz para discernir entre el bien y el mal, entre lo permitido y lo ilícito. Según sus propias palabras, «la ilustración no es un remedio de la criminalidad, no modifica el temperamento criminal ni en favor ni en contra de la determinación».[45] Distanciado de los principios del liberalismo y cercano al darwinismo social, consideró que el Estado no educaba para curar la criminalidad, sino para volver a los hombres más aptos para la vida. «La ley —sostuvo— debe ser igual para los iguales», en clara alusión a las diferencias naturales del organismo social. En todo caso, consideró que la igualdad jurídica era «un principio del más exaltado jacobinismo».

En términos similares se expresó Carlos Pereyra, que se desempeñaba como defensor de oficio en la ciudad de México. Para este, la antropología criminal había probado que existían varios tipos de delincuente. Consecuentemente, el principio de igualdad ante la ley no podía persistir. Había que

---

44 *Ibíd.*, t. I, p. 63.
45 *Ibíd.*, t. I, p. 79.

incorporar las «máximas de carácter práctico» enarboladas por los positivistas. En este sentido, Pereyra aconsejó a los legisladores que abandonaran la noción de «una reacción idéntica en todo caso para toda acción antisocial del mismo nombre por un sistema de reacciones acomodadas al carácter y a los móviles del delincuente».[46] En el fondo, esto implicaba otorgar cierto margen al casuismo que, como se ha dicho arriba, era contrario al modelo legalista instituido por el Estado moderno. Del mismo modo que en las cárceles se crearon laboratorios antropométricos para identificar criminales, Pereyra recomendó a la comisión revisora armonizar la ley represiva con los principios científicos o, al menos, considerar la creación de colonias penales.

Idéntica opinión expresó Alberto Lombardo, agente del Ministerio Público. En su opinión, la prisión debía ser sustituida porque era gravosa y corrompía todavía más a los criminales. «Si en vez de encerrarlos en una cárcel, se les deportase a una isla, y allí, sin clausura alguna se les dieran instrumentos para cultivar la tierra, probablemente cosecharían más de lo necesario para su alimentación».[47] Además, sostuvo que este sistema no era nuevo, como mostraba el modelo francés, que relegaba a los reincidentes a Nueva Caledonia. Esta medida era, según Lombardo, sumamente conveniente. Confesó que, al leer a Lombroso, convino en que la causa de los crímenes era una «perversión del espíritu» y que la celda de la penitenciaría era el medio que daba rienda suelta a la imaginación del criminal. «Nada puede hacerse para mejorar una prisión; nada sino demolerla», concluyó.[48]

De igual modo, Rovirosa criticó que, bajo el predominio de la escuela liberal, se inventaron diversos sistemas penitenciarios, todos ellos ineficaces y muy costosos. Ante el fracaso del penitenciarismo, sugirió una solución intermedia para proteger a la sociedad de «esas fieras humanas». Paradójicamente, su propuesta fue similar a de los magistrados que defendieron los principios de la escuela clásica, aunque siguió otro camino: dado que la supresión absoluta del criminal nato era rechazada, resolvió que el único mecanismo para evitar la reincidencia —que bien podía ser producto de deformaciones o anomalías orgánicas— y el único medio para aligerar las cargas fiscales sobre la «sociedad honrada» era destinar algunas islas o territorios apartados para fundar colonias penales:

---

46 *Ibíd.,* t. I, p. 284.

47 *Ibíd.,* t. I, p. 46.

48 *Ibíd.,* t. I, p. 47-48. Lombardo propuso que la colonia penal se estableciera en la isla de Guadalupe, donde había agua y ganado salvaje. En ese ambiente, el trabajo forzoso sería, según él, benéfico, pues, a diferencia de la esclavitud, sugería que fuera sin restricciones.

> Si el Gobierno quisiera obrar a este respecto con todo buen sentido, podría destinar dos islas; una para hombres y otra para mujeres, y deportar a ellas para siempre a nuestros criminales más feroces y reincidentes, con la condicion de un trabajo forzoso y productivo, siquiera para sufragar los gastos que demandaría el sostenimiento de esas prisiones insulares.[49]

Por último, Rovirosa confiaba plenamente en que las leyes de la evolución curarían el cuerpo social de la criminalidad. En la medida en que se recibieran inmigraciones y que el «cruzamiento de razas» engendrara productos antropológicos más civilizados, la delincuencia disminuiría. Mientras tanto, advirtió la necesidad de extraer de las ciudades a esos «genes podridos» antes de que el crimen se sofisticara.

Para los adeptos del positivismo, el liberalismo había quedado desacreditado en otras esferas de gobierno. De la misma forma que el clasicismo económico de Adam Smith permeó la constitución y fue desechado en la práctica por la «política científica», al poner barreras taxativas en defensa de la sociedad. Entonces, procuraron identificarse con representantes de las nuevas corrientes que realmente influían en la administración y la toma de decisiones, como Joaquín Casasús y José Yves Limantour.[50] La libertad, por tanto, debía ser limitada para evitar los daños. Por ejemplo, propusieron controlar la producción y consumo de bebidas embriagantes para evitar la comisión de delitos.

Hasta aquí, queda claro que las opiniones de los prácticos del derecho se escindieron en las dos corrientes criminológicas existentes. Sin embargo, la mayor parte de los entrevistados restringieron sus sugerencias a la implementación de reformas puntuales, o bien manifestaron argumentos eclécticos. En cierto sentido, eludieron posiciones doctrinarias. Al hacerlo, su mutismo empirista supuso un reconocimiento del código penal, es decir, de la escuela clásica de derecho penal. Posiblemente, este fue el tono general que adoptaron los miembros de la comisión revisora, cuidadosa de no romper radicalmente con el legado liberal.

V. CONSIDERACIONES FINALES

La percepción que ha prevalecido sobre la comisión revisora que trabajó entre 1903 y 1912 ha subrayado su reticencia hacia la adopción nuevas doctrinas y su limitación a proponer el ajuste del código penal a algunas situaciones

---

49 *Ibíd.,* t. I, p. 73.
50 *Ibíd.,* t. I, p. 98.

sociales inéditas. De acuerdo con esta impresión, los miembros de dicha comisión tan solo limitaron la condena condicional, establecieron la protección de la energía eléctrica, la reclusión preventiva de alcohólicos y clarificaron la redacción, las imperfecciones y las contradicciones del texto de 1871. Para su mala fortuna, las propuestas no pudieron introducirse en el código de manera inmediata.[51] Asimismo, aunque exiguo, el eco de la comisión en la opinión pública indica gestos aprobatorios. Por ejemplo, en lo que respecta a la introducción de la condena condicional al sujeto que cometía un delito leve por primera ocasión.[52] De ese modo, fue vista como posibilidad independientemente de que sus labores rindieran frutos inmediatos.

Con todo, es posible acercarse con otra mirada, que contextualice las discusiones ventiladas en la comisión revisora. Estuvo formada por un reducido grupo de 14 individuos, pero se apoyó en contribuciones de medio centenar de funcionarios judiciales. Por ello, es posible matizar la idea de que los teóricos y prácticos del derecho no confluían. Así, los trabajos de revisión del código penal permiten conocer las discusiones sobre la ley penal en el porfiriato tardío. De este modo, constituyó un punto de inflexión, en la medida en que se criticaban los cuerpos jurídicos por considerarlos apartados de la realidad social, si bien se aprobaba la legitimidad de los liberales que les dieron forma. Entonces, liberalismo y nación se habían consustanciado.

Por otro lado, los integrantes pertenecían a la generación de los «científicos» y algunos de ellos eran todavía más jóvenes. Con todo, predominaron los postulados de la escuela clásica de derecho penal. Esto no pareció ser exclusivo de esta comisión. Aunque el impacto de las nuevas corrientes criminológicas fundadas en el determinismo ambiental, social y racial fue notable en los teóricos del derecho de ese periodo, no pudo plasmarse en códigos y leyes oficiales. En efecto, los trabajos de Martínez Baca y Roumagnac estaban cerca de la antropometría y las nociones del criminal nato y de los determinismos orgánicos. Para hacerse idea de su recepción, eran trabajos que habían obtenido galardones en las ferias internacionales. Sin embargo, la posibilidad de basarse en este enfoque para reformar las leyes era limitada por numerosas razones.

En buena medida, las propuestas de la antropología y la sociología criminal eran contrarias al principio constitucional de igualdad jurídica. A pesar de que en periódicos, revistas especializadas en derecho y tratados criminoló-

---

51 Cruz Barney, *La codificación en México*, p. 76.

52 *El Imparcial* (3 de julio de 1910). La nota hablaba en extenso sobre la condena condicional.

gicos se aseguró que el Código de Martínez de Castro era metafísica pura, la reforma era sumamente complicada si contravenía la Constitución de 1857. Si las reformas en materia electoral implicaron esfuerzos, críticas, adherencias y disidencias, la transformación de los principios mismos del código político era una labor casi impracticable.

Por su parte, las entrevistas revelan que los prácticos del derecho pertenecían a culturas jurídicas divergentes. Allí también se impuso la escuela liberal. Sin embargo, los prácticos revelaron pragmatismo en los alcances de sus propuestas. En otras palabras, se ciñeron a debates sumamente específicos para defender que la ley penal debía ser ampliada, no reformada. Por ejemplo, la libertad preparatoria, el combate a los delitos contra la propiedad y el establecimiento de una nueva pena, a saber, la relegación en colonias penales.

El hecho de que Miguel S. Macedo conviniera en este liberalismo pragmático sugiere que los trabajos de la comisión sentaron precedentes de la siguiente oleada codificadora. En 1929, la comisión presidida por José Almaraz se plegó al positivismo en todo lo que el marco constitucional permitía. Las críticas llegaron a ser acerbas. La efímera vigencia del código de 1929 y la vuelta, en 1931, a un eclecticismo nada ortodoxo que abrevó de diversas corrientes sugiere que la cultura jurídica liberal era similar a la de los *Trabajos de revisión del Código Penal*.

En suma, la comisión revisora fue el precedente inmediato para la segunda fase codificadora, que se llevaría a cabo en plena construcción del Estado posrevolucionario. Sin embargo, debe entenderse como la expresión de un contexto específico: la madurez y ocaso del porfirismo. En este sentido, se revela un amplio crisol de ideas y debates en torno a la criminalidad, el castigo y la reforma penal, al grado que el consenso más evidente tenía por objeto la herencia liberal, perfectible, pero jamás negada. Es decir, en las comisiones oficiales imperó lo que Charles Hale denominó «liberalismo transformado».

De ello dio testimonio el cuerpo de entrevistas, donde las opiniones de los prácticos del derecho servían como barómetro para acercarse a las ideas y experiencias jurídicas de los abogados que, en tribunales y ministerios públicos, ejercían su profesión.

Enfrentaron, en suma, la encrucijada de Jano de la reforma de las leyes frente a una sociedad plural y con marcadas desigualdades de clase, género y etnia: pregonaban una y otra vez que la legislación penal, al igual que el texto constitucional, tenían poco que ver con las prácticas sociales en materia de justicia. Al mismo tiempo, refrendaban, elogiaban y exaltaban los ideales que animaban los cuerpos legales, manifestándose siempre entusiastas y confiados en que la sociedad evolucionaría.[53]

En ese sentido, la actitud de los legisladores —enmendar aspectos puntuales del texto legal en lugar de reformarlo desde sus premisas— no era inédita. Por ejemplo, la Constitución de 1857 no fue reformada sino en puntos específicos, sobre todo en materia electoral. Posiblemente, al igual que en aquella, el liberalismo subyacente al código penal lo dotaba de una impronta que lo vinculaba directamente con la construcción de la nación. Por otro lado, las nuevas corrientes criminológicas no proponían fórmulas jurídicas lo suficientemente claras. Así, la aproximación a la tarea comisión revisora pone de manifiesto las complejidades que caracterizan la creación del derecho, así como la coexistencia de doctrinas y la prevalencia de aquella que era sancionada por los grupos hegemónicos.

VI. REFERENCIAS

Siglas

Archivos

AGN. Archivo General de la Nación

Fondo

Secretaría de Justicia

Hemerografía

Diario de Jurisprudencia (1904-1910). Órgano de la Secretaría de Justicia dirigida por Victoriano Pimentel

El Foro. Periódico de Jurisprudencia y de Legislación. 1873-1899. Periódico de jurisprudencia y legislación.

El Imparcial

El País

Libros y artículos

Alvarado, Arturo (ed.), *La reforma de la justicia en México,* México: El Colegio de México, Centro de Estudios Sociológicos, 2008.

---

53 Speckman, *Reforma penal y opinión pública,* p. 575.

Arenal Fenochio, Jaime del, «El discurso en torno a la ley: el agotamiento de lo *privado* como fuente del derecho en el México del siglo XIX», en B. Connaughton, C. Illades y S. Pérez Toledo (coords.), *Construcción de la legitimidad política en México en el siglo XIX,* México, El Colegio de Michoacán-Universidad Autónoma Metropolitana, Universidad Nacional Autónoma de México-El Colegio de México, 1999, pp. 303-322.

— «Abogados en la ciudad de México a principios del siglo XX (La *Lista* de Manuel Cruzado)», *Anuario Mexicano de Historia del Derecho,* 10, 1998, pp. 39-88.

Buffington, Robert, *Criminales y ciudadanos en el México moderno,* trad. de Enrique Mercado, México: Siglo XXI Editores, 2001, Serie Criminología y Derecho.

Ceniceros, José Ángel y Piña y Palacios, Javier, «Notas para una biografía del señor Lic. don Miguel Salvador Macedo y Saravia, distinguido penalista mexicano y eminente profesor de derecho penal», *Criminalia,* año XX, 7, julio de 1954, pp. 350-353.

Connaughton, Brian, Carlos Illades y Sonia Pérez Toledo (coords.), *Construcción de la legitimidad política en México en el siglo XIX,* México: El Colegio de Michoacán-Universidad Autónoma Metropolitana-Universidad Nacional Autónoma de México-El Colegio de México, 1999.

Cosío Villegas, Daniel, *La Constitución de 1857 y sus críticos,* México: Hermes, 1957.

Cruz Barney, Óscar, *La codificación en México, 1821-1917: una aproximación,* México: UNAM, Instituto de Investigaciones Jurídicas, 2004, Serie Doctrina Jurídica, n 180.

Dublán, Manuel y José María Lozano (comps.), *Legislación mexicana ó colección completa de las disposiciones legislativas expedidas desde la independencia de la República,* México: Imprenta de Comercio a cargo de Dublán e hijos, 1876-1904, XXXIV ts.

Fernández del Castillo, Germán, «La obra histórica de don Miguel S. Macedo», *Criminalia,* año XI, 8, agosto de 1945, pp. 455-465.

Garner, Paul, *Porfirio Díaz: del héroe al dictador, una biografía política,* trad. de Luis Pérez Villanueva, México: Planeta, 2003.

González y González, Luis, *La ronda de las generaciones. Los protagonistas de la Reforma y la Revolución mexicana,* México: SEP, 1984.

Guerra, Françoise-Xavier, *México: del antiguo régimen a la revolución,* México: Fondo de Cultura Económica, 1991, 2 vols, sección de Obras de Historia.

Guerra, Françoise-Xavier y Torres Bautista, Mariano (coords.), *Estado y sociedad en México, 1867-1929,* México: El Colegio de Puebla, 1988.

Hale, Charles A., *La transformación del liberalismo en México a fines del siglo XIX,* trad. de Purificación Jiménez, México: Fondo de Cultura Económica, 2002, sección de Obras de Historia.

Macedo, Miguel S., «Historia sinóptica del derecho penal», *Revista de Derecho y Jurisprudencia,* 1 (1930), pp. 415-432.

Martínez de Castro, Antonio, *Exposición de motivos del código penal vigente,* México, Imprenta de Francisco Díaz de León, 1876.

Padilla Arroyo, Antonio, *De Belem a Lecumberri. Pensamiento social y penal en el México decimonónico,* México: Archivo General de la Nación, 2001.

Palti, Elías J., *La invención de una legitimidad. Razón y retórica en el pensamiento mexicano del siglo XIX (Un estudio sobre las formas del discurso político),* México: Fondo de Cultura Económica, 2005, sección de Obras de Historia.

Pérez de los Reyes, Marco Antonio, «Miguel Salvador Macedo y Saravia: su vida y su obra», *Anuario Mexicano de Historia del Derecho,* vol. XIII, 2001, pp. 165-194.

Piccato, Pablo (coord.), *El poder legislativo en las décadas revolucionarias, 1908-1934,* México: Instituto de Investigaciones Legislativas, 1997.

— *City of Suspects: Crime in Mexico City, 1900-1931,* Durkham: Duke University Press, 2001.

Reich, Peter L., «Recent Research on the Legal History of Modern Mexico», *Mexican Studies/Estudios Mexicanos,* vol. XXIII (1), invierno 2007, pp. 181-193.

Secretaría de Justicia, *Trabajos de revisión del Código penal y proyecto de reformas y exposición de motivos,* México, Tipografía de la Impresora de Estampillas, 1912, IV ts.

Speckman Guerra, Elisa, *Crimen y castigo. Legislación penal, interpretaciones de la criminalidad y Administración de Justicia (Ciudad de México 1872-1910),* México: El Colegio de México-IIH-UNAM, 2002.

— *Del Tigre de Santa Julia, la princesa italiana y otras historias. Sistema judicial, criminalidad y justicia en la ciudad de México (siglos XIX y XX),* México: IIH-UNAM-INACIPE, 2014.

— «Reforma penal y opinión pública: los códigos penales de 1871, 1929 y 1931», en A. Alvarado, (ed.), *La reforma de la justicia en México,* México: El Colegio de México, Centro de Estudios Sociológicos, 2008, pp. 575-613.

LA FORMACIÓN DE LOS ABOGADOS DEL ESTADO DE MÉXICO EN EL PORFIRIATO

Mario A. Téllez G.
Universidad Autónoma Metropolitana, Cuajimalpa

SUMARIO: I. PLANTEAMIENTO DEL PROBLEMA. II. EL POSITIVISMO EN EL ESTADO DE MÉXICO. III. LOS ABOGADOS DEL ESTADO DE MÉXICO EN EL PORFIRIATO. EL POSITIVISMO Y EL TRIUNFO DE LA CODIFICACIÓN EN EL ESTADO DE MÉXICO EN LA ÚLTIMA PARTE DEL SIGLO XIX. IV. COMENTARIOS FINALES. V. ANEXOS. VI. REFERENCIAS.

I. PLANTEAMIENTO DEL PROBLEMA

En los últimos años del porfiriato se habían iniciado los trabajos orientados a reemplazar al Código Penal de 1871, iniciativa que no prosperó. Apenas se aprobaron algunas reformas, a pesar de los consensos existentes en la comunidad del foro, que demandaba un nuevo código. Sin embargo, nos parece interesante detenernos a analizar los aprendizajes y circunstancias que vivieron quienes aspiraron a convertirse en abogados. En otros lugares hemos reflexionado sobre los estudios de abogado al final del período colonial y hasta la promulgación de los códigos civil, penal y procesales en los años setentas del siglo XIX. Aquí pretendemos dar el siguiente paso en esa perspectiva diacrónica y, sobre todo, vincular el análisis a una problemática que, pensamos, es importante dilucidar. Nuestro objetivo es valorar si en la última parte del porfiriato, cuando logró consolidarse la codificación racionalista decimonónica y triunfó el positivismo como ideología del régimen, semejante enfoque impactó en la formación de los futuros abogados.

II. EL POSITIVISMO EN EL ESTADO DE MÉXICO

No pretendemos hacer en este apartado un análisis novedoso ni exhaustivo del positivismo científico en la entidad federativa. Nuestra intención es describir algunos elementos generales de esa ideología para contrastarlos con lo sucedido en el entorno educativo de los abogados del estado de México.

Para dimensionar la relevancia de la educación, hay que recordar que, desde que la Iglesia llegó a esta parte del mundo en la última parte del siglo XVI, estableció que la educación, mezclada con la evangelización, sería uno de sus principales instrumentos de difusión y control social, práctica que se prolongó varios siglos después hasta la publicación de las Leyes de Reforma, cuando fue replanteada de forma definitiva y el Estado se hizo cargo de esta actividad fundamental.

Uno de los pioneros del positivismo en México fue Gabino Barreda, estudioso invitado por el presidente Benito Juárez en 1867 para crear la Escuela Nacional Preparatoria (ENP), la cual, fue creada en virtud de la importante *Ley Orgánica de Instrucción Pública* de ese año, después de que el 16 de septiembre, en el marco de las festividades de esa fecha, pronunciara su célebre *Oración cívica.* Barreda había sido discípulo de Augusto Comte en Francia y, poco después de regresar a México, asumió ese importante encargo. Así, la ENP se convirtió en la institución articuladora de la filosofía comtiana a la que Barreda imprimió su sello, matices y perspectivas propios. Aunque la intención de la educación positivista era llevar esta filosofía a todo el ámbito educativo, sus efectos más relevantes se concentraron en la preparatoria. Como señala Charles A. Hale: «La ENP instituyó un programa escolar uniforme para todos los estudios profesionales que consistía, principalmente, en un aprendizaje enciclopédico de las ciencias en ordenación jerárquica. Tal aprendizaje estaba dirigido a crear el orden intelectual, vencer la anarquía en todas sus formas y proporcionar la llave para la reconstrucción —y, en última instancia, la regeneración— moral de la sociedad».[1]

En su *Oración Cívica,* Barreda alteró la divisa comtiana («amor, orden y progreso») para hablar de «libertad, orden y progreso», ideas que muy pronto atrajeron a los liberales. Pero la libertad del positivismo no hacía referencia a la «facultad de hacer o querer cualquier cosa sin sujeción a la ley [...] si semejante libertad pudiera haber, ella sería tan inmoral como absurda», es decir, a la noción liberal de la libertad. De acuerdo con el positivismo, algo «es *libre* cuando sigue su curso natural, es decir, sin trabas, ni obstáculos; la ley, el orden, es propio de la naturaleza [...]; al gobierno toca, por medio de la educación, acelerar los buenos impulsos y obstaculizar los malos; logrando en esta forma el

---

1 Hale, Charles A., *La transformación del liberalismo en México a fines del siglo XIX,* México: FCE, 2002, p. 240.

libre desarrollo de los impulsos altruistas».[2] Posteriormente, el lema se redujo a «orden y progreso», y se convirtió en el eje vertebrador del discurso porfirista.

Barreda fue un ideólogo que, junto con buena parte de la clase política, ambicionaba la transformación del país y que pensó que la educación a largo plazo era el mejor instrumento para lograrlo. Según Leopoldo Zea, este pensador y sus seguidores pretendían acabar con la anarquía y la violencia que se habían adueñado del país durante las décadas precedentes, y para ello propuso nuevas creencias, nuevos referentes morales independientemente del catolicismo, «eliminando para ello todo tipo de ideas basadas en la fantasía o el escepticismo. La nueva creencia tiene como base la demostración científica, por medio de la cual nada puede ser impuesto, sino mediante su demostración».[3] Los reformadores, con Barreda a la cabeza, también asumieron y divulgaron otras ideas de Comte: «El conocimiento no era objeto de mera especulación, ya que debía aplicarse a la solución de los problemas humanos».[4] Aquel que realizaba más, tendría más derechos sobre los demás, surgiendo así la tesis del más fuerte, que encontraría perfecto cauce en el darwinismo social.[5]

A partir de estas y otras ideas quedaría después conformado el denominado «grupo de los científicos», que coincidían en parte con los postulados liberales, pero se constituyó como un grupo diferenciado de los liberales, aun si algunos militantes se adscribían a ambos bandos.

Es importante tener presente que Barreda y sus seguidores planteaban como objetivo último, tras el triunfo del positivismo, la creación del hombre nuevo.[6]

También es relevante señalar que, en el ámbito nacional, en algún momento los conservadores y los liberales se habían convertido en enemigos de los positivistas, logrando que el plan educativo de Barreda fuera modificado. «En 1868 y en 1869 se inician las primeras reformas del plan. En 1873 se le ataca más rudamente al ser eliminadas algunas materias consideradas por sus opositores como innecesarias para los estudiantes que se preparaban para las

---

2 Zea, Leopoldo, *El positivismo y la circunstancia mexicana*, México: SEP-FCE, 1985, pp.106-110; *ibídem*, pp. 223 y ss.

3 Zea, *op. cit.*, p.129. Por su parte, para Comte las ciencias positivas eran «la matemática, la astronomía, la física, la química, la biología y la física social, a la que más tarde llamó sociología», Raat, William D., *El positivismo durante El Porfiriato*, México: SepSetentas, 1975, p. 11.

4 Raat, *op. cit.*, p. 11

5 Zea, *op. cit.*, p. 99.

6 Guerra, Francois-Xavier, México: del Antiguo Régimen a la Revolución, tomo I, México: FCE, 1988, p. 379.

carreras de medicina y jurisprudencia. Estas materias eran la analítica y el cálculo infinitesimal»[7]. Los cambios también se aplicaron en la ENP. Después de esta época compleja, el positivismo cobró un renovado vigor en la educación de la mano de Ezequiel Chávez, que en 1896 logró instaurar nuevamente el positivismo en el plan de estudios de la ENP.[8] Para Hale, el relanzamiento tuvo lugar poco antes, cuando Justo Sierra fue elegido para presidir los dos Congresos Nacionales de Instrucción Pública entre 1889 y 1891.[9]

En 1870, Gabino Barreda había escrito una carta al gobernador constitucional del estado de México, Vicente Riva Palacio —que, *de facto*, lo había sido desde 1867, tras el triunfo liberal—, en respuesta a un requerimiento del propio gobernador en el que manifestaba su interés en instituir el positivismo en los estudios preparatorios de la entidad.[10] Esta solicitud representó la entrada de la ideología positivista en la entidad, su desarrollo y, sobre todo, su eventual influencia en la formación de los abogados de la entidad durante el porfiriato.

Vale la pena tener presente que, de acuerdo con la Constitución de 1857, la materia educativa estaba reservada a los estados. Por lo tanto, lo que decidiera el Gobierno federal en ese ámbito solo tenía consecuencias directas en la Ciudad de México y en los territorios del país.[11] Y si bien es cierto que los estados seguían muy de cerca lo que legislara la federación, primero tenían que celebrarse los procesos legislativos locales correspondientes.

Volviendo a la carta de Barreda al gobernador Riva Palacio, es ilustrativo leer el comienzo:

> «Conforme a los deseos de vd., tengo ya arreglado el viaje de los profesores de esta Escuela que deben ir á (*sic*) hacer los exámenes del Instituto de Toluca, con objeto de establecer, en lo posible, entre aquel Establecimiento y la Escuela Preparatoria de esta Capital, una perfecta fraternidad y homogeneidad, no solo respecto de las materias que en ellos hayan de enseñarse, sino también de los métodos didácticos y de los procedimientos de exámenes, para que de este modo los alumnos no tengan tropiezo de ninguna clase, cuando deseen pasar de un Establecimiento á (*sic*) otro, facilitándose de esta manera la enseñanza en todos los ramos y la vulgarización de los conocimientos útiles, sólidos y po-

---

7 Zea, *op. cit.*, p. 134; también en Raat, *op. cit.*, pp. 19-20.

8 Raat, *op. cit.*, p. 128.

9 Hale, *op. cit.*, p. 388.

10 Leopoldo Zea dice que en esa carta Barreda «hace una exposición de la reorganización que ha realizado en la Escuela Nacional Preparatoria, así como una exposición de motivos que le movieron a realizar dicha reforma», Zea, *op. cit.*, p. 122.

11 Guerra, t. I, *op. cit.*, p. 403.

sitivos que caracterizan lo que en el plan de estudios actual se designa bajo el nombre de *Estudios preparatorios para las carreras profesionales*».[12]

La carta es muy extensa y en ella Barreda expuso con amplitud buena parte de los principios del positivismo que estaba tratando de impulsar en el país. Por ejemplo, con apoyatura en el pensamiento de John Stuart Mill, Barreda proponía la enseñanza de las matemáticas para agudizar el pensamiento de los estudiantes. En el caso de los abogados, se preguntaba: «¿Para qué pueden servir las matemáticas á (*sic*) los abogados, por ejemplo? ¿A los abogados, que son precisamente los que, en el curso de su profesión hacen el más frecuente y el más difícil uso del raciocinio deductivo,[13] es decir, del método que las matemáticas están precisamente destinadas á (*sic*) inculcar y perfeccionar?». Lo mismo diría más adelante sobre la enseñanza de la química y de su utilidad para comprender mejor la medicina legal.[14] Tenía clara la intención de concebir para el estudio del derecho un «método de investigación riguroso, sistemático y verificable, sin dogmas y sin apelaciones sobrenaturales».[15]

Esta carta apareció publicada en una edición de 1877, siete años después de haber sido cursada; desconocemos si antes hubo alguna edición previa. El editor —del que desconocemos su nombre— se tomó la libertad de hacer una crítica sobre la reforma educativa realizada en el estado «derogando el [sistema] que el Sr. D. Mariano Riva Palacio fundó», decía a pie de página, y en sus comentarios agregó: «En el nuevo plan á (*sic*) que hacemos alusión, se hace simultáneamente el estudio de todas las ciencias, en tal forma que la enseñanza de cada una dura el tiempo total de los estudios preparatorios, y en cada año se aprende, ó (*sic*) mejor, se procura enseñar un fragmento de cada una». [16] La crítica equivocó a la persona, pero no la reforma. Nada tuvo que ver en ello el gobernador Mariano Riva Palacio, pues no le dio tiempo de impulsar la reforma porque pronto dejaría el cargo. Lo que sí sabemos, a partir de la carta, es que Riva Palacio quería que los estudios preparatorios estatales fueran similares a los de la ENP. En un principio, pensábamos que la

---

12 Barreda, Gabino, Opúsculos, discusiones y discursos. Coleccionados y publicados por la asociación medotófila Gabino Barreda, México: Imprenta del Comercio, de Dublán y Chávez, 1877, p. 23. Disponible en: <https://catalogo.iib.unam.mx/F/-/?func=findb&find_code=SYS&local_base=bndm&format=999&request=000388118>.

13 Que no era otra cosa que la aspiración del proceso codificador racionalista, la aplicación del silogismo básico: premisa mayor, la ley en su concepción general; premisa menor, el caso concreto; conclusión, la resolución del caso.

14 Barreda, *op. cit.*, pp. 32 y 46.

15 Dos Santos Melgarejo, José Ángel, «El iusnaturalismo y el positivismo jurídico», Revista Jurídica. Investigación en Ciencias Jurídicas y Sociales, Paraguay, 2013, p. 22. Disponible en: <https://ojs.ministeriopublico.gov.py/index.php/rjmp/article/view/63>.

16 En cita I, Barreda, *op. cit.*, p. 54.

crítica a pie de página se refería a una reforma educativa promovida en 1872 por el gobernador Alberto García que redujo el listado de materias a estudiar en la preparatoria,[17] pero en realidad aludía a otra, la que impulsó el siguiente gobernador, José Fuentes y Muñiz, que en 1873 introdujo el «sistema simultáneo», llamado así porque el plan pretendía que los alumnos de preparatoria estudiaran diversas materias al mismo tiempo.

Tres años más tarde, en 1876, se publicó una reforma de la ley de 1872 cuyo eje central era, al parecer, especializar los estudios preparatorios en función de la carrera profesional que el estudiante quisiera seguir.[18] Sobre la reforma de 1876 volveremos más tarde.

Con respecto a este período, no puede obviarse que, aun cuando para la clase política del país la educación fue una de las principales preocupaciones, los mayores logros en términos cuantitativos fueron para las escuelas de primeras letras (primarias) y que, al menos en el estado, al igual que a nivel federal con la creación de la ENP, las principales reformas positivistas se centraron en este nivel de estudios. Por lo que respecta a la carrera del foro, de la que aquí nos ocupamos, los cambios no parecían ser muy profundos, al menos en los términos planteados por Barreda para la preparatoria.

También es cierto que, en un rápido balance, el número de personas que recibieron alguna forma de educación respecto del total de la población siguió siendo muy bajo. No obstante, estas clases educadas, sobre todo a nivel universitario, estuvieron llamadas a nutrir los espacios que se multiplicaban en la creciente administración pública y a liderar los destinos del estado y del país.

En términos formales —dudamos que reales—, los gastos quinquenales del estado destinados a financiar el Instituto Literario primero y el Instituto Científico y Literario después en el período que nos interesa —erogaciones que muestran cambios pendulares de los distintos gobiernos en términos cuantitativos— fueron los siguientes:

---

17 Decreto núm. 42, tomo X, pp. 60-78, Téllez, 2006. La fracción II del artículo 2° de esta Ley Orgánica del Instituto Literario enlista extensamente las materias que debían cursarse en la preparatoria de acuerdo con visión enciclopédica propia del positivismo, y en el artículo 5° estableció que se cursarían en el término de cinco años. Para la carrea del foro incluía el «primer curso de matemáticas» y «elementos de física». El resto estaban vinculadas a su ámbito de especialidad, a la que se agregó medicina legal, conservando lo establecido previamente. A partir de esta disposición, puede apreciarse que en estos años existió la intención de acercamiento a esta ideología no en la medida del pensamiento del propio Barreda y sus seguidores, si bien las evidencias en los *syllabus* dan cuenta de ello.

18 Las carreras ofertadas eran: la del foro, agricultura, «diversos ramos de ingeniería», farmacia, pedagogía y comercio.

Presupuesto de gastos por quinquenios de 1870-1905[19]

Año	Gasto para el Instituto Literario	Gasto total	% respecto del gasto total
1870-71	10,520.00	354,881.00	2.9
1876-77	12,000.00	449,962.00	2.6
1880-81	11,000.00	387,953.45	2.8
1885-86	6,000.00	361,498.11	1.6
1890-91	32,397.75	795,557.15	4
1895-96	43,916.75	923,338.22	4.7
1900-01	43,000.00	1,066,877.53	4
1905-06	43,344.93	1,465,364.52	2.9

Antes de concluir este apartado, vale la pena señalar que, para el periodo que media entre los años 1872 y 1876, etapa de gran efervescencia política y de cambios legislativos en materia educativa, no contamos con expedientes de abogados. A fin de ilustrar la agitación social y política de ese cuatrienio, baste señalar que hubo un gobernador constitucional para el período, Jesús Alberto García, pero que tuvo al menos cuatro ausencias y fue sustituido temporalmente por igual número de gobernadores interinos. No disponemos de explicación alguna sobre estas ausencias. Solo cabe suponer que los turbulentos tiempos políticos que se vivieron en el estado y en el país impidieron la debida continuidad administrativa.

III. LOS ABOGADOS DEL ESTADO DE MÉXICO EN EL PORFIRIATO. EL POSITIVISMO Y EL TRIUNFO DE LA CODIFICACIÓN EN EL ESTADO DE MÉXICO EN LA ÚLTIMA PARTE DEL SIGLO XIX

Hace ya varios años que realizamos un proyecto de investigación en el Archivo Histórico del Poder Judicial y uno de los rescates más relevantes fue

19 Téllez G., Mario A. (coord.), El poder legislativo en México. Temas y casos de institucionalización, historia y derecho, (contiene DVD con la legislación estatal 1824-2005) México: LV Legislatura et al., 2006, 1870, t. IX, pp. 14-26, 176-77, t. XIII, pp. 22-44, 1880-81, t. XV, pp. 94-119, 1885-86, t. XIX, pp. 15-46, 1890-91, t. XXI, pp. 238-366, 1895-96, t. XXIV, pp. 17-168, 1900-01, t. XXVI, pp. 351-528, 1905-05, t. XXIX, pp. 75-235. Hay que señalar que, a partir del presupuesto de 1890-91, ya se desagregan cargos, gastos y montos de forma pormenorizada.

la digitalización de poco más de 250 exámenes de abogado. Por circunstancias desconocidas, los exámenes más recientes que localizamos llegaban hasta 1905. Pensando en los inicios de la Revolución, lo más lógico es que hubiera algunos exámenes de años más tardíos, pero no es así, y tampoco parece haber sucedido algo excepcional en 1905 que nos suministre alguna explicación del corte documental. En todo caso, los que tenemos a la mano abarcan prácticamente todo el período de interés, y nos permiten dimensionar de forma panorámica la situación de la educación de los abogados.

Como lo hemos explicado en otras partes, estos expedientes debían contener los documentos requeridos por las leyes para que el aspirante pudiera personarse frente a la autoridad correspondiente para presentar los exámenes correspondientes y alcanzar el título profesional de abogado. Posiblemente, dos de las partes documentales más relevantes de estos expedientes para la época que nos interesa son, por un lado, las materias o *syllabus* que habían cursado durante la carrera, con sus respectivas calificaciones y, por otro, el proyecto de sentencia en primera o segunda instancia que el candidato tenía que elaborar a partir de una causa que el tribunal debía entregarle previamente y sobre la cual, más tarde, debía ser examinado de forma oral por los magistrados, así como de los demás tópicos jurídicos que consideraran oportunos.

Tras realizar un recorrido por los expedientes de los que disponemos entre los años setenta del siglo XIX y 1905 podemos adelantar que hay dos disposiciones clave para entender la formación de los abogados en el período, la *Ley Orgánica del Instituto Literario,* de 1872[20] y la *Ley Orgánica del Instituto Científico y Literario,* de 1898[21] —que reformó a la de 1896[22]— y que continuó vigente el resto del período. Es importante advertir que, en el interregno de ambas leyes, en 1881,[23] la carrera de jurisprudencia desapareció de los planes de estudio en la entidad y fue restablecida ocho años más tarde, en 1889.[24] Ya nos ocuparemos de indagar sobre lo sucedió con los aspirantes a los que les tocó iniciar su carrera antes de 1881 y sobrevivir a ese período.

---

20 Decreto núm. 42, tomo X, pp. 60-78, Téllez, 2006.

21 Ley Orgánica del Instituto Científico y literario del Estado de México, tomo 25, pp. 374-406, Téllez, 2006.

22 Ley Orgánica del Instituto Científico y literario del Estado de México, tomo 24, pp. 499-515, Téllez, 2006.

23 Plan General de Estudios del Instituto Literario, tomo 15, pp. 176-218, Téllez, 2006.

24 «Restableciendo las clases de jurisprudencia y legislación en el Instituto Científico y Literario del Estado», tomo 20, pp. 129-130, Téllez, 2006.

La Ley Orgánica de 1872

Esta ley consta de 100 artículos y está dividida en 8 capítulos.[25] En ella se regulan los estudios preparatorios y profesionales. Por lo que respecta a los segundos —la carrera de jurisprudencia—, la ley estableció que se estudiarían cuatro años de teoría y dos de práctica, nada sustancialmente diferente a lo que sucedía desde hacía muchos años. Los estudios teóricos incluían las tradicionales materias del antiguo régimen (Derecho natural y de gentes, historia de los derechos, Derecho romano y patrio comparados, «tratado de matrimonio por Derecho canónico») y unas pocas de la modernidad (Elementos de Derecho constitucional, administrativo, internacional y marítimo). En el capítulo III se introdujo un cambio que pudo ser muy relevante; modificó una regla que venía observándose desde tiempos lejanos: los aspirantes al título de abogado presentarían a partir de su vigencia tres exámenes y no dos. Visto en retrospectiva, sabemos que esa modificación no fue trascendente, al menos sobre el papel, porque la calidad de los exámenes escritos siguió siendo muy irregular, como antes de esa reforma. De acuerdo con las previsiones la ley, se supone que el primer examen lo realizaría un cuerpo de cinco abogados elegidos cada dos años por la legislatura que evaluaría al candidato sobre su conocimiento de las materias teóricas. El segundo examen lo harían otros cinco abogados insaculados de la misma forma, que preguntarían al aspirante sobre los tópicos de los dos años de práctica. El tercer examen lo realizarían los miembros del Tribunal Superior para abordar cuestiones relacionadas con el expediente que tenía que proyectar y sobre temas libres. De este último examen hay constancia escrita en los expedientes, mientras que en los dos primeros solo se hacían los mismos comentarios generales a todos los sustentantes en un acta y se les aprobaba por unanimidad de votos en la mayoría de los casos, o por mayoría en menos ocasiones, o bien, se les reprobaba de forma excepcional. El candidato no podía presentarse al siguiente examen sin haber aprobado el anterior. En el resto de los capítulos de esta ley se aborda el tema de los recursos públicos que recibiría el Instituto para su funcionamiento y se mencionan las cinco clases de alumnos posibles, determinadas por la forma en la que financiaban su estancia. Sobra decir que el tema de los recursos económicos fue una cuestión central en la vida institutense.

En otro lugar tuvimos ocasión de analizar con mayor detalle la transición jurídica que tuvo lugar en el estado de México durante la década de los setenta del siglo XIX. Allí pudimos comprobar que, a pesar de que la ley de 1872 establecía que los alumnos debían estudiar por primera vez derecho constitu-

---

25 Decreto núm. 42, tomo X, pp. 60-78, Téllez, 2006.

cional, administrativo, internacional y marítimo en el Instituto, materias que podrían considerarse surgidas en buena medida del proceso de codificación, en un principio no pudieron hacerlo *intra muros*, sino que tuvieron que asistir a los estudios —bufetes— de los abogados —quienes, por cierto, habían sido educados bajo el derecho de antiguo régimen. Conocemos esta circunstancia porque existen los oficios que así la consignan. No sabemos en qué momento esas materias comenzaron a ser impartidas en las aulas, pero es posible que fuera relativamente pronto, dado que los certificados de estudio de estos años ya no hacían ninguna mención a las clases extramuros y en los exámenes escritos comenzaron a aparecer argumentaciones construidas exclusivamente con base en la codificación, circunstancia que evidenciaba la nueva formación recibida por los estudiantes. A partir de la revisión de esos exámenes que pudimos valorar que, como ya hemos adelantado, el hecho de adicionar un tercer examen para la obtención del título no redundó en una mejor preparación de los aspirantes adelantado. Con independencia del momento en que era realizado, el criterio que marca la calidad de un examen era el talento de cada pretensor.[26]

¿Qué sucedió en la década de los ochenta, particularmente entre 1881 y 1889, cuando desapareció la carrera de jurisprudencia en el estado?

Para responder esta pregunta resulta pertinente analizar el caso del aspirante Amado Crotte y Camacho, graduado en 1883.[27] Este expediente es muy interesante porque, como en pocas ocasiones, se trata de un documento muy ordenado y en el que, también de forma excepcional, el aspirante cumplió con todos y cada uno de los requisitos para obtener su título de abogado; no solicitó ninguna dispensa. El certificado expedido por el secretario del Instituto Literario señala que el candidato cursó las materias establecidas por la Ley Orgánica de 1872 para obtener el título de abogado.[28] A diferencia de otro expediente del mismo año, nada se dice sobre si cursó algunas de las materias *intra* o *extra muros*. En otro do-

---

26 Téllez G., Mario A., «Los abogados en el Estado de México en los años setenta del siglo XIX: entre la continuidad y la transición jurídica», en prensa.

27 «Sobre que se admita á (*sic*) examen de Abogado al C. Amado Crotte y Camacho», Téllez G., Mario A. y José López Fontes DVD, Escribanos y abogados del siglo XIX mexiquense 1803-1905, México: Tribunal Superior de Justicia del Estado de México, 2003. Muy emotivo y evocador me resultó tener este expediente porque fue mi mamá quien me habló hace muchos años respetuosamente de este abogado, a quien conoció cuando ella era niña. Así, este trabajo es un pequeño homenaje a la memoria de ambos.

28 «Derecho natural y de gentes; Derecho romano comparado con el español y especialmente con el Código Civil del Estado; Tratado de matrimonio por Cavalario; Derecho constitucional por Santiesteban; administrativo por Lares e Internacional y Marítimo por Bluntschli; las constituciones general y particular del Estado y medicinal legal por Luis Hidalgo y Carpio», *ídem*.

cumento del expediente, el fiscal hace una larga descripción de los certificados presentados por el aspirante Crotte para solicitar su primer examen y, finalmente, afirma: «Con el anterior certificado [y último de los descritos previamente] juzga el fiscal que el estudiante ha comprobado debidamente, el cumplimiento de todos los requisitos que para la carrera de jurisprudencia exigen los arts. 2º fracc. 2ª y 11 del Decreto 42 de 19 de Octubre de 1872, 4 y 11 de la ley de 30 de Diciembre de 1876, declarados vigentes por el art. 1º transitorio de la ley de 25 de Febrero de 1881 y por lo mismo sugeta (*sic*) a la aprobacion de este respetable Tribunal la siguiente proposicion: Unica. Expidase al interesado el billete que solicita». El artículo 1º transitorio de la ley de 1881, que era el Plan de Estudios del Instituto Literario, suprimió la carrera del foro (también la de farmacia) y, en consecuencia, «solo quedarán abiertas las clases respectivas mientras concluyen los alumnos que actualmente las cursan», como era el caso de Crotte. Este artículo transitorio fue la solución legislativa que se adoptó en los casos de aquellos alumnos que asistían a las clases entre 1881 y 1889, siendo este último el año en que se reabrió la carrera. Como hemos señalado en el apartado anterior, la ley de diciembre de 1876 reformó la Ley Orgánica de 1872, pero no introdujo modificación alguna a la carrera del foro.

El examen escrito presentado por Amado Crotte versaba sobre un expediente de homicidio. Consta de tres partes, la primera era introductoria, y después, en foja separada, para que quedara claro que se trataba de un documento independiente, el propio aspirante declara: «Entro pues en materia; y por ello, dividiré mi tesis en dos partes. Primero. Haré el extracto de la causa [...]. Segundo. Formularé la sentencia [...]». Por primera vez —y solo la hemos localizado en otro examen de 1899— encontramos la expresión «tesis»,[29] con la que, pensamos, el sustentante expresaba claramente su intención de conferir un cariz científico a su exposición. Parece que estamos frente a una clara influencia del positivismo, al menos en el discurso. Además, no se trata de un tema menor, dado que el análisis de este examen permite identificar el tiempo a partir del cual comenzó la tendencia, *mutatis mutandis*, que permanece a hasta hoy, de conferirles un carácter científico a los trabajos de fin de la carrera universitaria; las llamadas hoy todavía tesis de licenciatura.

Terminado el extracto de la causa que le dieron a Crotte, expuso siete resultandos. Comenzó hablando del certificado de la autopsia, y continuó con

---

29 En este expediente, en una foja independiente mecanografiada y como una especie de portadilla se lee: «Tesis presentada por el ciudadano José M. Zendejas, en su examen profesional de abogado, que sustentó ante el Superior Tribunal de Justicia del Estado de México, el día 29 de marzo de 1899», «El C. José M.ª Zendejas pide examen de abogado», *ídem*.

la confesión del «autor» del delito y toda la argumentación del código penal y de los procedimientos aplicables al caso para formular enseguida su proyecto de sentencia: «Primero. Se condena al reo Silviano Jaimes por el homicido de Rafael Arce [...] á (*sic*) sufrir la pena de tres años doscientos diez y nueve dias de presidio á (*sic*) que queda reducida la pena media por virtud de las atenuantes y los que se comenzará a contar desde [... la] fecha del auto de formal prision. Segundo. Se absuelve del cargo [...]». Es evidente que se trata de un proyecto de sentencia en el que Crotte aplicó de forma puntual los supuestos lógicos del silogismo establecido por la codificación.

Veamos ahora el caso de Raimundo Nicolín y Echanove, que obtuvo el título en 1886. Por decreto núm. 80 publicado por *La Ley* en agosto de 1886,[30] que está anexado al expediente, a este aspirante se le dispensó, «en virtud de las condiciones excepcionales en que se encuentra», de cumplir con el art. 29 de la Ley Orgánica de 1872.[31] Este precepto disponía que los aspirantes a obtener un título en el estado debían haber cursado los estudios preparatorios en algún colegio «sostenido por el gobierno de la unión ó (*sic*) el de algún estado de la federación». Ni en el decreto núm. 80 ni el expediente aclaran nada sobre esas «condiciones excepcionales», pero precisamente, y tal y como había establecido Escriche, la dispensa era «el privilegio ó esencion (*sic*) graciosa de lo ordenado por las leyes generales; y el instrumento ó (*sic*) escrito que contiene esa esencion (*sic*) o privilegio».[32] Raimundo Nicolín no tenía, pues, que cumplir con los requisitos establecidos y, en consecuencia, el fiscal no tuvo que justificar en ninguna ley la decisión de emitir el billete para presentar el primer examen. La dispensa, ya lo hemos dicho, fue una institución heredada del mundo colonial que, entre otras razones, se usó —creemos que en exceso— para dar solución a algún incumplimiento de los requisitos de muchos aspirantes a abogados a lo largo del siglo XIX.[33]

Sobre el examen del aspirante Nicolín sabemos que se le pidió que proyectara una sentencia sobre el cobro de una letra de cambio y que para realizar su proyecto utilizó exclusivamente legislación codificada. Primero describió acuciosamente el caso y luego, mediante una estructura de varios considerandos, elaboró su propuesta de sentencia. Aunque menos puntillosa y precisa, la estructura formal de su escrito seguía la misma lógica racional del examen de

---

30 *La Ley. Periódico Oficial del Estado Libre y Soberano de México,* Toluca, miércoles 8 de septiembre de 1886.

31 Decreto núm. 42, tomo X, pp. 60-78, Téllez, 2006.

32 Escriche, Joaquín, *Diccionario razonado de legislación civil, penal, comercial y forense.* Edición y estudio introductorio por María del Refugio González, (México: UNAM, 1996), pp. 204-205.

33 Téllez, *en prensa, op cit.*

Amado Crotte y constituye otro ejemplo claro de que en esta década la transición a la codificación estaba prácticamente consumada. Aunque todavía había otros exámenes que mostraban claros rastros del casuismo. En cualquier caso, creemos que la mayor problemática de la carrera de jurisprudencia se presentó en los aspectos de orden económico y administrativo motivados por la conflictividad política del país.

Hasta hoy no tenemos muchas pistas para conocer las razones por las que la autoridad estatal cerró la carrera del foro. Al decir de algunos, tal decisión se debió principalmente a la insuficiencia de recursos económicos. En el presupuesto de gastos para el año 1885-86 (véase la tabla *supra*), el monto asignado al Instituto Literario llegó a su nivel más bajo. Otros sostienen que los estudiantes locales preferían irse a la ENP porque allí cursaban menos materias. Tal vez ambas explicaciones tienen algo de verdad. No obstante, son simples conjeturas, y todavía hoy no hay certeza absoluta sobre las razones expresas del gobierno para cerrar la carrera de jurisprudencia en 1881.

La Ley Orgánica de 1898

Después de que en la entidad la carrera de derecho estuviera cerrada por ocho años, fue reabierta en 1889, un año después de que asumiera el gobierno el general José Vicente Villada, que fue uno de los políticos que mejor supo emular las habilidades de Porfirio Díaz para conducir al Estado a una de sus mejores épocas—.[34] Casi una década después, en 1898, se promulgó una nueva ley orgánica que cambió —o mejor dicho, precisó— el nombre del anterior Instituto Literario por el de Instituto Científico y Literario, modificación que, como señaló Francois-Xavier Guerra,[35] evidencia el retorno del positivismo en aquellos años. Esta recuperación no solo se aprecia en la adición del término «científico», que se aplicaría a todo el sistema educativo. En el caso de la carrera de derecho supuso el aumento de las materias que los aspirantes tenían que cursar para alcanzar el título.

La ley de 1898 constaba de cuatro capítulos y 85 artículos. Si bien el número de preceptos era menor que el de su antecesora de 1872, eran más extensos en lo que respeta al contenido.[36] Sin embargo, seguramente la diferencia más clara

---

34 Ávila, Ricardo, «¡Así se gobierna señores!: El boberino de Jose Vicente Villada», en J. Rodríguez, ed., The Revolucionary Process in Mexico. Essays on Political and Social Change, 1880-1940, UCLA, 1990. Disponible en: <https://es.scribd.com/document/476437358/8-Avila-Vicente-Villada>, *passim.*

35 Según Raat, este nuevo auge se dio desde 1893, *Ibídem*, 1975, pp. 34 y ss.

36 Ley Orgánica del Instituto Científico y literario del Estado de México, tomo 25, pp. 374-406, Téllez, 2006.

entre ambas es que la última no contiene previsión alguna referida al financiamiento del Instituto. En el marco de una administración pública creciente y más ordenada, todas las cuestiones relativas a los recursos debían estar contempladas principalmente en la ley de ingresos, el presupuesto de gastos y los decretos complementarios. La carrera del foro se cursaría, como antaño, a lo largo de seis años. Los dos primeros estarían dedicados al derecho civil y sus vínculos a la legislación local. El tercer año estaría dedicado al derecho mercantil, minero, a «las leyes civiles especiales federales y del estado» y al derecho penal. El cuarto al derecho constitucional, administrativo e internacional público y a la economía política. El quinto al procedimiento civil, al internacional privado y a la práctica en un juzgado de 1ª instancia y el sexto a la filosofía del derecho, la oratoria forense, el procedimiento penal y la práctica en alguna secretaría del tribunal. Comparado con el de la ley de 1872, este *syllabus* contiene algunas materias nuevas que, a juicio del legislador, podrían mejorar la preparación de los estudiantes, pero no es sustancialmente distinto porque, incluso en el caso del Derecho internacional solo se dio un desdoblamiento, y hay claros elementos de continuidad entre ambas disposiciones. Es decir, no parece que la filosofía del positivismo aparezca de forma nítida ni en la legislación sobre la carrera ni en la formación de los futuros abogados. Lo que sí sucedió, y así lo observaremos analizando algunos expedientes, fue el triunfo de la codificación. También hay que destacar que el artículo 34 prohibía, por primera vez después de décadas, la dispensa de estudios para no cumplir con todos los requisitos establecidos por le ley para optar por el título abogado. La realidad es que sí se limitó el uso de esta institución, pero sabemos que al menos en el caso del joven Andrés Molina Enríquez (véase foto, anexo I), por ejemplo, que se tituló como abogado en 1901, esta restricción no se aplicó.[37]

En el marco de la lógica diacrónica de este trabajo, el inicio del siglo XX parece ser un buen momento para analizar la realidad de los estudiantes que aspiraban a alcanzar el título de abogado. El caso de Joaquín García Luna Vilchis[38] (1900) —véase foto, anexo I— podría ser paradigmático porque, años más tarde, fue gobernador interino del Estado. Su trayectoria es fiel reflejo de la situación que venía presentándose desde los inicios del Estado mexicano. La carrera de abogado se constituyó en una profesión idónea para ocupar los muchos espacios

---

37 «El C. Escribano Andrés Molina Enríquez solicita examen de abogado», Téllez, y López Fontes, 2003. Lamentablemente, en este caso el examen escrito fue sustraído antes de que iniciáramos la digitalización de los expedientes.

38 «El C. Joaquín García Luna, aspira a obtener el título de abogado», Téllez, y López Fontes, 2003. Es evidente que la carátula del expediente no es la original. Desconocemos cuando fue incorporada la que tiene actualmente.

abiertos por una creciente administración pública en la que la administración de justicia ocupaba un lugar destacado. Y el ejercicio libre de la profesión de abogado seguía representando la posibilidad de ascenso social y la pertenencia a una clase social privilegiada, como había sido desde la época colonial.

Según el cronista Ángel Chopín,[39] antes de estudiar para abogado, Joaquín García Luna estudió en la Escuela Normal de Profesores y se graduó como profesor de instrucción pública en 1895. Hizo parte de su carrera profesional ocupando distintos cargos en el Tribunal Superior de Justicia local como secretario, juez y magistrado. Fue secretario de gobierno del gobernador Agustín Millán, a quien sustituyó en el cargo en 1918 durante seis meses.

De acuerdo con los certificados de calificaciones que presentó, realizó sus estudios preparatorios entre 1888 y 1895 y los de la carrera entre 1895 —cuando se graduó como profesor de educación primaria— y 1900, año en el que obtuvo su título de abogado.[40] En su expediente aparecen también los certificados de dos jueces de primera instancia y del secretario de acuerdos de la primera sala del tribunal que avalan los períodos de práctica requeridos. Pero, de acuerdo con lo que manifestó el fiscal Felipe Miranda (?) en otro documento, «el aspirante ha justificado plenamente con los certificados [...] los requisitos que exigen los arts. 5° y 6° de la Ley Orgánica del Instituto Literario de 6 de enero de 1877 y 2° fracc. II del Decto. del 15 de febrero de 89»[41] y, en función de ello, solicita que se le expida el billete respectivo para que presente el primer examen.[42]

---

39 Chopín, Ángel, Efemérides del Estado de México, Colección: Enciclopedia de Efemérides de los Estados de México (sic), spi.

40 El certificado extendido por el secretario del Instituto Científico y Literario, Lic. Luis Valdés, tiene enlistadas las materias estudiadas por el aspirante Joaquín García Luna: «1893. Primer año de jurisprudencia. Historia, personas y cosas por Derecho romano.- Historia, personas y cosas por Derecho civil patrio. 1894. Segundo año de jurisprudencia. Obligaciones, acciones y herencias por Derecho romano.- Obligaciones y herencias por Derecho civil patrio. 1895. Tercer año de jurisprudencia. Procedimientos civiles. Derecho mercantil, minero, leyes no codificadas. 1896. Cuarto año de jurisprudencia. Derecho penal comparado.- Código Penal y de procedimientos penales. Legislación federal. Jurisprudencia militar. Derecho natural y Filosofía del Derecho. 1897. Quinto año de jurisprudencia. Derecho constitucional y administrativo. Derecho internacional público.- Economía política. 1899. 1899. Sexto año de jurisprudencia. Derecho internacional privado y oratoria forense. 1900. Medicina legal», Téllez, y López Fontes, 2003. No hay explicación del salto entre 1897 y 1899 ni del hecho de que 1900, en el que cursó medicina legal, parece un séptimo año.

41 ¿«Felipe Miranda»? la firma del fiscal no es muy clara en el documento «El C. Joaquín García Luna aspira a obtener el título de abogado», Téllez y López Fontes, 2003.

42 En «El ciudadano Francisco Javier Pacheco solicita examen recepcional de abogado», de 1902, el fiscal en turno aplicó la misma argumentación jurídica para que le aplicara su primer examen, Téllez y López Fontes, 2003.

A la luz del presente, la declaración del fiscal suscita al menos dos problemas. Primero, el estudiante García Luna solicitó al Tribunal Superior de Justicia realizar su primer examen en enero de 1900, fecha en la que estaba vigente la Ley Orgánica de 1898, pero que por alguna razón que desconocemos no le fue aplicada. Sin embargo, la aplicación de la ley vigente en el momento de acabar los estudios[43] fue el criterio utilizado expresamente en otros casos. Segundo, la ley de 15 de febrero de 1889[44] fue la que restableció la carrera, pero no pudimos localizar la Ley Orgánica del Instituto Literario de 6 de enero de 1877 ni consultar sus artículos 5° y 6° en los que se establecen los requisitos a los que hizo referencia el fiscal. Por ello, tenemos que detenernos a explicar lo siguiente.

En 1848 se publicó el primero de los 31 volúmenes de la famosa *Colección de Decretos del Estado de México,* que abarca el periodo comprendido desde el 2 de marzo de 1824 hasta el 15 octubre de 1910 y en la que, se supone, se publicó toda la legislación vigente en el estado para el período establecido —incluidos el centralismo y los tiempos de transición entre un régimen y otro, así como la legislación colonial que seguía vigente—. Desconocemos la fecha de publicación del último volumen, el núm. 31 —aunque es seguro que no fue antes de 1813 porque en ese año se publicó el vol. 30—, pues no aparece el pie de imprenta en el ejemplar que digitalizamos. Por lo tanto, para cualquiera que necesite conocer algún decreto del período, esta *Colección* es una fuente indispensable de consulta.

Considerando el amplio período de su publicación y las dificultades para localizar una edición completa con fines de consulta, decidimos hacer una nueva edición en formato digital en 2001 y la reeditamos en 2006. Esta última es la que aquí referimos —y su éxito ha sido tal que ha sido objeto de múltiples copias apócrifas, de modo que muchos que la utilizan la citan como si hubieran consultado la obra original—. Lo que hasta la fecha no hemos visto es la crítica bibliográfica a esta *Colección,* y tampoco nosotros la hemos realizado de forma puntual. Contiene erratas de edición y omisiones que en algunos casos la propia fuente consigna, aunque otras muchas, los deslices y errores aparecen cuando se busca un tema particular. No es este el momen-

---

43 Por ejemplo, en el caso del aspirante Leopoldo Rebollar el fiscal señaló, respecto de sus estudios preparatorios, que los había realizado entre 1895 y 1901 por lo que le aplicaban dos leyes de 1886 y 1889 a los primeros años, pero por lo que respecta a los últimos se aplicaba la Ley Orgánica de 1896, «debiendo atenderse á (*sic*) esta de preferencia», decía el mismo fiscal. Lo mismo pasó con Carlos A. Vélez que se analiza más abajo, Téllez y López Fontes, 2003.

44 Tomo XX, pp. 129-130, Téllez, 2006.

to de acometer esa crítica, pero es preciso subrayar que la ley de 6 enero de 1877, citada en el expediente de García Luna, no aparece por ningún lado. Sí aparece un decreto del ejecutivo del 30 de diciembre de 1876, de 26 artículos, por el que se reformó la Ley Orgánica de 1872, pero que fue incluido al final del tomo XIV, después del índice, en una sección denominada «Decretos expedidos por el Gobierno Provisional del Estado», que indudablemente hacía referencia a una situación excepcional. La ley citada en el expediente del aspirante Joaquín García Vilchis está fechada escasos seis días después, y también refiere a la misma Ley Orgánica de 1872, lo cual puede inducir a un error interpretativo porque podría pensarse que se trata de la misma ley pero que en la *Colección de Decretos* fuera publicada una versión previa. Sin embargo, en el expediente se dice que esa ley de 1877 era una ley orgánica que contiene ciertos requisitos que no son mencionados en la ley de finales de 1876, que era un decreto del ejecutivo. Además, hemos visto citada la misma ley de 1877 en otros expedientes de 1900 y 1902,[45] por lo que no se trata de un error del amanuense ni del fiscal en turno. Así, al final, con la información de la que disponemos, podemos concluir que la *Colección de Decretos* no incluyó esa ley de 1877. Tampoco la hemos podido localizar en otro lugar. No obstante, atendiendo a la información que tenemos a la vista hasta el momento, no parece que haya cambiado sustancialmente nada sobre la carrera ni de la forma para obtener el título.

Volviendo al expediente del aspirante Joaquín García Luna, y por lo que respecta a su examen escrito, le correspondió elaborar un proyecto en segunda instancia sobre una sentencia por una demanda en la vía ejecutiva proveniente de una deuda de dinero amparada por una hipoteca. Antes de narrar extensamente el caso, el aspirante cumplió con la primera parte típica de los exámenes: solicitar benevolencia de sus examinadores en función de «sus limitados conocimientos». Enseguida cumplió con la segunda. Como se ha dicho, hizo, como era costumbre, una larga descripción del caso. En la tercera y última parte señaló que «conforme al artículo 1462, del propio cuerpo de ley [se refiere al código civil], en todos los juicios civiles cualesquiera (*sic*) que sea su naturaleza en que el interés que se dispute no pase de quinientos pesos, la sentencia de primera instancia causa ejecutoria» y que, como el monto en disputa era de poco más de 300 pesos, «es evidente que el tribunal superior no puede conocer en el grado de apelación, sin infringir el artículo 122 consti-

---

45 Por ejemplo, en «El Ciudadano Francisco Javier Pacheco, solicita examen recepcional de abogado» (fiscal A M de Castro), en «El C. Raymundo García pide examen de abogado» (fiscal A M de Castro) y en «El C. Francisco Carbajal solicita examen de abogado» (fiscal A M de Castro), todos de 1902, Téllez y López Fontes, 2003.

tucional».[46] En la tercera parte, concluyó: «Por estas consideraciones y fundamentos legales citados: 1° Se declara: que esta Sala carece de jurisdicción para revisar la sentencia [...]. 2°. Hágase saber a los interesados y con testimonio de este auto vuelva el expediente referido al juzgado de su origen [...]». Así terminó su examen escrito este pretensor;[47] en puntual sincronía con la codificación. Dado que a Joaquín García Luna no se le aplicó la Ley Orgánica de 27 de enero de 1898, hay que analizar los expedientes de aquellos pretensores que iniciaron sus estudios profesionales a partir de febrero de ese año y que concluyeron entre finales de 1903 y 1905, que es el arco temporal cubierto por nuestras fuentes primarias.

Este es el caso de Carlos A. Vélez, que en 1904 solicitó su examen para recibirse de abogado[48] —véase foto, anexo I—. El expediente contiene los certificados de preparatoria (1893-1898) y de carrera (1898-1903). En el documento en el que el fiscal hizo el recuento de los documentos presentados hace referencia a las distintas leyes que sobre educación estuvieron vigentes mientras estudió, «debiendo atenderse á (*sic*) esta de preferencia», aludiendo a la Ley Orgánica del Instituto de 24 de diciembre de 1896, por lo que solicitó se le diera el billete para su primer examen. Las materias cursadas, según su certificado, coinciden con las prescritas por la ley de 1896. Estamos frente a un ejemplo de un expediente ordenado y claro en sus formas. Desahogó de forma puntual las etapas que llevarían al aspirante a obtener su título de abogado, como sucedió, y su examen escrito también se ajustó a los usos forjados desde hacía décadas. Es decir, de forma similar al examen de Joaquín García Luna, la diferencia entre ambos fue la vigencia de la Ley Orgánica de 1896 que aminoró el «peso» legislativo en materia profesional.[49]

En su examen escrito, que versó sobre una demanda de dinero por unas estampillas que el gobierno entregó a un particular, el aspirante, frente a la sencillez de la segunda instancia que se le pidió formular, se dio tiempo para hablar sobre los requisitos que debía contener una demanda, citando el artí-

---

[46] A este pretensor le correspondió hacer su examen escrito sobre un tema similar, «El C. Justo San Pedro y Sotomayor pide examen de abogado» en 1901, Téllez y López Fontes, 2003.

[47] Por ejemplo, en «El Ciudadano Francisco Javier Pacheco, solicita examen recepcional de abogado», en «El C. Raymundo García pide examen de abogado» y en «El C. Francisco Carbajal solicita examen de abogado», todos de 1902, Téllez y López Fontes, 2003.

[48] «Expediente formado con motivo de la solicitud presentada por el C. Carlos A. Vélez, en la que solicita examen recepcional de abogado», Téllez y López Fontes, 2003.

[49] La misma claridad en otros expedientes se había alcanzado poco antes. Véase, como ejemplo, «El C. Alberto Loa pide examen de abogado» de 1903, Téllez y López Fontes, 2003.

culo 522 del Código de Procedimientos Civiles, pero también, como muestra de su cultura jurídica, citó la P 3, 2, 40 que hace referencia a lo mismo.[50] En su proyecto de segunda instancia, confirmó lo establecido en la primera, a saber, que no había lugar a la excepción promovida por el demandado y que cada parte asumiría sus costas.

El caso de Ernesto González y González, de 1905 —véase foto, anexo I— también puede ser ilustrativo, dado que se examinó al final del período y en su caso estaba vigente la Ley Orgánica de 1896, con apenas un año de diferencia en relación al caso anterior. El expediente contiene los certificados de los estudios preparatorios (1894-1900) y profesionales (1899-1904), así como los de sus prácticas en un juzgado de primera instancia y en el Tribunal Superior. Cabe destacar que el documento firmado por el fiscal Melquiades Gorostieta hizo el recuento y valoración de los documentos presentados para solicitar el billete del primer examen y aludió al menos a seis leyes relacionadas con los estudios del aspirante, aun cuando, como señaló el propio fiscal, la norma bajo la que debían valorarse los estudios profesionales y los certificados de práctica era la ley de 1896. Sin embargo, este mismo hizo la reseña de los documentos presentados por Carlos A. Vélez, pero no incurrió en la misma enredada relatoría. Además, el mismo Gorostieta apareció en otros tantos expedientes y, si comparamos lo documentos, puede observarse incluso a simple vista que las caligrafías son distintas, pero con idéntica rúbrica, como en el caso de Ernesto González y Luis Garduño graduado en 1904 (véase anexo II). Es fácil inferir que se trata de amanuenses distintos.

A partir de este caso, podemos adelantar que también hemos detectado la aparición del mismo problema caligráfico, por llamarlo de esta manera, en un examen escrito para obtener el título de abogado. Esta circunstancia desplaza nuestra atención a un territorio más complejo, ya que, o bien podría suceder que los aspirantes dictaran su examen a los amanuenses —lo cual no supone ningún conflicto—, o bien que hubiera personas con conocimientos en derecho o abogados que mediante un pago se dedicaran a hacer estos exámenes —escenario que sí generaría una situación delicada—. No disponemos de evidencias que sustenten esta última hipótesis, pero tampoco podemos dejar de considerarla posible. Ya habrá ocasión de volver sobre este asunto. Por el momento, solo queremos adelantar el problema para una futura posible investigación.

---

50 Esa misma pretensión de cultura jurídica se aprecia en el exp. «El Ciudadano Francisco Javier Pacheco, solicita examen recepcional de abogado» de 1902, que en apoyo de su argumentación en su examen escrito cita al Febrero, a las Partidas y a la Novísima Recopilación, Téllez y López Fontes, 2003.

De regreso al caso del aspirante Ernesto González, se le pidió que elaborara un proyecto de sentencia en primera instancia sobre la nulidad de un contrato de compraventa. En la larga exposición del caso, el aspirante escribió once resultandos y seis considerandos, citando en estos últimos las obras de Derecho Civil de Manuel Mateos Alarcón y «Baudri-LaCantinrie»[51] (*sic*) así como los artículos 91, fracción primera y 241 del Código de Procedimientos Civiles para terminar resolviendo, de forma muy simple, que, en primer lugar, ese juzgado se declaraba incompetente para resolver el asunto y que, en segundo término, cada parte pagaría sus gastos.

IV. COMENTARIOS FINALES

Existen evidencias claras de los intentos que a principios de los años setenta hizo el gobernador Mariano Riva Palacio para incorporar el positivismo en la entidad. Sin embargo, también hay otros elementos que evidencian que esos impulsos alcanzaron de forma clara solo a los estudios preparatorios. Por ello, debemos reconocer que la expectativa inicial del proyecto para encontrar cambios relevantes en la formación de los abogados del estado de México en virtud del triunfo del positivismo jurídico fue más alta de lo que la documentación consultada nos mostró. Más bien lo que al final del período de estudio podía concluirse era la consolidación del triunfo de la codificación; circunstancia que ya conocíamos. Los códigos se convirtieron en la principal herramienta de los juzgadores y de los abogados para ejercer su función.

Visto en perspectiva, el mayor esfuerzo del positivismo comtiano o científico en México se centró en los planes de estudio de la ENP. La educación superior, como ahora se le llama, recibió algunos influjos. Hace ya tiempo que Charles A. Hale lo había anticipado: «La filosofía positivista de Augusto Comte como teoría del conocimiento y aun como programa para la regeneración moral de la sociedad tuvo su mayor impacto en la Escuela Nacional Preparatoria, dirigida por Gabino Barreda».[52]

A la luz de la legislación estatal, sobre todo de las leyes orgánicas de 1872 y 1898, y del contraste con los expedientes de los exámenes de abogado, apenas se aprecia una limitada influencia del positivismo científico en la formación de los futuros abogados. La utilización de la palabra «tesis» en los exámenes

---

[51] Gabriel Baudry-Lacantinerie abogado francés connotado de la segunda mitad del siglo XIX.

[52] Hale, *op. cit.*, p. 386.

finales y de la estructuración lógica y ordenada de la exposición en los exámenes escritos podrían verse como algunos destellos de aquel influjo, pero nada más.

Muy clara fue la incorporación paulatina de materias asociadas al triunfo de la codificación a los planes de estudio como el Derecho constitucional, el Derecho administrativo, el Derecho internacional, el Derecho marítimo, el Derecho minero y, más tarde, la Medicina legal, materias en las que, probablemente, al encontrarse con los influjos del positivismo, se intensificó el objetivo de hacer del conocimiento jurídico un conocimiento con características científicas.

Hemos basado nuestra exposición principalmente en las leyes orgánicas de 1872 y 1898, pero sabemos que ambas fueron reformadas y que los estudiantes iniciaban sus cursos bajo la vigencia de una ley y los terminaban con la vigencia de otra. En este sentido, el Tribunal Superior, a través de la fiscalía, fue el encargado de recibir y valorar los documentos que presentaban los aspirantes para poder hacer el primer examen, lo cual generó, a la luz de los documentos, una política errática. Las constantes reformas de la legislación, y el desconocimiento y la falta de claridad de los amanuenses que elaboraban los expedientes así lo reflejaron. Es cierto que se priorizó la ley que estaba vigente cuando finalizaban los cursos, pero hubo casos en los que aplicó la legislación previa, con la que iniciaban, circunstancia que evidencia las inconsistencias y los problemas de las innumerables reformas de la época.

Es verdad que ni la ley de 1872 ni la de 1898 cambiaron sustancialmente las inercias heredadas. Más bien, intentaron mejorar el orden del proceso de formación y titulación de los aspirantes a abogado y, al parecer, los efectos fueron los esperados. Por cierto, a partir de un documento de 1904 pudimos apreciar, por accidente, la acción de ciertos operadores del sistema. Se trata de personajes que hasta el momento han permanecido en el anonimato porque los documentos que elaboraban los firmaban otros. Ese fue el caso del fiscal Melquiades Gorostieta, quien firmó al menos dos documentos de caligrafía y redacción distinta como propios; el primero era complejo y contenía numerosas referencias legislativas, mientras que el otro, ordenado y coherente, se ceñía fundamentalmente a Ley Orgánica de 1898.

Esta práctica no fue privativa del período ni exclusiva de la figura del fiscal, pero en el caso de los exámenes escritos, por ejemplo —y como ya lo anticipamos—, es inquietante, porque no se sabe si la resolución propuesta como examen fue escrita por el pretensor —o dictada por él— o si la autoría pertenece a quien o quienes la escribieron. La autoría de este importante documento pudo ser valorada de viva voz por los abogados o los ministros que examinaban oralmente al candidato que, al ser cuestionado sobre distintos tópicos, pero también su examen escrito, podía revelar alguna falta de probidad, pero de ello no hemos encontrado ningún registro. En los casos de reprobación o aprobación por mayoría, no se señala ninguna causa en particular. Por ello, la duda subsiste. Podría ser que quienes trabajaban en los juzgados, con estudios de abogado o sin ellos, tuvieran los conocimientos técnicos suficientes para escribir los exámenes. Hasta ahora no nos consta que algún estudioso haya reparado en estos temas y creemos que es importante llamar la atención sobre el asunto porque los que hemos trabajado en los archivos asumimos que los documentos en ellos depositados fueron escritos por quien los firmó, y ello no siempre es cierto. Ya veremos si en el futuro podemos avanzar sobre esta hipótesis. De momento, nos conformamos con plantearla.

Por otro lado, después de la revisión de varios expedientes puede señalarse que se aprecia cierta tendencia de pedir a los pretensores, en el examen escrito, un proyecto de sentencia sobre casos que no revestían gran dificultad jurídica. Esto se dio con cierta frecuencia, sobre todo hacia el final del período. Los candidatos solo tenían que confirmar lo sentenciado en primera instancia, ya que, por razón de la cuantía, no había posibilidad a una segunda instancia.[53] En la medida en que el proyecto era de obvia resolución, los aspirantes se dieron el espacio para ganar un poco de extensión en su examen y disertar sobre otras cuestiones con el ánimo de acreditar sus conocimientos jurídicos. Esta práctica era contraria al rigor y óptima formación de los aspirantes. Se trata de una situación que ya habíamos identificado en la década de los setenta.

En la misma dirección nos planteamos la siguiente pregunta: ¿Cuál habría sido la razón, entonces, para que en 1872 se agregara un tercer examen, decisión que se mantuvo al menos hasta 1905? Bastaba con aumentar el rigor de los dos primeros. Desconocemos las razones del legislador para hacerlo, pero vistos los resultados que pueden apreciarse a partir de la lectura de los exámenes, parece que aquella adición solo tenía por objeto añadir una etapa administrativa más en el proceso de titulación de los abogados y no mejorar la formación académica de los mismos.[54]

---

53 Solo a manera de ejemplo: «el art. 1462 del Cod. de Proc. Civ. terminantemente dice "que las sentencias de primera instancia causarán ejecutoria cuando el valor de la cosa que se ventile en juicio no pasa de $500.00'», «El C. José M.ª Zendejas pide examen de abogado» en 1899, Téllez y López Fontes, 2003.

54 En el exp. «El Ciudadano Francisco Javier Pacheco, solicita examen recepcional de abogado» de 1902 y en el examen de Alberto Loa de 1903 se aprecia que el examen escrito no representó una gran complejidad jurídica, Téllez y López Fontes, 2003.

También, a la vista de los exámenes presentados, es claro que la aplicación de los códigos civiles y penales ya era una constante. Estamos frente al triunfo de la codificación, es decir, los jueces tenían los códigos y resolvían conforme a ellos. Es cierto que, con el afán de exhibir su cultura jurídica, algunos aspirantes todavía hacían referencia a los viejos textos del *ius commune*, sobre todo a las *Partidas*. También algunos vertían citas de la literatura contemporánea, lo que revestía de aparente conocimiento a su examen y les permitía aumentar la extensión de su examen escrito.

Finalmente, hubo dos cuestiones instrumentales que aparecieron en estos años que, si bien no incidieron en el ámbito formativo de los abogados, sí marcaron una diferencia en términos documentales con el pasado. Primero, el uso de la fotografía como documento de identidad de los aspirantes, práctica que se generalizó a partir de finales de los años noventa, aunque no tenemos certeza de si hubo alguna disposición administrativa que la impusiera. Seguramente, el abaratamiento de la tecnología permitió que más personas pudieran acceder a este medio de identificación.[55] Segundo, la invención de la máquina de escribir agilizó en buena medida la hechura de los expedientes y de toda la administración. A finales del siglo XIX aparecieron las primeras fojas mecanografiadas, herramienta que dio inicio a lo que poco más tarde sería la primera explosión documental en los archivos.[56]

---

55 De forma excepcional, en la segunda mitad de los años setenta un grupo de estudiantes pudo financiar la inclusión de sus fotografías en los certificados de estudios profesionales. Este caso lo estudiamos en «Los abogados en el Estado de México en los años setenta del siglo XIX: entre la continuidad y transición jurídica», Téllez, en prensa.

56 Expedientes que contienen algunas fojas mecanografiadas, solo por mencionar dos: «El C. Justo San Pedro y Soto Mayor pide examen de abogado», y «El C. Vicente Villada Cardoso pide examen de abogado», Téllez y López Fontes, 2003, Luis Garduño, 1904.

V. ANEXOS

Anexo I

Graduado. 1900.
Joaquín García
Luna Vilchis.

Graduado. 1901.
Andrés Molina
Enríquez.

Graduado. 1904.
Carlos A.
Vélez

Graduado. 1905.
Ernesto González
y González.

Anexo II

Única: de conformidad con lo dis-
puesto en el artº 31 del Reglamento de este
Tribunal Superior, expídase al C. Luis Gar-
duño Zepeda, billete para su primer exá-
men recepcional de Abogado.
Toluca, Diciembre diez y nueve de mil
novecientos cuatro.
Melquiades
Gerostieta.
Toluca, Diciembre diez y nueve de

Ernesto González y González, 1905

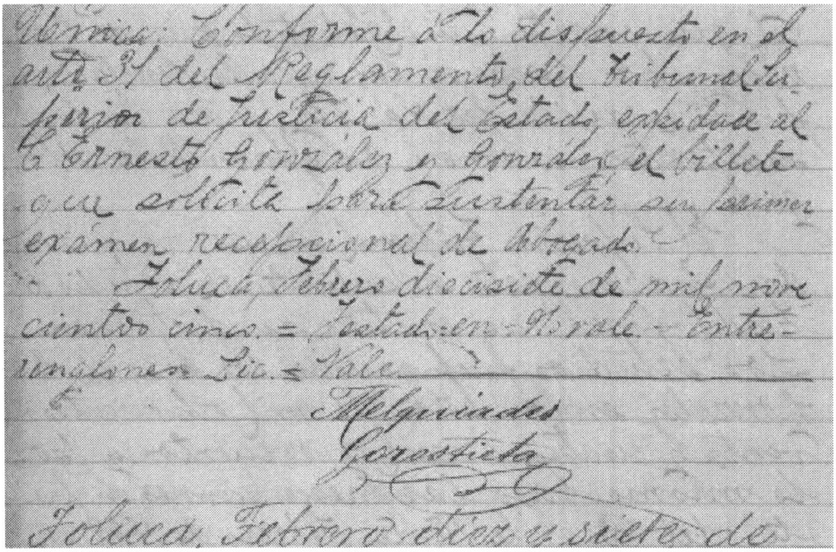
Oficina: Conforme á lo dispuesto en el artº 34 del Reglamento del Tribunal Superior de Justicia del Estado expídase al C. Ernesto González y González el billete que solicita para sustentar su primer examen recepcional de Abogado.
Toluca Febrero diecisiete de mil novecientos cinco. = Testado: en: No vale - Entre renglones: Lic. = Vale.
Melquiades Gorostieta
Toluca, Febrero diez y siete de

VI. REFERENCIAS

Ávila, Ricardo, «¡Así se gobierna señores!: El boberino de Jose Vicente Villada», en J. Rodríguez (ed.), *The Revolucionary Process in Mexico. Essays on Political and Social Change, 1880-1940*, UCLA, 1990. Disponible en: <https://es.scribd.com/document/476437358/8-Avila-Vicente-Villada>.

Barreda, Gabino, *Opúsculos, discusiones y discursos. Coleccionados y publicados por la asociación medotófila Gabino Barreda*, México: Imprenta del Comercio, de Dublán y Chávez, 1877. Disponible en: <https://catalogo.iib.unam.mx/F/-/?func=findb&find_code=SYS&local_base=bndm&format=999&request=000388118>.

Chopín, Ángel, *Efemérides del Estado de México*, Colección: Enciclopedia de Efemérides de los Estados de México (sic), spi.

Cruz, Óscar, «El pensamiento positivista en la codificación penal mexicana», en A. Uscanga Barradas, y C.H. Reyes Días (eds.), *Estudios contemporáneos de teoría y dogmática jurídica iberoamericana*, México: IIJ-UNAM, 2020. Disponible en: <https://archivos.juridicas.unam.mx/www/bjv/libros/13/6281/8.pdf>.

Dos Santos Melgarejo, José Ángel, «El iusnaturalismo y el positivismo jurídico», *Revista Jurídica. Investigación en Ciencias Jurídicas y Sociales*, Paraguay, 2013. Disponible en: <https://ojs.ministeriopublico.gov.py/index.php/rjmp/article/view/63>.

Escriche, Joaquín, *Diccionario razonado de legislación civil, penal, comercial y forense.* Edición y estudio introductorio por María del Refugio González, México: UNAM, 1996.

Guerra, Francois-Xavier, México: del Antiguo Régimen a la Revolución, tomo I, México: FCE, 1988.

Hale, Charles A., *La transformación del liberalismo en México a fines del siglo XIX,* México: FCE, 2002.

Narváez, José Ramón, «Bajo el signo de Caín. El ser atávico y la criminología positiva en México», *Anuario Mexicano de Historia del Derecho,* vol. XVII, 2005. Disponible en: <http://historico.juridicas.unam.mx/publica/librev/rev/hisder/cont/17/cnt/cnt10.pdf>.

Piccato, Pablo, «La construcción de una perspectiva científica: miradas porfirianas a la criminalidad", *Historia Mexicana,* 47(1), julio-septiembre de 1997. Disponible en: <https://historiamexicana.colmex.mx/index.php/RHM/article/view/2429/1951>.

Raat, William D., *El positivismo durante El Porfiriato,* México: SepSetentas, 1975.

Téllez G., Mario A., «Los abogados en el Estado de México en los años setenta del siglo XIX: entre la continuidad y la transición jurídica», *en prensa.*

Téllez G., Mario A. (coord.), *El poder legislativo en México. Temas y casos de institucionalización, historia y derecho,* (contiene DVD con la legislación estatal 1824-2005) México: LV Legislatura *et al.*, 2006.

Téllez G., Mario A. y José López Fontes DVD, *Escribanos y abogados del siglo XIX mexiquense 1803-1905,* México: Tribunal Superior de Justicia del Estado de México, 2003.

Zea, Leopoldo, *El positivismo y la circunstancia mexicana,* México: SEP-FCE, 1985.

UN MAL SOCIAL GRAVE Y TRASCENDENTAL: LA EBRIEDAD EN EL DISCURSO JURÍDICO A FINALES DEL PORFIRIATO

Odette María Rojas Sosa
Facultad de Filosofía y Letras-UNAM

SUMARIO: I. INTRODUCCIÓN. II. LOS DISCURSOS DE MÉDICOS Y JURISTAS ALREDEDOR DEL ALCOHOL EN EL SIGLO XIX. III. «EL VICIO PREDOMINANTE EN EL PAÍS»: CONSIDERACIONES GENERALES SOBRE LA EMBRIAGUEZ Y EL ALCOHOLISMO. IV. UN DILEMA LEGAL: ¿EXCLUYENTE, ATENUANTE O AGRAVANTE? V. EBRIOS CONSUETUDINARIOS: ¿ENFERMOS O DELINCUENTES? VI. ¿UN ESFUERZO INÚTIL?: LA INFLUENCIA DE LOS TRABAJOS DE LA COMISIÓN REVISORA EN EL CÓDIGO PENAL DE 1929. VII. CONSIDERACIONES FINALES. VIII. REFERENCIAS.

I. INTRODUCCIÓN

En 1884, el abogado veracruzano Rafael de Zayas escribió: «Entre los arduos problemas cuya solución preocupa más profundamente a la sociedad moderna, debe considerarse el del alcoholismo en primer término, no habiendo quizás ningún otro que haya despertado en tan alto grado la atención de los hombres que se dedican a la sociología, la estadística, la patología y la jurisprudencia».[1] La afirmación de De Zayas resulta expresiva del interés (y, sobre todo, la inquietud) por los efectos negativos del consumo de bebidas embriagantes que se exacerbó durante el porfiriato. La preocupación no era nueva,[2] pero sí lo fueron algunos postulados de corte «científico» formulados desde

---

1 De Zayas, Rafael, «El alcoholismo. Sus causas. Sus consecuencias. Disposiciones penales. Modo de combatirlo. Estudio sociológico», *El Foro. Revista de jurisprudencia*. 13 y 27 de agosto de 1884, p. 110.

2 En distintos momentos del periodo virreinal se impusieron restricciones a la producción y venta de diversas bebidas embriagantes, entre ellas el pulque y el chiringuito, en ocasiones

distintas disciplinas —principalmente, el derecho penal y la medicina— que nutrieron los discursos contra el alcohol.

En la esfera jurídica, una pregunta recurrente era la relevancia que debía atribuirse a la circunstancia de que el infractor se encontrase en estado de embriaguez en el momento de cometer el ilícito. El Código Penal de 1871 contempló las diversas posibilidades en las que una persona ebria podía cometer un delito e incluso estableció sanciones para aquellos que provocaban escándalo público debido a la ebriedad; sin embargo, con el paso de los años y el influjo de nuevos postulados teóricos, resultó obligado revisar y cuestionar el estatus de la ebriedad en la legislación penal, a la vez que se elaboraron nuevas propuestas para tratar de remediar, o al menos atenuar, lo que se consideraba, en palabras de Miguel Macedo, «uno de los males sociales más graves y trascendentales»).[3] Esta postura fue reiterada por la comisión en conjunto en la exposición de motivos, que prestó especial atención «a todo lo relativo a la embriaguez, por considerar que ese vicio es de funestas consecuencias para el orden social», de manera particular en el Distrito Federal.[4]

El objetivo de este trabajo es analizar las posturas y perspectivas de los miembros de la comisión revisora del Código Penal de 1871, así como de los funcionarios judiciales que fueron consultados por la comisión, en relación con el vínculo entre el consumo de alcohol y la conducta delictiva. A tal efecto, me detendré también en los planteamientos formulados por médicos y abogados en el último tercio del siglo XIX y la primera década del XX sobre el alcoholismo, examen que me permitirá arrojar luz sobre el influjo que ejercieron sobre un sector del medio jurídico porfiriano y entender las razones por las que el consumo de bebidas embriagantes fue un tema de interés en el ámbito legal.

Diversos autores y autoras han estudiado los discursos contra el consumo de alcohol en el porfiriato. Los trabajos pioneros sobre el tema son los de Piccato,[5] autor que hizo especial énfasis en la vinculación del alcoholismo y la criminali-

---

por motivos fiscales, aunque también se argumentó que se debía al deseo de reducir la embriaguez y sus efectos nocivos.

3 Comisión Revisora del Código Penal, *Trabajos de Revisión del Código Penal. Proyecto de reformas y exposición de motivos*, t. IV. México: Tip. De la Oficina Impresora de Estampillas, 1914, p. 273.

4 *Ibídem*, p. 818.

5 Piccato, Pablo, «No es posible cerrar los ojos: el discurso sobre la criminalidad y el alcoholismo hacia el fin del Porfiriato», en R. Pérez Montfort, coord., *Prensa, criminalidad y drogas en el Porfiriato tardío* (México: CIESAS-Plaza y Valdés, 1997), pp. 75-142.

dad. La perspectiva médica ha sido objeto de examen por Carrillo[6] y, en fechas más recientes, por Menéndez.[7] De manera tangencial, también han analizado el tema Buffington[8] y Speckman[9] en obras más amplias que abordan el pensamiento criminológico en el México de finales del siglo XIX.[10] Por su parte, Pulido ha explorado las posturas que denostaban el consumo de bebidas alcohólicas a principios del siglo XX; en su trabajo, dedica algunas páginas a analizar breve y panorámicamente los argumentos jurídicos relativos a la embriaguez y, en particular, los que se plantearon en los trabajos de la comisión revisora.[11] Además, Pulido revisó el perfil y trayectoria profesional de los miembros de dicha comisión, así como las corrientes teóricas que incidieron en las propuestas de los principales integrantes del grupo.[12] Por último, el trabajo de García Ramírez[13] sobre la imputabilidad en el derecho penal mexicano aborda brevemente las propuestas de reforma elaboradas por la comisión revisora respecto a la ebriedad como atenuante y eximente.

La fuente primordial de este trabajo son aquellas páginas de los cuatro tomos de los trabajos de la comisión revisora en las que se abordan o discuten elementos relacionados con la ebriedad. Además, utilizo obras de juristas y médicos porfirianos para comprender las bases del discurso antialcohólico que se gestó en aquella época. Las obras historiográficas contemporáneas

---

6 Carrillo, Ana María, «La profesión médica ante el alcoholismo en el México moderno», Cuicuilco. *Revista de Ciencias Antropológicas,* 9(24), 2002, pp. 312-332.

7 Menéndez, Nadia, «Los médicos como cronistas del alcoholismo, de la mortalidad y de la criminalidad (1870-1910)», *Cuicuilco. Revista de Ciencias Antropológicas,* 25(71), 2018, pp. 85-109.

8 Buffington, Robert, *Criminales y ciudadanos en el México moderno,* (México: Siglo XXI, 2001).

9 Speckman, Elisa, *Crimen y castigo. Legislación penal, interpretaciones de la criminalidad y administración de justicia (Ciudad de México, 1872-1910),* (México: El Colegio de México-Universidad Nacional Autónoma de México, 2002).

10 Si bien en mi trabajo *La metrópoli viciosa. Alcohol, crimen y bajos fondos. Ciudad de México, 1929-1946* el análisis se centra en el vínculo embriaguez-crimen en un periodo posterior al Porfiriato, a efectos de análisis me remonté a las últimas décadas del siglo XIX y las primeras del XX a fin de revisar la legislación relativa al peso de la embriaguez en la sanción penal (Rojas, 2019, pp. 283, 315-317). Por tal motivo, algunas de las ideas aquí desarrolladas con mayor extensión tienen su origen en dicha investigación.

11 Pulido, Diego, ¡A su salud! Sociabilidades, libaciones y prácticas populares en la Ciudad de México a principios del siglo XX, México: El Colegio de México, 2014, pp. 110-113.

12 Pulido, Diego, «Los trabajos y los miembros de la comisión revisora del Código Penal del Distrito Federal, 1903-1912», en Cruz Barney, O., Fix Fierro, H. y Speckman, E. (Coords.), *Los abogados y la formación del Estado mexicano,* México: Universidad Nacional Autónoma de México, 2013 pp. 391-416.

13 García Ramírez, Sergio, *La imputabilidad en el derecho penal mexicano.* México: Universidad Nacional Autónoma de México, 1981, pp. 53-57.

mencionadas en el párrafo previo también serán de gran utilidad para comprender las diferentes aristas que animaron el discurso contra el alcoholismo, así como para examinar los diversos argumentos que se esgrimieron en torno al vínculo entre el alcohol y la conducta delictiva.

II. LOS DISCURSOS DE MÉDICOS Y JURISTAS ALREDEDOR DEL ALCOHOL EN EL SIGLO XIX

A finales del siglo XVIII, uno de los más reconocidos juristas en el ámbito hispánico, Manuel de Lardizabal y Uribe, reflexionó en su *Discurso sobre las penas* sobre las consideraciones que debía tener en cuenta el legislador respecto a la embriaguez. Su criterio —basado en un aserto procedente de la obra *Magna moralia*, atribuida a Aristóteles— era que a la persona que se hubiera embriagado de manera involuntaria debía atenuársele o incluso «remitírsele» la pena; en cambio, a quien tuviera el hábito o costumbre de embriagarse tendría que incrementásele la sanción. El autor dejaba incluso ver que en esos casos no le parecía desacertado imponer también una pena por el hecho mismo de la ebriedad, retomando el ejemplo de Pítaco de Mitilene que Aristóteles mencionaba en la *Política* y en la Ética a Nicómaco.[14]

La obra de Lardizábal fue tan influyente que José Joaquín Fernández de Lizardi recuperó extensos fragmentos en *El Periquillo Sarniento*, entre ellos, los dedicados a la embriaguez. Sin embargo, Fernández de Lizardi añadió algunas consideraciones que puso en boca del juez militar que se convertía en patrón y, a la larga, en faro moral del protagonista. Para el personaje en cuestión, la ebriedad no debía ser considerada una atenuante ni debía exculpar al acusado, pues, por un lado, la persona que se embriaga es responsable de ese acto y, por otro, la persona verdadera y completamente ebria no tendría la capacidad física ni el tino suficiente como para obtener un arma y asegurar un «golpe fatal». En síntesis, se sentía más inclinado a pensar, como Séneca (a quien citaba), que la embriaguez puede ser locura, pero «locura voluntaria».[15] Quizá, dada la experiencia del propio Lizardi como juez, había en esas palabras un reflejo de sus propias opiniones.

---

14 Lardizábal, Manuel, *Discurso sobre las penas: contraído a las leyes criminales de España para facilitar su reforma*, México: Porrúa, [1782] 2005, pp. 51-52. Lardizábal solo menciona la Ética a Nicomáco, Libro III, cap. VI, donde Aristóteles no refiere específicamente a Pítaco. Sin embargo, una nota en la traducción del español Patricio de Azcárate permite confrontar el pasaje con otro de la *Política*, Libro II, cap. XII, en el que sí hay una mención puntual del personaje.

15 Fernández de Lizardi, José Joaquín, *El Periquillo Sarniento*, México: Porrúa, [1816] 2005, pp. 450-455.

En el área de la medicina, la ingesta excesiva de alcohol también suscitaba un notable interés. Desde la década de 1840, diversos autores mexicanos advirtieron con claridad que las bebidas embriagantes eran nocivas. Uno de ellos fue el médico Francisco Ortega,[16] quien afirmaba que era un hecho conocido para las personas doctas que entre las consecuencias del alcohol se encontraban «el *delirium tremens*, la demencia, la combustión espontánea, la degeneración de la prole, la esterilidad, la impotencia y otra multitud de enfermedades que atacan el físico y moral (*sic*) de los bebedores».[17] Para reforzar sus tesis, citó los trabajos de médicos europeos que habían realizado investigaciones en cárceles, establecimientos de beneficencia y de salud, y también hizo referencia algunas cifras del hospital de San Andrés en la capital mexicana.

Ortega expresó una idea que se convertiría en una constante al hablar de la embriaguez: el ebrio se entrega a la indigencia y la ociosidad, y «de la ociosidad al crimen no hay más que un paso».[18] Más adelante, señaló que, si bien no existían estadísticas robustas en el país, a su juicio «la fuente principal de los delitos en la república es el exceso de la bebida».[19] Ortega expresó su escepticismo respecto a la efectividad que podrían tener las leyes y los reglamentos destinados a contener la ebriedad debido a la carencia de un cuerpo de policía u otro tipo de agentes encargados de velar por su puesta en práctica. Por tal motivo, proponía una serie de medidas, entre las que destacaban la creación de sociedades de templanza —a la manera de las que ya existían en Estados Unidos—, las restricciones a los establecimientos donde se vendían bebidas alcohólicas y el castigo de la embriaguez «con la pena de uno á (*sic*) ocho dias de reclusion, ó (*sic*) servicio de las obras públicas por primera vez: de nueve à (*sic*) quince por la segunda, y de diez y seis á (*sic*) treinta por la tercera, las que se aplicarán siempre que los culpados no puedan satisfacer de uno à (*sic*) dos pesos de multa por la primera; de veinte reales hasta cuatro pesos por la segunda; y de cinco pesos hasta ocho por la tercera».[20] En caso de una cuarta aprehensión, el ebrio habitual sería condenado a seis meses en prisión, obras públicas o incluso recluido en un hospital o alguna institución correccional, a criterio del juez.

Hacia la mitad del siglo XIX ocurrió un hito que marcaría la manera en que se comprendía y estudiaba el consumo de bebidas embriagantes. En 1849

---

16 La obra en cuestión fue una memoria premiada por el Ateneo Mexicano e impresa a expensas de Francisco Fagoaga.

17 Ortega, Francisco, *Memoria sobre los medios de desterrar la embriaguez*, México: Imprenta de Ignacio Cumplido, 1847, p. 9.

18 *Ibídem*, p. 15.

19 *Ibídem*, p. 16.

20 *Ibídem*, p. 61.

se publicó el libro *Alcoholismus Chronicus,* del médico sueco Magnus Huss. La obra se hizo célebre en poco tiempo y gozó de notoria aceptación entre los profesionales de la medicina de Europa, especialmente, en Francia.[21] Una de sus grandes aportaciones fue la acuñación del término «alcoholismo»; otro de los elementos centrales de la propuesta de Huss consistía en marcar la distinción entre el «alcoholismo crónico», caracterizado por un conjunto de afecciones fisiológicas que tenían su origen en el consumo excesivo y prolongado de bebidas embriagantes, y el «alcoholismo agudo», expresión que hacía referencia a las consecuencias inmediatas de la borrachera.[22]

Durante las décadas siguientes, el tema del alcoholismo se volvería frecuente en tratados, tesis y otros escritos de médicos tanto europeos como americanos. Entre los autores que mayor influencia ejercieron en la construcción de un discurso antialcohólico se encuentra el francés Bénédict Augustin Morel, en cuya teoría, denominada «degeneracionismo», propuso que la afición al alcohol era hereditaria —heredoalcoholismo— y que era una de las principales causas de la «degeneración» de la especie humana, ya que, de acuerdo con Morel, una persona con hábitos etílicos no solo se dañaba a sí misma, sino que dejaba tras de sí descendientes con numerosos problemas de salud física y mental.[23] El declive llegaba a tal grado que, debido a afecciones como la impotencia y la esterilidad, en la cuarta generación la descendencia del alcohólico se extinguía.

El alcance de la propuesta de Morel llegó hasta Cesare Lombroso, médico italiano que adquirió renombre por su obra *L'uomo delinquente* (*El hombre delincuente*) y que es considerado el padre de la antropología criminal. A lo largo de varios años, Lombroso afinó y desarrolló sus planteamientos iniciales, aunque mantuvo la base fuertemente determinista de su teoría: existían hombres que *nacían* delincuentes, pues en ellos operaba un instinto atávico, responsable de su inclinación al crimen. Además, habría una serie de rasgos físicos que los harían distinguibles y que incluso serían diferentes en los distintos delitos.[24] Lombroso adoptó postulados de Morel en su propio trabajo y resaltó el papel crucial que desempeñaba el consumo de alcohol en el comportamiento criminal. En sus trabajos hizo varias menciones al respecto y, específicamente, en su libro *El delito. Sus causas y sus remedios* incluyó un capítulo entero para abordar

---

21 Campos, Ricardo, *Alcoholismo, medicina y sociedad en España (1876-1923),* Madrid: Consejo Superior de Investigaciones Científicas, 1997, pp. 32-33.

22 *Ibídem,* p. 33.

23 *Ibídem,* pp. 55-56.

24 Speckman, Elisa, *Crimen y castigo. Legislación penal, interpretaciones de la criminalidad y administración de justicia (Ciudad de México, 1872-1910),* México: El Colegio de México-Universidad Nacional Autónoma de México, 2002, pp. 94-95.

el tema. A partir de la revisión de estadísticas de diversos países europeos, encontró una constante: la elevada cantidad de delitos que se cometían bajo el influjo de las bebidas embriagantes. Esto por lo que respecta a la «embriaguez aguda», pero los efectos del alcoholismo (o embriaguez habitual) tampoco eran menores, ya que los descendientes de los alcohólicos eran frecuentemente infractores de la ley. Para Lombroso,[25] «el delito es, desgraciadamente, el resultado más común y frecuente del alcoholismo». En su *Sociología Criminal,* su discípulo, Enrico Ferri, llegó a las mismas conclusiones que Lombroso y aceptó la premisa de Morel (que citó textualmente) según la cual el alcoholismo «produce una clase de desgraciados desmoralizada y embrutecida, que se caracteriza por la precoz depravación de los instintos y por el abandono a los actos más vergonzosos y temibles».[26]

La influencia de Lombroso y de dos importantes juristas italianos, el ya mencionado Ferri y Rafaele Garofalo, se haría sentir en la medicina y el derecho mexicanos a partir de la década de 1880, década en la que las traducciones de sus libros y ensayos comenzaron a proliferar.[27] A partir de entonces, los autores nacionales comenzarían a escribir obras en las que podía apreciarse con facilidad el uso de conceptos e ideas provenientes de la antropología criminal. La posibilidad de disponer de elementos tangibles, medibles, cuantificables y observables como base del derecho penal, en lugar de construcciones «metafísicas», resultaba seductora en un momento en que se imponía el imperio de la ciencia y, en particular, del positivismo. A inicios de 1898, en la primera plana del periódico *El Foro* se anunciaba que, en lo sucesivo, los estudios que ahí se publicaran se adscribirían «a la propaganda de la idea nueva o de la *buena nueva*», es decir las teorías de autores como Lombroso, Ferri, Tarde y Lacassagne.[28] Los elementos biologicistas dieron un nuevo cariz al discurso que vinculaba ebriedad-criminalidad. Ya no se restringía al habitual cuestionamiento respecto a qué tanto podía repercutir la embriaguez en el momento de cometer un delito, sino también se enfatizaba la posible inclinación al crimen de una persona alcohólica y, más aún, de sus descendientes.

---

25 Lombroso, Cesare, *El delito. Sus causas y remedios,* México: Inacipe, [1902] 2020, p. 132.

26 Morel, 1857, cit. en Ferri, Enrico, *Sociología criminal,* t. 1. México: Tribunal Superior de Justicia del Distrito Federal, ([¿1907?] 2004), p. 302.

27 Speckman, *op. cit.*, p. 94.

28 Cursivas en el original. Los dos últimos, Gabriel Tarde y Alexandre Lacassagne, eran representantes de la denominada sociología criminal francesa. «Al foro mexicano», *El Foro,* 4 de enero de 1898, p. 1.

En 1884, Rafael de Zayas elaboró un extenso ensayo titulado *El alcoholismo. Sus causas. Sus consecuencias. Disposiciones penales. Modo de combatirlo. Estudio sociológico,* en el que trató de integrar diversas aristas para examinar el tema. En una época en que médicos y abogados comenzaban a dar muestras de interdisciplinariedad —un caso paradigmático era el de Lombroso (médico), y Ferri y Garofalo (juristas) en Italia—, De Zayas señaló que hasta entonces parecía existir un «antagonismo» en la visión del alcoholismo de los profesionales de ambas disciplinas, aunque fue más crítico con los abogados, a quienes criticó por querer juzgar como delincuentes a personas que, en realidad, eran enfermas o bien por hacerlo bajo parámetros científicos obsoletos, con lo cual incurrían en «un anacronismo que llamaría yo ridículo, si no fuese porque más bien merece el epíteto de criminal».[29] Claramente, al propio De Zayas no se le podía imputar su desinterés por el saber médico, pues buena parte de su texto abordaba el alcoholismo desde la perspectiva fisiológica: habló de la distinción entre alcoholismo agudo y crónico, y también del «alcoholismo hereditario».

Las tesis del autor no estaban exentas de un sesgo clasista, ya que señaló que en las clases medias y acomodadas el alcoholismo era una enfermedad individual, mientras que en las «clases inferiores» era un mal general. Después de su amplia disertación, cuyo propósito era sustentar su argumento jurídico, De Zayas criticó el código penal de su estado, Veracruz, por considerar a la embriaguez como agravante, pues, a su juicio, la ebriedad causaba un estado semejante al del sonambulismo y la medida tomada por los redactores del código veracruzano obedecía más a un intento de prevenir delitos y reducir el consumo de alcohol.[30] Su propuesta era eliminar la embriaguez como agravante y, sobre todo, en casos en los que concurriera la embriaguez, otorgar mayor peso al dictamen médico-legal para «castigar y no vengarse». Si bien De Zayas hizo patente la preocupación que existía en aquellos tiempos por los males sociales y biológicos que causaba el alcohol, no hizo particular hincapié en la relación entre embriaguez/alcoholismo y criminalidad.

Años más adelante, Carlos Roumagnac, pionero de los estudios criminológicos en México, abundó en ese vínculo en su obra *Los criminales en México,* al hablar de los antecedentes de padres y abuelos alcohólicos de buena parte de los reos que analizó. Más aún, en esa obra incluyó un apéndice titulado «El alcoholismo y la criminalidad» en el que, a partir de estadísticas de los

---

29 De Zayas, Rafael, *op. cit.*, p. 110.

30 *Ibídem*, p. 146.

años de 1902 a 1904, trató de demostrar la intensa correlación existente entre ambos. Roumagnac fue severo, en particular, contra el pulque, bebida a la que acusó de causar un tipo de embriaguez peculiar que exaltaba los ánimos durante más tiempo que otras bebidas, coadyuvando así a que se cometieran más delitos. Su propia experiencia como secretario de la segunda inspección de policía (la que abarcaba la «parte más populosa y de gente más reñidora de la ciudad») le permitió ser testigo de que, cuando escaseaba el pulque, los crímenes de sangre se reducían considerablemente. Por ello, proponía gravar el pulque para incrementar su precio, de modo que «el pueblo» no tuviera capacidad para adquirirlo; así, «la delincuencia disminuiría y mejoraría y se depuraría la raza».[31]

Roumagnac no fue el único en denostar al pulque, que, a pesar de ser la bebida de mayor consumo al menos en la parte central de México (o quizá, precisamente, por ello) fue objeto de constante crítica. Francisco Bulnes fue uno de los pocos autores que lo «defendió», alegando que su graduación alcohólica era baja y sus propiedades nutritivas. Aunque aseguró que era injusto cargar las tintas sobre esta bebida nacional, no pudo «exculparla» por completo de la acusación de ser un causal de riñas, pues, de acuerdo con Bulnes, a diferencia de bebidas altas en alcohol como el aguardiente, que provocaba un embrutecimiento relativamente rápido, el pulque, por su escasa graduación alcohólica, exaltaba las pasiones «sin apagarlas» y avivaba «la pasión brutal, oriental, feroz, salvaje de nuestros hombres del pueblo por las mujeres» que sería la verdadera y profunda causa de los delitos de sangre.[32]

En el ámbito de la medicina porfiriana, también estuvo sumamente extendida la idea de que el alcoholismo tenía una estrecha vinculación con la criminalidad. Menéndez[33] hace notar que, entre 1879 y 1911, al menos siete médicos escribieron trabajos en los que abordaron esa temática y que para elaborar sus tratados recurrieron tanto a las estadísticas como a sus propias experiencias en la práctica de su profesión. Otro aspecto en el que esos textos coincidieron con los de los juristas fue en la mención de la prevalencia de di-

---

31 Roumagnac, Carlos, *Los criminales en México. Ensayo de psicología criminal,* (México: Tipografía El Fénix, 1904), p. 49.

32 Bulnes, Francisco, *El pulque: estudio científico,* México: Imprenta de Murguía, 1909, p. 143. Sin embargo, años después se diría que Bulnes no actuó de manera desinteresada al escribir su opúsculo sobre el pulque, pues habría sido pagado con 50 mil pesos por la Compañía Expendedora de Pulque (Paz, 1935, cit. en Ramírez, 2020, p. 112).

33 Menéndez, Nadia, «Los médicos como cronistas del alcoholismo, de la mortalidad y de la criminalidad (1870-1910)», *Cuicuilco. Revista de Ciencias Antropológicas,* 25(71), 2018, pp. 94-104.

chas situaciones entre las «clases bajas». Se subrayaban, así, los comportamientos indeseables de la «plebe» desde la óptica de los sectores medios o altos de la sociedad. Cabe preguntarse, entonces, por la repercusión que tuvieron estos discursos en la legislación penal y, específicamente, en los trabajos que realizó la comisión revisora.

III. «EL VICIO PREDOMINANTE EN EL PAÍS»: CONSIDERACIONES GENERALES SOBRE LA EMBRIAGUEZ Y EL ALCOHOLISMO

Si bien el tema de la embriaguez no llamó la atención de la mayoría de los personajes consultados por la comisión, puede afirmarse que suscitó interés entre casi la mitad de ellos, pues de los cincuenta y un funcionarios que emitieron opiniones y propuestas, veinticinco expresaron alguna postura relativa a la ebriedad. Algunos abordaron todas las posibles circunstancias de la ebriedad que contemplaba el código; otros solo comentaron una de ellas y unos cuantos, incluso, hablaron con cierta extensión sobre el alcoholismo en la república mexicana. Estos últimos coincidían en considerarlo un problema social grave, debido a su extensión en la sociedad, al grado que el juez Cristóbal Chapital afirmaba que la embriaguez era «el vicio predominante en el país».[34] Emilio Rovirosa, agente del Ministerio Público, disertó largamente sobre las causas por las que el consumo de alcohol se había convertido en una costumbre tan extendida en todo el globo y lo atribuyó, sobre todo, al grado de civilización y desarrollo industrial logrado por la humanidad, idea coincidente con —y quizá basada en— un planteamiento de Enrico Ferri.[35]

Para contribuir a paliar el problema en el país, propuso que se gravaran con mayor rigor las bebidas embriagantes, pero consideró que las medidas fiscales serían inútiles si no iban acompañadas de otras disposiciones que restringieran la venta de bebidas, por lo que se pronunció a favor de la clausura de cantinas, *bar-rooms,* y la limitación de los alcoholes en cafés, fondas y restaurantes. Además, propuso volver a las pulquerías expendios en las que solo pudiera comprarse el pulque, sin posibilidad de permanecer ahí para consumirlo, medida que, a su juicio, debería hacerse extensiva a las misceláneas donde se vendieran licores que solo podrían adquirirse embotellados. Rovirosa insistía en este punto porque consideraba que dichos espacios, muy

---

34 Comisión Revisora del Código Penal, *Trabajos de Revisión del Código Penal. Proyecto de reformas y exposición de motivos,* México: Tip. De la Oficina Impresora de Estampillas, 1912, p. 10.

35 Ferri, Enrico, *op. cit.*, p. 304.

abundantes en la Ciudad de México, se volvían centros de esparcimiento y sociabilidad, y eran lugares muy concurridos. Su argumento no era gratuito, pues Diego Pulido[36] ha mostrado, a partir de estadísticas de inicios del siglo XX, que, efectivamente, en la capital la cifra de establecimientos de venta de bebidas embriagantes era bastante elevada tanto por la creciente moda de los «bares» y la creación de piqueras[37] como por el auge de la industria pulquera, que se tradujo en la existencia de 924 pulquerías en 1902.[38] Emilio Rovirosa insistió en la necesidad de limitar los lugares donde se comercializaba alcohol, en vez de penalizar al alcohólico, pues este se entregaba a su hábito por un «estado neurótico especial» y en tales casos debía «intervenir la medicina y no el código».[39]

Si Rovirosa y otros funcionarios opinaron que la embriaguez era un problema de importantes proporciones en el país, el agente del Ministerio Público Manuel Roa enfatizó que un sector de la sociedad parecía especialmente afectado por sus hábitos etílicos: «las bajas clases sociales», a las que se debería «levantar [...] del estado de abyección en que viven y la miseria en que vivirán sus descendientes por efecto de las *leyes atávicas*»;[40] esta última expresión tenía indudables tintes lombrosianos y su afirmación, en general, mostraba el sesgo clasista que frecuentemente adoptaban los discursos antialcohólicos.[41]

El juez D.A. Morfín[42] fue más escueto en sus apreciaciones, pero coincidía con Rovirosa en la estrecha relación entre personas alcoholizadas y crimen, estimando incluso que tal vínculo se cumplía por «regla general».[43] Claramente, Morfín había leído a Lombroso (a quien denominó «talentoso criminalista»), pues reprodujo íntegras algunas líneas de su obra *El delito: sus causas y sus remedios* en las que el médico italiano destacaba la importancia

---

36 Pulido, Diego, ¡A su salud! Sociabilidades, libaciones y prácticas populares en la Ciudad de México a principios del siglo XX, (México: El Colegio de México, 2014).

37 La distinción entre unos y otras radica en que los «bares» eran cantinas elegantes a la manera del *saloon* estadounidense, mientras que las piqueras eran cantinas generalmente ubicadas en barrios populares de la ciudad que estaban anexas a misceláneas donde se vendían copas de bebidas alcohólicas.

38 Pulido, 2014, *op. cit.*, p. 31.

39 Comisión Revisora del Código Penal, 1912, *op. cit.*, p. 104.

40 *Ibídem*, pp. 205-296.

41 Pulido, 2014, *op. cit.* pp. 109 y 116. Piccato, Pablo, «No es posible cerrar los ojos: el discurso sobre la criminalidad y el alcoholismo hacia el fin del Porfiriato», en R. Pérez Montfort (coord.), *Prensa, criminalidad y drogas en el Porfiriato tardío* (pp. 75-142). México: CIESAS-Plaza y Valdés, 1997, p. 88.

42 En el texto solo aparecen las iniciales y no he logrado identificar el nombre del personaje.

43 Opinión muy similar fue la del juez correccional Ismael Elizondo, quien dijo que la embriaguez era «entre nosotros el principal móvil de los delitos de sangre».

de la lucha contra el alcoholismo «con toda clase de medios» como una vía para reducir la incidencia de riñas y lesiones.[44] Para terminar de apuntalar su argumento, planteó que las «providencias antialcohólicas» tomadas por el Gobierno del Distrito Federal habían contribuido a reducir la criminalidad.[45] Aunque Morfín no mencionó explícitamente ninguna de ellas, es plausible pensar que se refería, entre otras, a la expedición de reglamentos para pulquerías y expendios de bebidas embriagantes que pretendían limitar su número, los horarios en que operaban y las zonas de la ciudad en las que podían establecerse.

Por su parte, el juez correccional Eugenio Ezquerro no abundó en reflexiones sobre el consumo de alcohol, pues consideraba que diversas «doctrinas» ya habían mostrado fehacientemente que «el alcoholismo es un factor de la criminalidad en razón de que excita los temperamentos, de que revela los caracteres y pasiones individuales».[46] A diferencia de Morfín, que citó a la figura señera de la antropología criminal para respaldar su planteamiento, Ezquerro hizo notar que la preocupación por el alcoholismo no era inédita ni producto de las ideas novedosas de la escuela positiva de derecho penal, porque ya antes la ley había buscado los medios para reprimir la comisión de crímenes causados por la ebriedad.

En ese sentido, décadas antes, el médico Francisco Ortega había hecho una observación semejante al elaborar un recuento de buena parte de las disposiciones que desde la época virreinal y hasta la década de 1840 habían implementado las autoridades debido a la preocupación que suscitaban los delitos de sangre que se perpetraban, presuntamente, por causa de una ingesta excesiva de pulque u otras bebidas. Ortega las clasificó en dos tipos: las de corte represivo y las de índole preventiva. Entre las primeras se encontraban las penas impuestas a los ebrios; por ejemplo, las que impuso el Marqués de Branciforte, que consistían en trabajo durante ocho, quince o treinta días en obras públicas (según se tratara de la primera, segunda o tercera aprehensión por ese motivo). Las medidas preventivas tenían la finalidad de limitar el atractivo que pudieran tener las pulquerías y vinaterías (ausencia de música, baile, alimentos). Así pues, dos personajes, Ezquerro y Ortega, con más de cincuenta años de distancia entre sí, coincidían en un punto: si la embriaguez no había desaparecido, ello no se debía falta de disposiciones penales.[47]

---

44 Morfín no mencionó el título de la obra de Lombroso, pero fue posible localizar el pasaje citado (Lombroso [1902] 2020, p. 3).

45 Comisión Revisora del Código Penal, 1912, *op. cit.*, p. 28.

46 *Ibídem*, p. 167.

47 *Ibídem*, p. 32.

IV. UN DILEMA LEGAL: ¿EXCLUYENTE, ATENUANTE O AGRAVANTE?

El punto que mayor interés suscitó entre los funcionarios consultados fue el de la ebriedad como atenuante o eximente de responsabilidad penal, así como la posibilidad de que pudiera ser considerada agravante. Cabe recordar que en el sistema adoptado por el Código Penal de 1871 se establecía una pena media para cada delito, pero existían cuatro clases de atenuantes y cuatro clases de agravantes que podían incrementar o reducir el tiempo prescrito por esa pena media.

Uno de los aspectos que destacaron los consultados fue el hecho de que la circunstancia de la embriaguez en la comisión de un crimen pudiera tener dos estatus diferentes, así como que la ebriedad en sí misma pudiera constituir un delito o una falta. Aunque la mayoría consideró que había una justificación para ello, también hubo algún personaje, como el ya referido juez Morfín, que tachó a esas variables como la expresión de una «falta de lógica». El agente del Ministerio Público Jesús R. Bejarano juzgó igualmente tal situación como «incoherente», sobre todo por el «exceso escandaloso y repugnante» al que había llegado la embriaguez.

El artículo 74 Código Penal de 1871 contemplaba la embriaguez como una de las posibles circunstancias eximentes de responsabilidad criminal,

> la embriaguez completa que priva enteramente de la razón, si no es habitual, ni el acusado ha cometido antes una infracción punible estando ebrio; pero ni aun entonces queda libre de la pena señalada a la embriaguez, ni de la responsabilidad penal. En ausencia de los dos requisitos mencionados, habrá delito de culpa con arreglo a la fracción 4ª del artículo 11.

El referido artículo 11 hacía referencia a los delitos culposos, que podían darse, por ejemplo, en caso de que se hubiera infringido la ley penal «en estado de embriaguez completa, si tiene [el reo] hábito de embriagarse o ha cometido anteriormente alguna infracción punible en estado de embriaguez» (fracción IV). En cuanto a la embriaguez como atenuante, el artículo 41, en su fracción primera, la consideraba de tercera clase cuando era «accidental e involuntaria, y el delito de aquellos a que ella provoca».[48]

La cuestión no dejaba de plantear aristas complejas, como lo muestra la falta de uniformidad en las opiniones expresadas. Sin embargo, se advierten coincidencias en varios sentidos. Diversos funcionarios, entre ellos el juez José

[48] García Ramírez (1982, p. 40) critica el uso de la expresión «accidental e involuntaria» por considerarla redundante.

Francisco Brioso y el agente del Ministerio Público José de la Luz Sevillano, señalaron la falta de claridad del código de 1871 respecto al modo en que debían entenderse factores como la embriaguez «completa» (o «incompleta») y «accidental»; dado que la redacción no detallaba las características de uno u otro estado, sugerían que el código fuera explícito respecto a la manera en que debían entenderse tales conceptos. Brioso fue todavía más preciso al proponer que se realizara un «estudio médicolegal basado en las dosis de alcohol ingeridas y en la naturaleza de las personas delincuentes»[49]. Aunque los preceptos de un saber especializado como la medicina parecían arrojar luz y certeza al asunto, las posibilidades interpretativas del precepto legal eran diversas.

El doctor Luis Hidalgo y Carpio era una autoridad indiscutible por sus diversos trabajos en materia de medicina legal.[50] Junto con Gustavo Ruiz escribió la obra *Compendio de medicina legal arreglado a la legislación del Distrito Federal*, en la que ambos autores describieron los tres periodos de la embriaguez simple. El primer periodo se caracterizaba por la excitación: el semblante del bebedor se notaba animado y, aunque prevalecían emociones festivas, ya podían verse consecuencias «negativas» como la irreflexividad y la «irritación pronta». En cuanto a la manera de conducirse, todavía había conciencia y voluntad. En el segundo periodo, las consecuencias negativas se exacerbaban: ojos inyectados, rostro encendido, «confusión de ideas, juicios ligeros, conciencia disminuida». El andar y los movimientos en general se volvían vacilantes y torpes. Era el momento en el que había más predisposición a las riñas y se proferían «palabras descompuestas e insultantes». El tercer momento era aquel en el que el bebedor prácticamente no tenía capacidad física ni mental para proferir palabras coherentes o siquiera mantenerse en pie.[51]

De acuerdo con esa sucesión de fases, en sentido estricto la embriaguez completa se daría en el tercer momento, posición a la que parecía haberse adscrito el conocido jurista José María Lozano, quien consideraba que el hombre en estado de embriaguez completa carecía de juicio moral, pero también de cualquier facultad física, de modo que, si una persona ebria realizaba un acto, era porque su embriaguez no había llegado a ser completa.[52] Los doctores Hidalgo y Ruiz refutaron al jurista explicando que, al hablar de em-

---

49 Comisión Revisora del Código Penal, 1912, *op. cit.*, p. 36.

50 Actualmente, se considera a Luis Hidalgo y Carpio como padre de la medicina legal en México.

51 Hidalgo, Luis y Ruiz, Gustavo, *Compendio de medicina legal arreglado a la legislación del Distrito Federal*, t. 1., México: Imprenta de Ignacio Escalante, 1877, p. 534.

52 Lozano citado por García Ramírez, Sergio, *La imputabilidad en el derecho penal mexicano.* México: Universidad Nacional Autónoma de México, 1981, 43.

briaguez completa, la legislación no la estaba equiparando con la tercera fase indicada por la medicina, sino al momento en el que el ebrio perdía la voluntad y la capacidad de razonar, es decir, al segundo periodo.[53]

Acaso por lo que habían observado en su experiencia, los jueces se mostraron escépticos respecto a la posibilidad de mostrar fehacientemente, sin asomo de duda, que un acusado hubiera actuado en estado de embriaguez completa. El juez Chapital lo reputaba como «casi imposible» e incluso mostró su desconfianza a que se apelara a ese recurso —argumentar ebriedad completa—, pues a su juicio se utilizaba de manera abusiva «por testigos más o menos sospechosos y por dictámenes periciales más o menos escrupulosos, o ya por medio del criterio judicial».[54] En cambio, Emilio Rovirosa, tras presentar su extenso parecer sobre el alcoholismo, se mostró a favor de mantener en el código la atenuante de embriaguez incompleta, accidental e involuntaria en los mismos términos en que se encontraba, opinión que compartían el también agente del Ministerio Público Maximiliano Baz y el defensor de oficio Rafael J. Hernández. El juez Emilio Téllez se situó en una postura que podría considerarse «intermedia», dado que, aunque estaba a favor de considerarla atenuante, planteó que debía atribuírsele menos valor haciéndola de primera clase y no de tercera.[55]

Un número considerable de funcionarios se mostraron partidarios de considerar la embriaguez como agravante. En coherencia con su opinión negativa de calificarla como atenuante, el ya mencionado Chapital la propuso como agravante de cuarta clase; los jueces Winstano Velázquez y Tomás Ortiz se inclinaron por la misma opción, aunque sin ofrecer argumento alguno para respaldar su posición. Los jueces Demetrio Sodi e Ismael Elizondo fueron igualmente partidarios de eliminarla de la lista de atenuantes y de agregarla a la de agravantes, aunque los dos últimos no mencionaron de qué clase. Elizondo ofreció la siguiente explicación para su posicionamiento: el «pernicioso vicio» de la embriaguez era el «principal móvil de los delitos de sangre» en México. Desde su perspectiva, reputarla como atenuante era una benignidad dañina de «funestos resultados», pues una considerable cantidad de personas que habían cometido actos ilícitos (robos) intentaban exculparse bajo el pretexto de la ebriedad.[56] En un sentido muy similar se expresó el juez Jesús M. Cadena, quien también atribuyó los «delitos de sangre» a la ebriedad y, como

---

53 Hidalgo, Luis y Ruiz, Gustavo, *op. cit.*, p. 544.

54 Comisión Revisora del Código Penal, 1912, *op. cit.*, p. 10.

55 *Ibídem*, p. 170.

56 *Ibídem*, p. 166.

Chapital y Elizondo, criticó a los defensores que «con más o menos éxito, siempre hacen uso de esa arma [la embriaguez como atenuante]» así como de los inculpados que, debido a sus varios ingresos a la cárcel, recurrían a «subterfugios» para atenuar su responsabilidad criminal.[57]

No todos los partidarios de recalificar la embriaguez como agravante pedían su desaparición como atenuante. El agente Emilio Rovirosa, el juez Emilio Téllez y el defensor Rafael Hernández estaban de acuerdo en mantenerla como atenuante, pero coincidieron en que debía ser agravante si el acusado bebió expresamente con el propósito de armarse de valor para cometer un crimen. Hernández aducía que era justo concebirla como atenuante porque una persona ebria tiene la razón ofuscada y un menor discernimiento del bien y del mal, por lo que no se encontraría en «pleno uso de las facultades intelectuales» y, por ende, no podía castigársele como a una persona en condiciones normales. Sin embargo, si existieran claros indicios de que un individuo ingirió bebidas alcohólicas con el propósito deliberado de perpetrar un delito o de «procurarse una excusa», estaría hablándose de premeditación, lo cual «demostraba un grado bastante grande de perversión», y, en tal caso debía calificarse como atenuante de cuarta clase.[58]

Como se observa, la mayoría de los funcionarios que propusieron la embriaguez como agravante eran jueces en la capital: dos de ellos eran correccionales (Elizondo y Téllez), dos eran jueces de lo criminal (Velázquez y Sodi) y uno (Chapital) era juez de distrito. También había jueces de otras territorialidades como San Luis Potosí (Ortiz) y Baja California (Cadena). Fuera de ellos, solo figuraban un agente del Ministerio Público (Rovirosa, de Aguascalientes) y un defensor de oficio (Hernández, ubicación desconocida). Probablemente, esta situación se debía a que los jueces eran más suspicaces respecto a los «abusos» de los abogados defensores al utilizar el recurso de la ebriedad como atenuante y también por la frecuencia de los crímenes de sangre en los que se veían envueltas personas alcoholizadas.

Respecto a la ebriedad como eximente, el juez Hilario Silva sostuvo que no debía mantenerse bajo ninguna circunstancia, y en este sentido argumentó, por un lado, que se producían un «número exorbitante de delitos» que no podían quedar sin castigo, e incluso aportó estadísticas del año 1899 en las que se asentaba que de 6587 consignaciones por lesiones, 5981 eran perpetrados por sujetos ebrios; por otro lado, Silva se adentró en el trasfondo del asunto: la culpa. Desde su óptica, el acusado podía haber previsto que la intemperancia

---

57 *Ibídem*, p. 259.
58 *Ibídem*, p. 241.

le acarrearía «graves males», por lo que en todos los casos debería considerarse que el bebedor había cometido un delito de culpa.[59] Emilio Rovirosa también opinó en el mismo sentido, aunque con un argumento distinto, más cercano al que José María Lozano había aducido años atrás: la embriaguez completa deja a la persona en «estado comatoso», incapaz «de pensamiento y de acción».[60] El juez Morfín propuso escuetamente que solo se considerara eximente si el individuo había sido embriagado «con violencia» o si fuera menor de edad.[61] La argumentación de otros funcionarios, entre ellos el juez Adalberto Andrade, apuntaba a que, si la embriaguez provocaba la pérdida de la razón, se daba un estado de enajenación mental y esa circunstancia ya estaba prevista en la fracción primera del artículo 34, de modo que sería redundante.[62] Rafael Hernández profundizó más y sostuvo que «todos los autores de medicina legal» habían demostrado que el alcohol era un tóxico y que, si bien los ebrios consuetudinarios vivían en una especie de estado anormal permanente, en las «crisis de embriaguez» experimentaban una «perturbación cerebral completa» que los colocaba en un estado de verdadera locura.[63]

La comisión revisora dejó claro su interés en el tema de la embriaguez y el alcoholismo e hizo hincapié en la necesidad de luchar contra ellos, «pues nunca será demasiado en el sentido de la prevención y de la represión de este terrible vicio»;[64] para lograrlo sería necesaria la cooperación de toda la sociedad con el Estado. A pesar de esta convicción, los integrantes de la comisión compartían el criterio que había plasmado en su parecer el agente del Ministerio Público Maximiliano Baz: tratar de combatir el alcoholismo a través de la legislación penal invadía la esfera de la moral y resultaría infructuoso.[65] Baz pensaba incluso que podía llegar a ser contraproducente, pues en caso de que aplicaran las leyes contra la embriaguez, los jueces lo harían con lenidad y no pocas personas verían «con conmiseración y hasta con simpatía a los nuevos delincuentes»;[66] esta opinión no era muy distinta a la que plasmó Francisco Bulnes en su obra sobre el pulque, en la que denostó lo que él consideraba un «sentimentalismo malsano contra las severidades necesarias de la justicia» de las «clases populares y casi todas

---

59 *Ibídem*, p. 16.

60 *Ibídem*, p. 105.

61 *Ibídem*, p. 28.

62 *Ibídem*, p. 33. En un sentido semejante se pronunciaron el juez Daniel Zepeda y el agente del Ministerio Público Ranulfo Cancino, ambos del estado de Chiapas, quienes emitieron su parecer de manera conjunta.

63 *Ibídem*, p. 242.

64 *Ibídem*, p. 273.

65 *Ibídem*, p. 291.

66 *Ibídem*, p. 202.

las personas de las clases superiores», así como «su entusiasmo para pedir a las autoridades la lenidad de los castigos».[67]

La resolución a la que llegó la comisión revisora buscó preservar, en líneas generales, lo que ya estaba en el código, pero también dar cabida a algunos de los planteamientos formulados por los funcionarios y a las novedades en materia criminológica, por lo que se hicieron ajustes a todas las condiciones posibles de la embriaguez dentro del código —es decir, tanto como delito de culpa, atenuante, eximente y agravante—. En primer término, se reformó el artículo 11, relativo a los delitos de culpa, y se agregaron tres circunstancias para poder aplicar el precepto: la primera, que la embriaguez no hubiera sido intencional para cometer el delito; la segunda, que no se hubiera cometido antes un delito en estado de ebriedad, y la tercera, que no hubieran «tenido conocimiento de que la embriaguez los provoca al delito que cometieron».

Como atenuante, fue incluida en las de segunda clase si era «completa, habitual y faltan la segunda o tercera de las circunstancias mencionadas en la fracción IV del artículo 11 o ambas». Además, los miembros de la comisión coincidieron con los jueces opuestos al uso de la atenuante en la práctica, pues señalaron explícitamente que ese fue uno de los motivos por los que decidieron suprimir la fracción primera del artículo 41 (relativa a atenuantes de tercera clase), así como por «las ideas inmorales, verdaderamente disolventes que ha contribuido a difundir en el pueblo».[68] Pero el tema de las atenuantes no se agotaba ahí, pues también se contempló como atenuante de cuarta clase (art. IV2, frac. X bis 1) la «embriaguez completa, si no es habitual y faltan la segunda o la tercera de las circunstancias mencionadas en la fracción VI del artículo 11 o ambas». Es decir, lo que marcaba la diferencia para que la embriaguez fuera atenuante de segunda o de cuarta clase era la habitualidad.

Por lo que respecta a la consideración de la embriaguez como eximente de responsabilidad penal, se introdujeron varias precisiones en la fracción III del artículo 34. En términos generales, se conservó la redacción original (embriaguez completa que priva enteramente de la razón, si no es habitual), pero se agregó que debía ser involuntaria o incluso voluntaria, siempre y cuando concurrieran las circunstancias citadas en la fracción IV del artículo 11. De esta manera, se ampliaba el margen respecto a la redacción original del Código de 1871 y se tomó en consideración que la persona ebria podía perder el control de sus actos (como el discurso médico había señalado cuantiosas ocasiones), razón que pudo haberlo llevado a delinquir, a diferencia de la persona no

---

67 Bulnes, Francisco, *op. cit.*, p. 147.

68 Comisión Revisora del Código Penal, 1912, *op. cit.*, p. 280.

ebria que infringió la ley con todo el raciocinio y «el dominio de sí mismo», supuesto, este último, que acreditaba una mayor «perversidad».[69]

Resulta interesante que la comisión incluyera en la exposición de motivos un extenso fragmento (una página completa) de Garofalo, pues declaraba que el sistema adoptado para la valoración de la embriaguez seguía, al menos parcialmente, los planteamientos que el italiano vertió en su libro *La Criminología.* Para Garofalo el alcohol enfatizaba los rasgos del carácter, de modo que una persona podría beber en abundancia sin cometer un delito, pues no estaba en su tipo de carácter; en cambio, el alcohol podía revelar el «instinto criminal» de otra persona; de modo que lo relevante sería defender a la sociedad de sujetos con inclinaciones delictuosas, no atenuar o agravar la pena. Llama la atención el hecho de que en el fragmento citado se hayan suprimido las líneas que establecían la distinción entre la ebriedad y el alcoholismo.[70]

La comisión también retomó el parecer de los funcionarios que propusieron incluir la embriaguez como agravante de cuarta clase cuando fuera intencional (es decir, cuando se hubiese buscado ese estado con la intención expresa de cometer un delito), ya que así se consideró en el proyecto, dentro del artículo 47, fracción XV bis 2.

	Código Penal 1871	**Comisión Revisora 1912**
Delito de culpa	Art. 11, frac. IV: «Cuando el reo infringe una ley penal hallándose en estado de embriaguez completa, si tiene hábito de embriagarse, o ha cometido anteriormente alguna infracción punible en estado de embriaguez»	Art. 11, frac. IV: «*Los que infringen* una ley penal hallándose en estado de embriaguez completa, si tienen hábito de embriagarse *y concurren las tres circunstancias siguientes:* *Primera. Que la embriaguez no haya sido intencional para cometer el delito que perpetraron u otro diverso;* Segunda. Que no hayan cometido anteriormente algún delito en estado de embriaguez; *Tercera. Que no hayan tenido conocimiento de que la embriaguez los provoca al delito que cometieron;* [...]»

69 Comisión Revisora del Código Penal, 1914, *op. cit.*, p. 296.

70 *Ibídem*, p. 295. Garofalo, Raffaele, *La criminologie: étude sur la nature du crime et la théorie de la pénalité,* Paris: Felix Alcan, 1888, p. 396.

	Código Penal 1871	Comisión Revisora 1912
Excluyente	Art. 34. «Las circunstancias que excluyen la responsabilidad criminal por la infracción de las leyes penales son: [...] 3ª. La embriaguez completa que priva enteramente de la razón, si no es habitual, ni el acusado ha cometido antes una infracción punible estando ebrio, pero ni aun entonces queda libre de la pena señalada a la embriaguez, ni de la responsabilidad civil. Faltando los dos requisitos mencionados, habrá delito de culpa con arreglo a la fracción 4ª del artículo 11».	Art. 34. «Las circunstancias que excluyen la responsabilidad *penal* son: III. La embriaguez completa, *esto es*, la que priva enteramente de la razón, si no es habitual: Primero. *Cuando es involuntaria;* Segundo. *Cuando siendo voluntaria concurran las circunstancias mencionadas en los tres incisos de la fracción IV del artículo 11.* Ni aun en el caso *de exculpación* queda libre el acusado de la pena *que corresponda por* la embriaguez ni de la responsabilidad civil. Si la embriaguez es habitual y concurren dichas circunstancias, habrá delito de culpa. En los demás casos se observará lo prevenido en la *fracción III bis del artículo 40 y en la fracción X bis 1 del artículo 42.*
Atenuante	Artículo 41. Atenuantes de tercera clase: «1ª. La embriaguez incompleta, si es accidental e involuntaria, y el delito de aquellos a que ella provoca»	Art. 40. Atenuantes de segunda clase: «*III bis. La embriaguez completa si es habitual y faltan la segunda o la tercera de las circunstancias mencionadas en la fracción IV del artículo 11 o ambas*».
Atenuante	****************** [El texto de 1871 solo contemplaba la embriaguez como atenuante de tercera clase]	Art. 42. Atenuantes de cuarta clase: «*X bis. 1. La embriaguez completa, si no es habitual y faltan la segunda o la tercera de las circunstancias mencionadas en la fracción IV del artículo 11, o ambas*».
Agravante	******************* [El texto de 1871 no contemplaba ninguna circunstancia en la que la embriaguez pudiera ser agravante]	Art. 47. «Son agravantes de cuarta clase *[...] XV bis 2. Embriagarse intencionalmente para asegurar o facilitar la ejecución del delito o para procurarse una circunstancia exculpante o atenuante*».

V. EBRIOS CONSUETUDINARIOS: ¿ENFERMOS O DELINCUENTES?

Una vez resuelta la propuesta de redacción del proyecto para los delitos cometidos en estado de ebriedad, surgía el interrogante de cómo debía calificarse la embriaguez en sí misma. El Código Penal de 1871 contenía dos artículos, el 923 y 924, que imponían penalidad para la embriaguez habitual. El 923 señalaba que, en caso de causar grave escándalo, sería castigada con arresto de dos a seis meses y multa de 10 a 100 pesos. El 924 preveía que, si un delincuente había cometido antes algún delito estando ebrio, sería condenado a la pena de cinco a once meses de arresto y multa de 15 a 150 pesos. Adicionalmente la embriaguez no habitual, pero sí escandalosa no estaba tipificada como delito, aunque sí como falta de policía en el artículo 1148.

Juan Chávez y D.A. González de la Vega, respectivamente juez y agente del Ministerio Público en Durango, sugirieron «reprimir más severamente» la embriaguez habitual y adoptar, a tal efecto, algunas disposiciones del código penal de su estado, que en el artículo 888 imponía la misma sanción que el del distrito y los territorios federales, pero puntualizaba que era ebrio habitual el que hubiera sido «castigado correccionalmente tres veces en un año», o bien aquel que se hubiese embriagado seis veces en un año causando escándalo.[71]

Como se ha señalado líneas arriba, el juez Adalberto Andrade propuso que la embriaguez dejara de considerarse como atenuante y que únicamente mantuviera el estatus de falta cuando no causaba escándalo, o delito, cuando sí se hubiera producido escándalo o bien cuando la persona hubiera reincidido en la ebriedad.[72] El juez Ortiz solo indicó lacónicamente que se determinaran los requisitos para que la embriaguez se juzgara habitual.

En la misma línea, el agente del Ministerio Público José de la Luz Sevillano recomendó una serie de precisiones respecto al escándalo: primero, que la pena variara si la embriaguez había provocado escándalo grave (arresto de diez y seis días a tres meses y multa de diez a cien pesos) o leve (arresto de ocho a quince días). Estos conceptos volvían a plantear el problema de la indefinición de los términos empleados. Por ello, Sevillano explicó las «gradaciones» del escándalo. *Per se,* implicaba el solo hecho de presentarse ebrio en un lugar público. El escándalo se tornaría grave cuando se ejecutaran actos o se profirieran actos que «causen alarma o que alteren el orden y la tranquilidad pública»; en cambio, sería leve cuando no se daba ninguno de los anteriores supuestos. Finalmente, propuso que, si la embriaguez era habitual, se duplicaran las penas ya señaladas.[73]

---

[71] Comisión Revisora del Código Penal, 1912, *op. cit.*, p. 26.

[72] *Ibídem*, pp. 34-35.

[73] *Ibídem*, p. 57.

El agente del Ministerio Público Emilio Rovirosa, uno de los que más minuciosamente revisó el estatus de la ebriedad en el código, sugirió no clasificar la embriaguez como delito, sino imponer penas pecuniarias de cierta consideración a las personas que se encontraran tiradas en «completo estado de ebriedad» en la vía o en cualquier lugar público.[74] En contraste, el juez Emilio Téllez criticó las disposiciones del código señalando que eran deficientes y que las penas eran «verdaderamente benignas», así que propuso tratar el delito con más amplitud y castigarlo con penas más severas.[75] El agente Maximiliano Baz no formuló observaciones específicas sobre el tema, y se limitó a afirmar que los artículos 923 y 924 habían sido hasta entonces «letra muerta».

Durante las discusiones sobre el tema, el autor del primer anteproyecto de los artículos 923 y 924, Pérez de León, planteó que la redacción original del artículo 923 era problemática porque dejaba a criterio del juez qué se entendía por «embriaguez habitual» y «escándalo grave», dado que no existían directrices al respecto, y que cada juez podía tener parámetros distintos para entender la habitualidad y la gravedad (o levedad) del escándalo. Propuso entonces, por un lado, que se entendiera como ebrio habitual a quien en un periodo de un mes se hubiera embriagado diez o más veces y, por otro, que se suprimiera el adjetivo «grave» para denominar al escándalo. Sin embargo, en una sesión posterior, el propio Pérez de León retiró este primer anteproyecto, aunque más adelante presentaría un segundo, ahora en coautoría con Victoriano Pimentel. Miguel Macedo hizo algunas observaciones a su propuesta que contribuyeron a terminar de delinear la redacción, especificó los términos de la habitualidad (aunque el concepto de «ebrio habitual» en sí mismo se desechó), además de que propuso la supresión de la referencia al escándalo. El artículo 924 mantuvo la esencia del original, reduciendo el tiempo de arresto en caso de que el infractor del artículo 923 hubiera cometido antes otro delito grave hallándose ebrio. Los cambios pueden apreciarse con mayor claridad en el siguiente cuadro:

---

[74] *Ibídem*, p. 105.
[75] *Ibídem*, p. 170.

Código Penal de 1871	Comisión Revisora 1912
Art. 923. La embriaguez habitual que cause grave escándalo, se castigará con arresto de dos a seis meses y multa de 10 a 100 pesos.	Art. 923. *El que fuere castigado tres o más veces por embriaguez durante un año sufrirá la pena de arresto menor y multa de tres a trescientos pesos.*
Art. 924. Si el delincuente hubiere cometido en otra ocasión algún delito grave, hallándose ebrio, sufrirá la pena de cinco a once meses de arresto y multa de 15 a 150 pesos.	Art. 924. *En el caso del artículo anterior,* si el delincuente hubiere cometido en otra ocasión algún delito grave hallándose ebrio, la pena será *de diez días a dos meses de arresto y multa de tres a trescientos pesos.*

Puede advertirse que en el anteproyecto se redujo la duración del arresto, decisión en la que influyó Macedo, pues pensaba, al igual que el doctor Peón del Valle, que los ebrios habituales requerían, en cualquier caso, tratamiento especializado en un lugar distinto a la cárcel, que para ellos era perniciosa, dado que en la prisión no dejaban el vicio (antes bien, muchos seguían teniendo acceso a bebidas embriagantes) y estaban expuestos a malas influencias que podían conducirlos al crimen. Por ello, se adicionó otro artículo (con la denominación 924 bis) que indicaba de manera diáfana que, tras cumplir el tiempo de arresto, los condenados serían sometidos a la reclusión preventiva, que estaba detallada en los artículos 165 bis 1 a 165 bis 9; además estipulaba que quienes ya habían sido sometidos en dos ocasiones esa reclusión, en caso de ser condenados por tercera vez ya no irían al establecimiento especial, sino que serían «transportados a una colonia penal por un tiempo que no baje de tres años ni exceda de cuatro».

La cuestión de la reclusión de los alcohólicos en establecimientos especialmente creados para su tratamiento había sido abordada en primer término por tres defensores de oficio. El primero de ellos, Agustín Arroyo de Anda, estimó insuficiente el alcance de los artículos 923 y 924, pues la «regeneración del ebrio» requería reclusión preventiva en un lapso que iría desde uno hasta cinco años.[76] El segundo, Enrique de los Ríos, se limitó a solicitar que se añadieran al código disposiciones relativas a la reclusión preventiva para ebrios consuetudinarios. El tercero, Rafael J. Hernández, sostuvo que el ebrio habitual debía ingresar en un «establecimiento especial» para su curación y regeneración «por medio del trabajo en talleres [...] y de una instrucción moral»; a diferencia de Arroyo de Anda, Hernández contempló

---

76 *Ibídem*, p. 233.

una reclusión menos prolongada, de seis meses como mínimo y dos años como máximo.[77]

En este punto, la comisión no solo tomó en consideración las propuestas y opiniones de los funcionarios, sino también de un médico especialista en enfermedades mentales, el doctor Juan Peón del Valle, director del hospital del Divino Salvador para mujeres dementes. Peón del Valle había escrito en 1905 un artículo titulado «Los alcohólicos y el sistema penal» que fue publicado en la *Gaceta Médica de México.*[78] El médico realizó un amplio comentario sobre el anteproyecto de reclusión preventiva de alcohólicos, a la que consideró una de las «más eficaces» medidas para combatir el alcoholismo. Peón insistió en un punto que sería objeto de discusiones en años posteriores: no debía ejercerse coerción alguna sobre el alcohólico para que se sometiera a tratamiento, sino procurar que lo hiciera por su propia voluntad. La importancia de contar con una institución específica destinada a ese fin se basaba en la suposición de que, en caso de ser recluido en prisión, en vez de solucionar el mal que lo aquejaba, el ebrio terminaría convertido en criminal por el contacto con «amorales y delincuentes».[79]

A juicio de Peón, el establecimiento para alcohólicos debía alojar a quienes voluntariamente solicitaran su ingreso, así como a los «delincuentes alcohólicos» —categoría que incluía a quienes hubieran cometido un delito en estado de ebriedad, sin importar el veredicto respecto a ese delito; a los condenados por un delito aun sin estar ebrios y a los condenados por embriaguez habitual—. Otros dos tipos de personas que debían ser internados serían aquellas que hubieran sido puestos en interdicción a petición de algún familiar directo y los «enajenados que han padecido delirio alcohólico», una vez concluida su estancia en el manicomio. Este último punto respondía a la percepción de que los delirios o alucinaciones de numerosos sujetos ingresados en el manicomio desaparecían gracias a la abstinencia y al tratamiento y, sin embargo al salir recaían en sus hábitos etílicos, pues no habían sido curados del alcoholismo.[80]

En cuanto al tiempo de permanencia, Peón estableció un plazo de seis a dieciocho meses para la primera vez y hasta tres años para la segunda. No proponía término para una tercera reclusión, pues aquel que no hubiera logrado curarse en dos tratamientos, sería considerado «incurable»: no valía la

---

77 *Ibídem*, p. 241.

78 Ríos Molina, Andrés, *La locura durante la Revolución Mexicana. Los primeros años del manicomio general de La Castañeda.* México: El Colegio de México, 2013, pp. 319-322.

79 Comisión Revisora del Código Penal, 1912, *op. cit.*, p. 390.

80 Ríos Molina, Andrés, *op. cit.*, p. 114.

pena que ocuparan el lugar que podría ser de provecho para alguien más y ameritaba una pena «de relativa gravedad».[81] En la exposición de motivos, la comisión previó que esa sanción consistiría en el traslado a una colonia penal «por tiempo bastante largo».[82]

La novedosa reclusión preventiva se impondría, además de a los ebrios habituales, a los alcohólicos que hubieran cometido algún delito en estado de embriaguez, así como a los que hubieran cometido un delito aun sin estar ebrios. Si la sanción por el delito cometido superaba los seis meses, se admitía la posibilidad de que, durante el tiempo de condena, el reo se hubiera rehabilitado, lo que lo eximiría de la reclusión preventiva siempre y cuando lograra acreditar su curación. En otro caso, después de purgar su condena, debían adicionalmente permanecer en el establecimiento especial por un periodo que iría de los seis a los dieciocho meses. Si se trataba de una segunda reclusión, el lapso sería de diez y ocho meses a tres años. El saber de la medicina legal resultaría crucial, pues serían los facultativos quienes determinarían en su dictamen (a solicitud del juez, quien debía investigarlo de oficio), por un lado, si el inculpado era alcohólico y, por otro, cuánto tiempo tendría que durar su reclusión. Asimismo, los médicos podrían influir en la reducción o el aumento de los meses que debía permanecer el alcohólico, aunque sin ir más allá del mínimum o del máximum.

Además, se hicieron una serie de especificaciones sobre los términos en los que debería fijar la reclusión curativa de los alcohólicos. Para los no condenados por un delito, aquella se decretaría en la resolución con la que se concluyera el proceso judicial, mientras que en el caso de los condenados se fijaría en la propia sentencia si la condena fuera menor de seis meses, pues esa era la duración mínima del tratamiento. Ni la comisión ni el doctor Peón del Valle dieron detalles sobre el tipo de tratamiento al que serían sometidos los alcohólicos, cuestión que era objeto de interés —y de debates— entre la propia comunidad médica. Los higienistas se decantaban por medidas de profilaxis social, mientras que los clínicos buscaron alternativas para la curación individual mediante medicamentos como sales, jarabes o el suero antialcohólico, sustancia que se obtenía de la sangre de un caballo al que se había suministrado alcohol en dosis moderadas.[83] Aún décadas más adelante, la te-

81 Comisión Revisora del Código Penal, 1912, *op. cit.*, p. 392.

82 Comisión Revisora del Código Penal, 1914, *op. cit.*, p. 470.

83 Carrillo, Ana María, «La profesión médica ante el alcoholismo en el México moderno», *Cuicuilco. Revista de Ciencias Antropológicas*, 9(24), 2002, pp. 318-319. Solo a manera de ejemplo, en la edición de *El Imparcial* del 2 de septiembre de 1910 apareció en la cuarta página el anuncio publicitario de un producto denominado «El contra borrachera del Dr.

rapéutica para «curar» el alcoholismo seguiría siendo objeto de controversia, pues no se había logrado definir un único sistema específico y funcional para todos los casos.

Asimismo, se vislumbró la posibilidad de que se hicieran modificaciones al Código de Procedimientos Penales con el propósito de que la ubicación del establecimiento para alcohólicos no entorpeciera la aplicación de la pena, pues se preveía que sería un departamento del Manicomio General (La Castañeda), ubicado en el municipio de Mixcoac, que era una jurisdicción territorial ajena a la de los jueces de la capital.

El Manicomio General de la Castañeda[84] fue uno de los grandes proyectos médicos —así como arquitectónicos— de las postrimerías del porfiriato; su inauguración, el 1 de septiembre de 1910, formó parte de los festejos por el centenario de la independencia. Como señala Andrés Ríos,[85] en los años finales del siglo XIX y la primera década del XX, se construyeron en diversos puntos del país modernos hospitales para el tratamiento de las enfermedades mentales; los flamantes edificios no solo respondían a un ideal estético, sino también a un propósito terapéutico, pues de acuerdo con la propuesta del médico más reputado en materia de «arquitectura psiquiátrica», Jean Etienne Esquirol, los manicomios debían contar con pabellones autónomos, cada uno de los cuales albergaría a pacientes con diferentes patologías. Fue así como la Castañeda contó con un amplio pabellón para alcohólicos, aspecto que el propio ingeniero encargado de la obra, el teniente coronel Porfirio Díaz Ortega,[86] enfatizó en el discurso que pronunció durante el evento inaugural, ya que consideraba (abrevando en el discurso psiquiátrico del momento) que el alcoholismo y las «degeneraciones alcohólicas» eran causantes de buena parte de las enfermedades mentales.[87] Las cifras que ofrece Ríos Molina[88] reflejan lo extendida que se encontraba esa idea en los años finales del porfiriato: entre 1910 y 1913, al 51.1 % de los hombres que fueron internados en la Castañeda se les diagnosticaron enfermedades

---

Graf», producto formulado presuntamente por un médico alemán llamado Herrmann Graf que prometía curar «embriaguez, alcoholismo, borrachera».

84 El nombre oficial de la institución era Manicomio General, sin embargo, por el hecho de haber sido construido sobre los terrenos de una antigua hacienda llamada «La Castañeda» fue conocido popularmente con ese apelativo.

85 Ríos Molina, Andrés, *op. cit.*, p. 16.

86 Hijo del presidente Porfirio Díaz, de profesión ingeniero militar. El discurso completo se encuentra en *El Imparcial*, 2 de septiembre de 1910, p. 7.

87 Ríos Molina, Andrés, *op. cit.*, p. 112.

88 *Ibídem*, p. 111.

vinculadas con el consumo excesivo de alcohol. En el caso de las mujeres, el porcentaje fue del 21.8 %.

La última arista bajo la cual podía examinarse el tema de la embriaguez era en su carácter de falta. La comisión no dejó de discutir cómo debería actuar la ley ante las personas alcoholizadas en la vía pública. Si bien Macedo admitió que el poder público «carece de derecho para tratar de su vicio al ebrio, y menos aún para castigarlo, mientras no ofenda el derecho de los demás causando escándalo»,[89] el propio Macedo señaló que la sola presencia del ebrio en público era motivo de escándalo. Así pues, cuando la ebriedad resultaba visible porque la persona estaba en la calle, el asunto adquiría otro cariz, dado que esos actos «afectan directamente a otros individuos [por lo que] surge indudable e imperioso el interés social».[90] La comisión aludió específicamente a dos sectores que podían verse perturbados por los ebrios en la calle: las mujeres, que no podrían circular libremente ante la presencia de borrachos, y los niños, que recibirían malos ejemplos. La medida —estimaba la comisión— resultaría benéfica porque protegía un derecho como la libertad de tránsito y también porque podría contribuir a reducir la embriaguez, en particular en los bebedores de ocasión, solamente restringiendo su permanencia en espacios públicos.

El precepto del Código Penal de 1871 sobre la embriaguez como falta era bastante reducido, pues solo especificaba en el artículo 1148, fracción I, que se impondría multa de 50 centavos a 3 pesos al «ebrio no habitual que cause escándalo». Los miembros de la comisión revisora ampliaron el artículo con diversas adiciones. La reforma especificaba algunos espacios concretos donde el ebrio no podría permanecer: tabernas, fondas, teatros, calles, so pena de hacerse acreedor a una multa de 50 centavos a 2 pesos. Resulta interesante que el propio Miguel Macedo cuestionara a los autores de esa parte del anteproyecto, Pimentel y Pérez de León, por el uso de la palabra «taberna» en lugar de cantina, que era mucho más usual en el habla cotidiana. Pimentel defendió la propuesta explicando que taberna era el término correcto para los lugares donde únicamente se vendían «bebidas espirituosas» y que el concepto englobaba a cantinas y pulquerías.[91] Más aún, incluso el hecho de estar ebrio en un espacio privado pero que pudiera «ser visto por el público» sería sancionado. Si, adicionalmente, la persona alcoholizada causaba «alboroto o

89 Comisión Revisora del Código Penal, *Trabajos de Revisión del Código Penal. Proyecto de reformas y exposición de motivos*, t. III. México: Tip. De la Oficina Impresora de Estampillas, 1913, pp. 86-87.

90 Comisión Revisora del Código Penal, 1914, *op. cit.*, p. 819.

91 Comisión Revisora del Código Penal, 1913, *op. cit.*, p. 77.

desorden», tanto el mínimo como el máximo de la multa ordinaria se duplicaban, por lo que el mínimo era un peso y el máximo doscientos pesos. Se añadió una fracción más al artículo para tipificar como falta el hecho de que una persona en estado de embriaguez ejecutara trabajos o desempeñara funciones que pudieran «originar peligros para otros». También se estipuló que, en caso de reincidencia en el término de un año, el infractor recibiría doble pena y que, en caso de existir una segunda reincidencia, sería reputado como ebrio habitual.

La comisión intentó no dejar ningún cabo suelto, ya que sus integrantes consideraron que la persona ebria debía ser retirada de la vista del público para que no continuara cometiendo la falta, por lo que, además de la multa, la policía debía llevar al individuo a algún lugar «adecuado» hasta que se disipara la embriaguez. Esta última precaución no se concibió como una sanción en sí misma, sino como «simple medida de policía».[92]

La última disposición que se añadió en el terreno de las faltas relacionadas con la ebriedad fue la relativa a la sanción (multa de cinco a trescientos pesos) a la que se harían acreedores los dueños o empleados de expendios de venta de bebidas alcohólicas que las proporcionaran a personas en «estado de embriaguez manifiesta». La comisión señaló que esta medida se inspiraba en las legislaciones francesa e italiana. Igualmente, la comisión aceptó que, en caso de adoptarse, la normativa proyectada en materia de faltas planteaba dificultades prácticas por la gran cantidad de ebrios que transitaban por las noches en la ciudad, cantidad que, posiblemente, superaría a la de efectivos policiacos, circunstancia a la que se aunaba la falta de espacio para resguardarlos (en tanto salían de su estado), así como la complicación de ejercer coerción a los dueños de cantinas y pulquerías —que, presumiblemente, no serían muy proclives a cumplir la prohibición de servir copas a clientes ya beodos—. Sin embargo, con un tono mitad escéptico, mitad esperanzado, la comisión confiaba en que su propuesta era de «grande utilidad desde el punto de vista de la profilaxis del vicio».[93]

VI. ¿UN ESFUERZO INÚTIL?: LA INFLUENCIA DE LOS TRABAJOS DE LA COMISIÓN REVISORA EN EL CÓDIGO PENAL DE 1929

El trabajo de la comisión revisora no llegó a cristalizar como lo habían pensado sus integrantes, así que cabe preguntarse si el resultado de sus trabajos se

---

92 Comisión Revisora del Código Penal, 1914, *op. cit.*, p. 822.

93 Comisión Revisora del Código Penal, 1914, *op. cit.*, p. 820.

redujo a una voluminosa edición de cuatro tomos sin repercusión alguna. Al menos en lo relativo al tema de las sanciones contra el alcoholismo, algunos ecos de la propuesta de la comisión se hicieron oír en la década de 1920, específicamente en el código penal promulgado en 1929.

La figura más destacada entre los redactores de dicho código fue José Almaraz, que en numerosas ocasiones manifestó públicamente su deseo de introducir de lleno los postulados del positivismo penal en la legislación. En la exposición de motivos, Almaraz insistió en la necesidad de atender a alcohólicos y toxicómanos, pues se trataba de «individuos claramente peligrosos». Coincidió con el criterio de varios de los juristas porfirianos respecto a que un individuo apresado por ebriedad podría terminar convertido en un «malhechor». Almaraz fue terminante: «Cura somática y transformación social, lo demás es absurdo, inútil y perjudicial». Para ello, se requerían establecimientos especiales, como en su momento había planteado la comisión revisora.

A pesar de esas similitudes, en primera instancia el código de 1929 disintió respecto del proyecto de 1912 en cuanto a la embriaguez como atenuante, pues no la consideró como atenuante de ninguna clase; en cambio, retomó la posibilidad de atribuirle el estatus de agravante de cuarta clase (art. 63, frac. XV) cuando la acción de embriagarse o intoxicarse intencionalmente se realizara para «asegurar o facilitar la ejecución del delito». En cuanto a la posibilidad de que se le considerara eximente, en el artículo relativo (art. 45) no se mencionó explícitamente la ebriedad, aunque la fracción I podía darle cabida, dado que tomaba en cuenta la circunstancia de que el acusado, en el momento de delinquir, se encontrara «en un estado de automatismo cerebral que perturbe su conciencia y que sea provocado por *haber ingerido sustancias enervantes o tóxicas,* siempre que la ingestión haya sido enteramente accidental e involuntaria, es decir, sin su conocimiento».[94]

Más aún, en el Código Penal de 1929 se introdujeron tres artículos que contemplaban la reclusión en lugares destinados específicamente al tratamiento de los alcohólicos. El primero de ellos era el artículo 128, que preveía que los delincuentes que fueran «ebrios habituales», así como los toxicómanos, permanecerían en un «hospital o departamento especial del manicomio» hasta su completa curación; durante su estancia, tendrían que someterse no solo a una terapéutica específica, sino también a un régimen de

---

94 El Código de 1929 no incluía delitos de culpa sino «imprudencias punibles», pero dentro de ellas no hacía mención alguna a la embriaguez. Agradezco a la doctora Jessica Colín su explicación en cuanto a la razón de ser del término «imprudencias punibles», que me ayudó a comprender mejor este punto.

trabajo con «aislamiento nocturno». Los médicos, en conjunto con el Consejo Supremo de Defensa y Prevención Social, determinarían el momento en el que la persona podía considerarse curada. Esta medida era muy similar a la prevista por la comisión, aunque con una diferencia importante: la comisión revisora estableció tiempos mínimos y máximos para la curación, mientras que el código de 1929 dejaba entrever una duración indeterminada, ya que en el artículo 190 complementaba lo dispuesto en el 128 especificando que el reo podría permanecer recluido en el establecimiento especial en caso de que no se hubiera curado durante el tiempo de la condena impuesta por el delito cometido. Los redactores del nuevo código también se cuidaron de especificar en el artículo 192 que los jueces tenían que investigar de oficio si el reo era alcohólico.

Otro de los artículos era el 523, que prescribía que «todo individuo a quien la autoridad encuentre en estado de notoria embriaguez en un lugar público, pagará una multa de cinco a diez días de utilidad y se le someterá a un examen médico. Si de este resultare ser un ebrio habitual o alcohólico crónico, se le recluirá en el manicomio especial para alcohólicos». Al igual que en el artículo 128, la última palabra en ese sentido la tendrían los médicos y el Consejo Supremo de Defensa y Prevención Social.[95]

La puesta en práctica de los artículos durante el escaso tiempo que el Código estuvo en vigor evidenció las complejidades de ese tipo de sanciones. Los expedientes de los procesos judiciales contra personas a quienes se les aplicaron los artículos 128, 190 o 523 revelaron los diversos criterios de interpretación de los jueces e incluso la manera en que los familiares de alcohólicos (y alcohólicas) hicieron uso de la ley para tratar de disciplinar a un pariente cuya manera de beber resultaba demasiado disruptiva y difícil de manejar. Asimismo, algunos reos que purgaban sentencias de semanas o pocos meses por delitos como lesiones leves o robos de baja cuantía permanecieron recluidos en una crujía especial de Lecumberri durante seis meses o hasta un año para tratar su alcoholismo crónico.[96] Varios jueces, en especial los de la Segunda

95 Cabe señalar que, para este momento, dada la importancia que estaba adquiriendo el tema de la «toxicomanía», se impuso una disposición semejante, en el artículo 525, para todos aquellos que «sin prescripción médica que llene todos los requisitos», estuvieran o acostumbraran a estar «bajo la influencia de alguna droga enervante».

96 Rojas Sosa, Odette María, «"Una amenaza siempre viva": alcohólicos y toxicómanos ante la justicia. Ciudad de México, 1929-1931», en Elisa Speckman (coord.), *Horrorosísimos crímenes y ejemplares castigos. Una historia sociocultural del crimen, la justicia y el castigo (México, siglos XIX y XX)*, México: El Colegio de San Luis/ Universidad Autónoma de Aguascalientes, 2018, pp. 313-324.

Corte Penal, se manifestaron en contra de dictar sentencia contra los ebrios consuetudinarios por considerar que, al dejar abierto el tiempo de reclusión (el necesario para la curación), se estaba imponiendo una pena de duración indeterminada; además, surgieron resistencias contra la presunta injerencia del Supremo Consejo de Defensa y Prevención Social en las sentencias, un ámbito en el que solo los jueces eran competentes.[97]

El Código Penal de 1929 (o Código Almaraz) suscitó debates encendidos y pocas opiniones favorables. Ante el escaso consenso que obtuvo su aplicación y las diversas críticas que expresaron jueces y juristas, a los pocos meses de su promulgación comenzaron los trabajos para su reforma, que finalmente culminarían en la creación de un nuevo código penal que sería promulgado en 1931. Sus redactores imprimieron al texto legal una tendencia «ecléctica» y suprimieron la mayoría de los puntos de su antecesor que más reticencia habían generado —entre ellos, los relativos a la reclusión de alcohólicos en establecimientos especiales—. Algunos autores[98] han hecho notar que el código de 1931 preservó elementos de la escuela positiva, entre ellos la temibilidad. Incluso el artículo 255 contempló entre los «malos antecedentes» que podían constituir la «malvivencia» el hecho de ser «ebrio habitual».

VII. CONSIDERACIONES FINALES

Los trabajos realizados a lo largo de casi diez años por la comisión revisora del Código Penal de 1871 fueron minuciosamente registrados y publicados, dejando una obra susceptible de análisis desde diversas perspectivas. Para los historiadores, resulta una fuente de indudable interés que permite profundizar en tópicos tales como el pensamiento penal en el México porfiriano o la composición de la elite jurídica y política del país.

En particular, mi interés por el tema de los discursos contrarios al consumo de bebidas embriagantes me encaminó a revisar cómo había abordado la comisión revisora la embriaguez y el alcoholismo, sus consideraciones al respecto y las decisiones que tomó al redactar el proyecto final de reformas al código. Además, el hecho de contar con las opiniones de jueces, agentes

---

97 *Ibídem*, pp. 324-327.

98 Bunster, Álvaro, «La evolución legislativa penal mexicana», *Boletín Mexicano de Derecho Comparado*, XXX(88), 1997, p. 48. Zaffaroni, Eugenio Raúl, «La ideología de la legislación penal mexicana», en Rigoberto Ortiz Treviño y Manuel Jorge Carreón Perea (comps.), *Cuatro décadas de divulgación*, México: Inacipe, [1985], 2016, p. 136.

del Ministerio Público y abogados defensores permitió ampliar todavía más la perspectiva de estudio.

A principios del siglo XX, el alcoholismo, ya fuera crónico o agudo, representaba una preocupación que se traslucía en discursos especializados como el de la medicina y el derecho penal, pero también en los de grupos y asociaciones vinculadas con la confesión católica o la metodista; además, se trataba de un tema de interés que trascendía las fronteras nacionales, pues tanto en los países americanos como en europeos se escribían obras sobre el tema, se hacían propuestas para combatirlo o se formaban ligas antialcohólicas.

En ese contexto, resultaba comprensible que, desde el ámbito legislativo, se intentaran tomar medidas que contribuyeran a reducir un problema considerado especialmente gravoso para la nación mexicana. Dentro de la esfera penal, la embriaguez como una circunstancia que podía limitar el albedrío de la persona en el momento de delinquir era una cuestión que había sido tratada y debatida en otros momentos. Incluso el hecho de que una persona estuviera ebria en las calles provocando escándalo también había sido objeto de sanción desde tiempos antiguos, pero los postulados de las novedosas teorías del degeneracionismo y la antropología criminal motivaron que estas situaciones fueran contempladas bajo una luz un tanto distinta.

En cuanto a la consideración de la embriaguez como atenuante, eximente o como delito de culpa, la comisión no hizo transformaciones radicales, pero sí introdujo cambios y puntualizaciones sustanciales respecto a la redacción original de 1871, sobre todo en aras de marcar una distinción entre personas cuya ebriedad no era habitual y aquellas en las que sí lo era; en esa misma vía, también ofreció una definición más nítida de la habitualidad.

Para la comisión y para algunos funcionarios judiciales, el individuo que bebía consuetudinariamente no era un criminal, sino un enfermo que ameritaba tratamiento en vez de castigo. Por tal motivo, se buscó implementar una medida que ya estaba probándose en otras latitudes: la reclusión en establecimientos especiales para el tratamiento de alcohólicos. Paradójicamente, el célebre y admirado adalid del positivismo penal, Enrico Ferri, no parecía ser un gran entusiasta de ese tipo de soluciones. Si bien reconocía que en algunos individuos podían tener efectos benéficos y contribuir a su curación, Ferri insistió en la necesidad de atender el problema desde su origen: más que remediar, era necesario prevenir el alcoholismo —y con él, sus desgraciadas consecuencias—, enfoque que en el discurso de la comisión prácticamente no tuvo peso. El característico sesgo clasista del discurso antialcohólico porfiriano atribuyó a las «clases bajas» una mayor proclividad a la embriaguez y aun cuando varios autores hicieron notar que las condiciones de vida podían ser determinantes en la problemática, fueron pocos los que llegaron a sugerir mejoras a nivel estructural (incremento de salarios, vivienda adecuada, construcción de escuelas y bibliotecas) y no únicamente a nivel individual (hábitos de trabajo, ahorro, moderación, voluntad), como sí lo hizo en su obra el propio Ferri.[99] Más aún, el sesgo clasista se manifestaba también en las escasas referencias al alcoholismo entre la clase alta, situación que, cuando se mencionaba, solía ser soslayada y considerada infrecuente y escasamente problemática.

Aunque en su momento la propuesta de la comisión revisora no logró cumplir su objetivo último —la reforma del código de 1871—, logró poner sobre la mesa temas como la puesta al día del ordenamiento para contemplar situaciones propias del cambio tecnológico que se había producido en el último tercio del siglo XIX (por ejemplo, el robo de electricidad o los atropellamientos por automóviles y tranvías eléctricos), así como para revisar los lineamientos teóricos que animaban al derecho penal.[100] Su impacto también se haría sentir en las décadas posteriores, cuando en el Código Penal de 1929 se retomaron planteamientos como el internamiento de alcohólicos y ebrios consuetudinarios en pabellones, hospitales o lugares especializados para su tratamiento y curación, por lo que puede concluirse que las discusiones y trabajos de la comisión revisora mostraron algunas de las vías por las cuales orbitarían en los años veinte y treinta los debates de la criminología y el derecho penal alrededor de un mal social grave y trascendental: el alcoholismo.

VIII. REFERENCIAS

Buffington, Robert, *Criminales y ciudadanos en el México moderno*, México: Siglo XXI, 2001.

Bulnes, Francisco, *El pulque: estudio científico*, México: Imprenta de Murguía, 1909.

Bunster, Álvaro, «La evolución legislativa penal mexicana», *Boletín Mexicano de Derecho Comparado*, XXX(88), 1997, pp. 45-59.

---

99 Ferri, Enrico, *op. cit.*, pp. 313-314.

100 Además, Miguel S. Macedo, miembro destacado de la comisión revisora, fue maestro de al menos dos de los más renombrados e influyentes penalistas y criminólogos posrevolucionarios: Luis Garrido y José Ángel Ceniceros; con este último incluso impartió un curso de Derecho Penal en la Escuela Libre de Derecho (Buffington, 2001, pp. 180-185).

Campos, Ricardo, *Alcoholismo, medicina y sociedad en España (1876-1923)*, Madrid: Consejo Superior de Investigaciones Científicas, 1997.

Carrillo, Ana María, «La profesión médica ante el alcoholismo en el México moderno», *Cuicuilco. Revista de Ciencias Antropológicas*, 9(24), 2002, pp. 312-332.

Comisión Revisora del Código Penal, *Trabajos de Revisión del Código Penal. Proyecto de reformas y exposición de motivos*, México: Tip. De la Oficina Impresora de Estampillas, 1912.

Comisión Revisora del Código Penal, *Trabajos de Revisión del Código Penal. Proyecto de reformas y exposición de motivos*, t. III. México: Tip. De la Oficina Impresora de Estampillas, 1913.

Comisión Revisora del Código Penal, *Trabajos de Revisión del Código Penal. Proyecto de reformas y exposición de motivos*, t. IV. México: Tip. De la Oficina Impresora de Estampillas, 1914.

De Zayas, Rafael, «El alcoholismo. Sus causas. Sus consecuencias. Disposiciones penales. Modo de combatirlo. Estudio sociológico», *El Foro. Revista de jurisprudencia.* 13 y 27 de agosto de 1884.

Fernández de Lizardi, José Joaquín, *El Periquillo Sarniento*, México: Porrúa, ([1816] 2005).

Ferri, Enrico, *Sociología criminal*, t. 1. México: Tribunal Superior de Justicia del Distrito Federal, ([¿1907?] 2004).

García Ramírez, Sergio, *La imputabilidad en el derecho penal mexicano.* México: Universidad Nacional Autónoma de México, 1981.

Garofalo, Raffaele, *La criminologie: étude sur la nature du crime et la théorie de la pénalité*, Paris: Felix Alcan, 1888.

Hidalgo, Luis y Ruiz, Gustavo, *Compendio de medicina legal arreglado a la legislación del Distrito Federal*, t. 1., México: Imprenta de Ignacio Escalante, 1877.

Lardizábal, Manuel, *Discurso sobre las penas: contraído a las leyes criminales de España para facilitar su reforma*, México: Porrúa, ([1782] 2005).

Lombroso, Cesare, *El delito. Sus causas y remedios*, México: Inacipe, ([1902] 2020).

Menéndez, Nadia, «Los médicos como cronistas del alcoholismo, de la mortalidad y de la criminalidad (1870-1910)», *Cuicuilco. Revista de Ciencias Antropológicas*, 25(71), 2018, pp. 85-109.

Ortega, Francisco, *Memoria sobre los medios de desterrar la embriaguez*, México: Imprenta de Ignacio Cumplido, 1847.

Piccato, Pablo, «No es posible cerrar los ojos: el discurso sobre la criminalidad y el alcoholismo hacia el fin del Porfiriato», en R. Pérez Montfort (coord.), *Prensa, criminalidad y drogas en el Porfiriato tardío* (pp. 75-142). México: CIESAS-Plaza y Valdés, 1997.

Pulido, Diego, ¡A su salud! Sociabilidades, libaciones y prácticas populares en la Ciudad de México a principios del siglo XX, México: El Colegio de México, 2014.

— «Los trabajos y los miembros de la comisión revisora del Código Penal del Distrito Federal, 1903-1912», en Cruz Barney, O., Fix Fierro, H. y Speckman, E. (Coords.), *Los abogados y la formación del Estado mexicano,* México: Universidad Nacional Autónoma de México, 2013 pp. 391-416.

Ramírez, Rodolfo, «El desarrollo de los estudios sobre el maguey en México, de la Ilustración a la Revolución», *Saberes. Revista de Historia de la Ciencia y las Humanidades,* 3(7), 2020, pp. 93-117.

Ríos Molina, Andrés, *La locura durante la Revolución Mexicana. Los primeros años del manicomio general de La Castañeda.* México: El Colegio de México, 2013.

Rojas Sosa, Odette María, «"Una amenaza siempre viva": alcohólicos y toxicómanos ante la justicia. Ciudad de México, 1929-1931», en Elisa Speckman (coord.), *Horrorosísimos crímenes y ejemplares castigos. Una historia sociocultural del crimen, la justicia y el castigo (México, siglos XIX y XX),* México: El Colegio de San Luis/ Universidad Autónoma de Aguascalientes, 2018, pp. 305-332.

— *La metrópoli viciosa. Alcohol, crimen y bajos fondos. Ciudad de México, 1929-1946.* México: Universidad Nacional Autónoma de México, 2019.

Roumagnac, Carlos, *Los criminales en México. Ensayo de psicología criminal,* México: Tipografía El Fénix, 1904.

Speckman, Elisa, *Crimen y castigo. Legislación penal, interpretaciones de la criminalidad y administración de justicia (Ciudad de México, 1872-1910),* México: El Colegio de México-Universidad Nacional Autónoma de México, 2002.

Zaffaroni, Eugenio Raúl, «La ideología de la legislación penal mexicana», en Rigoberto Ortiz Treviño y Manuel Jorge Carreón Perea (comps.), *Cuatro décadas de divulgación,* México: Inacipe, pp. 121-149.

CODIFICACIÓN Y CAMBIO JURÍDICO. LA DISPUTA DE LAS ESCUELAS CLÁSICA Y POSITIVISTA EN LA REVISIÓN DEL CÓDIGO PENAL DEL DISTRITO FEDERAL, 1903-1912

Jessica Colín Martínez*

Universidad Autónoma Metropolitana

SUMARIO: I. INTRODUCCIÓN. II. EL CÓDIGO PENAL DE 1871 Y SUS FUNDAMENTOS EN LA ESCUELA CLÁSICA. III. LA ESCUELA POSITIVISTA. IV. RECEPCIÓN DE LA ESCUELA POSITIVISTA EN EL FORO MEXICANO. V. LOS DEBATES EN LA REVISIÓN DEL CÓDIGO PENAL. VI. CONSIDERACIONES FINALES. VII. REFERENCIAS.

I. INTRODUCCIÓN

El último tercio del ochocientos fue para el derecho penal, en latitudes europeas y americanas, escenario de reflexión en torno a nociones cuyos principios se presumían, hasta entonces, incuestionados. Con el afianzamiento discursivo e intelectual que concibió a la ciencia como eje articulador de un pretendido nuevo orden social, la idea del perfeccionamiento de las naciones se asoció a tres estados de conocimiento: teológico, metafísico y positivo. El tránsito evolutivo del primero al tercero —mediando el paso por el segundo— se consideró una muestra de desarrollo y avance de una comunidad. Por tanto, el estado positivo se observó como el grado más alto en dicha escala, cúspide a la que se apostó todo esfuerzo desde distintos ámbitos.[1]

---

* Profesora investigadora visitante de tiempo completo adscrita al Departamento de Estudios Institucionales de la Universidad Autónoma Metropolitana, Unidad Cuajimalpa. Candidata en el Sistema Nacional de Investigadores. Creadora del sitio Abogacía Histórica Mexicana.

1 Anitua, Gabriel Ignacio, *Historias de los pensamientos criminológicos*, pról. Eugenio Raúl Zaffaroni, Buenos Aires: Didot, 2015, pp. 210-211; Zea, Leopoldo, *El positivismo en México*, México, El Colegio de México: Fondo de Cultura Económica, [1943] 2014, pp. 44-45.

La formación jurídica de los estados durante la época trató de apegarse a ese espíritu positivista, basado en la reflexión, la investigación y la demostración metódica de los hechos. Instituir sistemas normativos con base en la observación científica aplicada fue el horizonte en la formulación de explicaciones racionales de distintos fenómenos, entre ellos los relativos a las cuestiones penales y de justicia. De esta forma emergió en el mundo del derecho penal la escuela positiva o positivista, denominada así desde las últimas décadas del siglo XIX por concebirse en un sentido antagónico a los postulados «metafísicos» que sostenía la escuela clásica. Así, el fundamento clásico del delito como entidad jurídica basada en el dogma del libre albedrío[2] sufrió un revés bajo la corriente positivista, que atribuyó a las condiciones físicas, antropológicas y sociales del individuo una carga potencialmente criminógena y de imputabilidad penal.

En México, la transición de una escuela de pensamiento a otra sugiere una trayectoria irregular, inconstante, con avances y repliegues en apariencia sin consenso que oscilaron entre expresiones de discusión teórica o conceptual y bajo intenciones parlamentarias poco cohesionadas que pugnaron en los procesos de creación y modificación normativa. Si bien hacia finales del siglo XIX y principios del siglo XX la escuela positivista era ampliamente conocida entre los abogados y juristas mexicanos, ello no supuso en modo alguno un cambio jurídico en términos estrictos de derecho legislado. La reforma en materia penal no llegó sino hasta 1929 con la codificación del Distrito Federal. No obstante, en el país hubo ejemplos destacados de la incorporación de nociones positivistas en reglamentaciones secundarias y en algunos quehaceres institucionales.

Los exámenes antropométricos en el ámbito penitenciario para registrar las características físicas de los presuntos delincuentes y sentenciados según sus rasgos fisonómicos (tamaño de la frente, nariz, orejas) y demás señas particulares consideradas de importancia (cicatrices, lunares, tatuajes), lo mismo que las fotografías de frente y perfil y la toma de huellas dactilares para la debida integración del expediente judicial encontraron tierra fértil desde fechas tempranas —y a lo largo del período— con la implementación estandarizada

---

2 El libre albedrío fue una noción ampliamente desarrollada por destacados teóricos de la escuela clásica como Ortolan y Francesco Carrara. La codificación penal decimonónica concretó su diseño bajo tal premisa: «El delito no es un hecho material puro, sino primera y principalmente un hecho moral [...] Si se obró con libertad, existe un crimen; si se obró involuntariamente, no ha existido aquel, solo se ha verificado una desgracia». Véase la quinta lección elaborada por Francisco Pacheco en sus *Estudios de derecho penal* (1842: 95-96).

de fichas de identificación, un elemento formalista en la instrucción penal. La actividad policial y de memoria judicial en la clasificación de los criminales fue, posiblemente, la raíz pragmática más profunda de la escuela positivista en México. Paralelamente, en diversos puntos de la geografía latinoamericana tuvo lugar la incorporación de algunas prácticas y postulados de la escuela positiva para crear y reconocer social y jurídicamente tendencias, hábitos, modos y fisionomías de la criminalidad y sus sujetos.[3]

En septiembre de 1903, los juristas Miguel Macedo, Manuel Olivera y Victoriano Pimentel integraron una comisión instituida para revisar el Código Penal del Distrito Federal de 1871 y proponer las reformas que, a su juicio, resultaran convenientes. Un mes después comenzaron los trabajos de revisión con la certeza que solo da el tiempo y la perspectiva histórica: el código Martínez de Castro, con treinta años de vigencia y un profundo cambio social a cuestas, se revelaba «oscuro, inconsecuente (incoherente), contradictorio y deficiente».[4] El examen planeado en los albores del siglo XX fue, en apariencia, medular. Sin embargo, las reflexiones vertidas en los cerca de diez años que la comisión sesionó sugieren múltiples aristas. La conclusión del proyecto de reformas en junio de 1912 tuvo lugar en un contexto sociopolítico de lucha armada que provocó el resquebrajamiento de un régimen. Para Carrancá y Trujillo, este entorno determinó la «inactualidad» del proyecto y, por tanto, su irremediable inexistencia en el orden jurídico.[5]

Una lectura de los trabajos de revisión emprendidos por la comisión presidida por Miguel Macedo permite constatar, tanto en la elocuencia como en la puntual expresión de sus protagonistas, el innegable influjo de la escuela positivista en la abogacía mexicana de la época, e incluso la disputa que generó durante aquellos años la posibilidad de fundamentar en una nueva doctrina penal la reforma codificadora. En estas tomas de postura destaca el

---

3 En el caso de Brasil, Rodrigues de Oliveira ha señalado el uso periodístico y la gran difusión en prensa que tuvieron las impresiones de fotografías de frente y de perfil, de los tatuajes, escenas del crimen y armas empleadas por los delincuentes para ilustrar crónicas del crimen y del mismo modo construir «todo un imaginario del submundo criminal» (Rodrigues, 2021). En México, Carlos Roumagnac fue un destacado autor en temas de clasificación criminal y técnicas científicas: *Los criminales en México. Ensayo de psicología criminal,* México: Tipografía El Fénix, 1904; y *Elementos de policía científica,* México: Andrés Botas e hijo, 1923.

4 Comisión Revisora del Código Penal, *Trabajos de revisión del código penal. Proyecto de reformas y exposición de motivos,* tomo I, México: Tipografía de la Oficina Impresora de Estampillas, 1912, p. 266.

5 Carranca y Trujillo, Raúl, *Derecho penal mexicano. Parte general,* tomo I, México: Antigua librería Robredo, [1937] 1955, p. 87.

pensamiento de Macedo, que señaló que, si bien no coincidía con los postulados de la escuela clásica, tampoco proponía los de ninguna otra corriente para sustituirla. Desde su punto de vista, el cambio jurídico que algunas voces reclamaban no era posible, dado que en ese momento la escuela positivista era ostensiblemente «negativa y preparatoria». Es decir, que en la tarea de desacreditar las bases del derecho penal clásico y de demostrar sus errores y deficiencias, los positivistas habían olvidado articular un sistema que permitiera la reconstrucción del derecho penal fundado en la ciencia, con un método, unas leyes fundamentales y una clara expresión del estudio positivo de los fenómenos penales. Bajo esta óptica, el jurista consideró mucho más adecuado continuar con el «defectuoso» sistema filosófico de la escuela clásica y el «largo hábito creado por la vigencia del código» que modificar la legislación siguiendo un cúmulo de ideas carentes de método.[6]

¿La tradición jurídica del liberalismo penal clásico resistió incólume los embates positivistas?, ¿la escuela positivista carecía de fundamentos filosóficos y metódicos?, ¿qué nociones de la escuela positivista estuvieron en disputa durante la deliberación de la comisión revisora?, ¿cuál fue el desarrollo de la discusión? En este trabajo analizo un proceso de codificación que, aun cuando no llegó a materializarse en una reforma legal, hace parte de la trayectoria formativa del derecho penal en México, proceso en el que se han integrado distintos presupuestos o nociones para definir qué es un delito, qué conductas se conciben como contrarias a derecho y son, por tanto, punibles, quiénes incurren en ellas y cuáles deben ser las penas para sancionarlas. Se ha señalado que la escuela positivista irrumpió en la escena jurídica mexicana con la promulgación del Código Penal del Distrito Federal de 1929. En efecto, el cambio jurídico operó y desplegó sus alcances a través de la nueva legislación sustantiva. Sin embargo, desde mi punto de vista este cambio fue consecuencia de una transición doctrinaria que germinó muchos años atrás en el país. Los textos legales por supuesto son uno de los medios más tangibles de expresión jurídica, reflejan su historicidad, su cultura y la participación de quienes lo han forjado. Cabría atribuir igual relieve a los elementos que han contribuido a la formación, comprensión y aplicación de ese mismo derecho.[7]

---

6 Comisión Revisora del Código Penal, *Trabajos de revisión del código penal. Proyecto de reformas y exposición de motivos, op.cit.*, p. XXXIV.

7 Narváez Hernández, José Ramón, *Cultura jurídica. Ideas e imágenes*, México: Porrúa, 2010, p. 8.

II. EL CÓDIGO PENAL DE 1871 Y SUS FUNDAMENTOS EN LA ESCUELA CLÁSICA

Lejos de revelarse en términos asépticos enteramente teóricos o dogmáticos, la historia del derecho vertebra con regular frecuencia una narración fáctica con puntos de llegada y de partida condicionados por las circunstancias y las voces que confluyeron en un lugar y tiempo determinados. La codificación decimonónica fue un proceso extendido en ambos lados del Atlántico que aspiró a definir los artificios más elementales de los nacientes Estados nación. Las constituciones y los códigos (en materias civil, penal, mercantil y procesal) respondieron a dicho anhelo. Paradójicamente, la precaria estabilidad política y financiera de México —por lo menos hasta la década de 1870— fue moneda de curso que únicamente cubrió la promulgación de las leyes fundamentales que se sucedieron al compás de los vaivenes entre el centralismo y el federalismo. Según Barrón, la codificación penal, aun con los esfuerzos de redactores y legisladores, no tuvo la misma fortuna. Ello no supuso, por supuesto, un completo vacío jurídico. La transición del derecho penal de antiguo régimen al derecho penal liberal fue condición primaria de sus oscilaciones.

La redacción del Código Penal del Distrito Federal de 1871 correspondió, en una primera etapa, a los abogados Antonio Martínez de Castro, Carlos María Saavedra, Ezequiel Montes, José María Herrera, Manuel María Zamacona y Urbano Fonseca. Esta comisión sesionó entre octubre de 1862 y 1863, cuando interrumpió sus actividades por la intervención francesa y la instauración del Imperio de Maximiliano (1863-1867).[8] En una segunda etapa iniciada en septiembre de 1868, una renovada comisión retomó los trabajos. En ella participaron Antonio Martínez de Castro (presidente), Indalecio Sánchez Gavito (secretario), Eulalio María Ortega y José María Lafragua.[9] El

[8] En 1866, durante el Segundo Imperio, se publicó y adoptó para todo el país el Código Penal francés elaborado por instrucción de Napoleón Bonaparte a principios del siglo XIX. La traducción del ordenamiento estuvo a cargo de los coroneles Manuel Zavala, José Ignacio Serrano y Prudencio Mesquia. Dicho código conservó el idioma en el que fue redactado originalmente e incorporó la versión traducida. *Código penal francés traducido al castellano por orden de S. M. El Emperador Maximiliano I*, México: Imprenta de A. Boix, a cargo de M. Zornoza, 1866.

[9] Carrancá y Trujillo, probablemente siguiendo el *Código Penal Mexicano* de Antonio de Medina y Ormaechea, refiere que la segunda comisión estuvo integrada por Antonio Martínez de Castro (presidente), José María Lafragua, Manuel Ortiz de Montellano y Manuel María Zamacona como vocales (1955: 85). Esta información es inexacta, puesto que Ortiz de Montellano y Zamacona tuvieron por encargo la revisión de los trabajos realizados por

encomiable esfuerzo de la comisión culminó con la promulgación del *Código penal para el Distrito Federal y Territorio de la Baja California sobre delitos del fuero común y para toda la República mexicana sobre delitos contra la Federación* el 7 de diciembre de 1871.

A través de las *Actas de la comisión* se tiene constancia de las fuentes normativas y doctrinarias que inspiraron el trabajo de los redactores, así como de sus intervenciones. Por lo que respecta al orden de las materias, los juristas tuvieron en mente el Código Penal de España de 1848,[10] circunstancia que evidencia la importancia del modelo español en el proceso histórico de la codificación mexicana. De igual forma, se consignó la consulta de los códigos de Austria, Baviera, Bélgica, Italia, Portugal, Prusia y Veracruz, además de la doctrina francesa en el extenso de las discusiones. Este conjunto de elementos permite constatar la indiscutida influencia de la escuela clásica en el código de 1871. Las «graves materias» que estatuyó el ordenamiento (delitos, faltas, delincuentes y penas) abrevaron de esta articulación intelectual, con lo cual, según aseveró Martínez de Castro, se formó «un sistema penal, que es lo más difícil, y todas cuantas reglas son necesarias para la aplicación de las penas a cada uno de los delitos».[11]

El texto legal se organizó en cuatro libros: el primero, relativo a los delitos, delincuentes y penas en general; el segundo, a la responsabilidad civil; el tercero, a los delitos en particular; y el cuarto, a las faltas. Entre las nociones de fondo, se encontró el concepto de delito en estos términos: «Delito es la infracción voluntaria de una ley penal, haciendo lo que ella prohíbe o dejando de hacer lo que manda» (artículo 4). En palabras de Martínez de Castro, la definición era muy similar a la del Código Penal español, «menos imperfecta que la del francés, pero siempre defectuosa».[12]

---

la comisión. Véanse las sesiones del 10 y 21 de septiembre, así como la del 20 de diciembre de 1869 de las *Actas de la comisión* (Sánchez Gavito).

10 La redacción del Código Penal español de 1848, de acuerdo con Baró Pazos, fue posible por el enriquecimiento de la propia doctrina española que durante las décadas de 1830-1840 aglutinó a importantes juristas cuyas «obras contribuyeron a la formación de una doctrina penal utilizada con provecho en el proceso codificador». Entre ellos, Francisco Pacheco, quien concordó y comentó el código; así como Florencio García Goyena y Joaquín Aguirre quienes publicaron en 1841 una nueva versión del *Febrero o Librería de Jueces,* obra escrita originalmente por José Febrero y ampliamente difundida en el foro mexicano bajo el título de *Febrero mejicano.* (Baró, 2013: 120-121).

11 *Memoria que el secretario de Estado y del Despacho de Justicia e Instrucción Pública presenta al Congreso de la Unión en 15 de noviembre de 1869,* México: Imprenta del Gobierno en Palacio a cargo de José María Sandoval, 1870, pp. 21-22.

12 Sánchez Gavito, Indalecio, *Actas de la comisión del Código Penal,* México, sesión del 7 de octubre de 1868; el Código Penal español definió delito como «toda acción u omisión voluntaria penada por la ley» (artículo 1). Por su parte, el Código Penal francés de 1810

Con base en esta definición de delito y en los postulados doctrinarios bajo los que concibió sus presupuestos, se asumió que solo podía imponerse una pena a individuos moralmente responsables (en los que había voluntad consciente de la transgresión cometida) con el objetivo de lograr la corrección moral de los infractores «que lo[s] afirmara en los buenos propósitos de la pena»,[13] precisión que articuló una serie de condiciones consideradas excluyentes o eximentes de responsabilidad criminal, entre las que figuraban el estado de enajenación mental, la defensa del honor, la embriaguez completa, la decrepitud, ser menor de nueve años o haber causado un daño por mero accidente sin intención ni imprudencia alguna (artículo 34). En relación con los estados de embriaguez, en las actas de la comisión es posible observar la importante y amplia discusión que generó esta cuestión. Con base en los estudios de Chauveau y Hélie, Mittermaier, Ortolan y Rossi, los redactores sostuvieron que una embriaguez completa «que priva enteramente del uso de la razón» debía librar toda pena, aun cuando ello implicara excusar un delito por otro. Bajo esta premisa, la embriaguez incompleta se instituyó en la codificación como una condición atenuante porque «produce arrebato».[14]

La expresión de estas condiciones eximentes en relación con los límites del arbitrio judicial fue un aspecto de igual relevancia para los redactores. Según Prieto, cabe señalar que, desde los primeros postulados liberales del siglo XVIII, se aspiró a suprimir el amplio arbitrio de los operadores jurídicos según los principios racionales de legalidad e igualdad jurídicas, de secularización del derecho y de aplicación sistemática de la legislación. La tendencia general del período codificador insistió en la concepción de los jueces como «exclusivamente mudos ejecutores de las leyes, aplicándolas sin interpretarlas»,[15] directriz deudora de uno de los planteamientos más destacados de Beccaria: «donde las leyes son claras y precisas, el oficio del juez no consiste más que en asegurar un hecho».[16]

Este andamiaje intelectual quedó plasmado en el artículo 181 del Código Penal de 1871. En él, los redactores señalaron que «las penas impuestas por la

---

disponía: «La infracción que las leyes castigan con penas correccionales, es un delito» (artículo 1).

13 *Memoria que el secretario de Estado y del Despacho de Justicia e Instrucción Pública presenta al Congreso de la Unión en 15 de noviembre de 1869, op.cit.*, p. 23.

14 Sánchez Gavito, Indalecio, *Actas de la comisión del Código Penal*, México, sesiones del 26 y 28 de octubre, y 18 de noviembre de 1868.

15 Tomás y Valiente, Francisco, *Manual de historia del derecho español*, Madrid: Tecnos, 2015, p. 521.

16 Beccaria, Cesare Bonesana, marqués de, *Tratado de los delitos y de las penas*, trad. Juan Antonio de las Casas, Madrid: Joachin Ibarra, Impresor de Cámara de S.M., 1774, p. 69.

ley no podrán aumentarse, disminuirse, ni computarse por los jueces, sino en los casos y dentro de los límites expresados por la ley».[17] Los límites a los que aludía este enunciado se ceñían a la penalidad del delito y al catálogo de atenuantes y agravantes, cada una de ellas dividida en cuatro clases o categorías según un valor progresivo que los jueces debían ponderar para computar la pena y dictar sentencia definitiva (artículos 39 a 47).[18] Es importante no perder de vista que, al fundamentar el diseño normativo en la doctrina clásica, los redactores advirtieron que la valoración de las condiciones del individuo era un elemento sustancial de criterio jurisdiccional, si bien con un enfoque mucho más limitado y menos técnico (cientificista) al que introdujo la doctrina positivista. De ahí que José María Lafragua asegurara que era «ciertamente necesario dejar algo de arbitrio judicial, pero poniéndole siempre su límite *a quo* y *ad quem*».[19]

Las circunstancias atenuantes y agravantes tuvieron la función de establecer puntos de equilibrio en el sistema penal, es decir, demostrar el sentido «racional, justo y necesario» de la pena.[20] Se comprende, por ello, que el arbitrio judicial transitara en el contexto codificador a un nuevo estadio (restringido ciertamente) en el que la propia ley estableció márgenes que pretendían proteger a los procesados «contra el abuso de jueces ignorantes o malévolos», pero cuya articulación supuso una adaptación, no su eliminación:

> La solución no consistía en suprimir el arbitrio —como postularían los reformistas de fines del setecientos—, sino en encauzarlo a través de ciertas pautas que lo mantenían, como pieza útil, dentro del ordenamiento. Esas pautas apuntaban a la calidad de la persona del juez, al respeto al orden y reglas del proceso, y al sometimiento al derecho.[21]

---

17 Sánchez Gavito, Indalecio, *Actas de la comisión del Código Penal*, México, sesión del 12 de octubre de 1868.

18 La proyección de las circunstancias atenuantes y agravantes correspondió a José María Lafragua y a Antonio Martínez de Castro, respectivamente (Sánchez Gavito, sesión del 19 de octubre de 1868).

19 Sánchez Gavito, Indalecio, *Actas de la comisión del Código Penal*, México, sesión del 18 de noviembre de 1868.

20 Martínez de Castro, Antonio «Exposición de motivos del Código Penal vigente en el Distrito Federal y Territorio de la Baja California», en *Código penal para el Distrito Federal y Territorio de la Baja California, sobre delitos del fuero común, y para toda la república mexicana, sobre delitos contra la federación. Adoptado en el estado de Chihuahua, por decreto de la H. Legislatura de 28 de abril de 1883, con las supresiones y reformas que se expresan en el mismo decreto*, Chihuahua: Librería de Donato Miramontes, 1883, p. 14.

21 Tau Anzoátegui, Víctor, *Casuismo y sistema. Indagación histórica sobre el espíritu del Derecho Indiano*, Buenos Aires: Instituto de Investigaciones de Historia del Derecho, 1992, pp. 540-541.

Un último aspecto de gran relieve que definió esta proyección normativa fue el que concernía a las penas, concretamente a su naturaleza (cuáles imponer) y su finalidad (con qué propósito). El valor preventivo que racionalmente se asignó a esta materia para tratar de inhibir e incluso contener posibles conductas delictivas destacó en las discusiones de la comisión bajo un particular matiz pragmático.[22] Si bien la pena de prisión (acompañada de instrucción educativa, moral y religiosa) se concibió como la forma más conveniente de persuasión y regeneración criminal,[23] también lo fue que el debate en torno a la pena capital no cedió espacio alguno.

De acuerdo con Martínez de Castro, la imposición de la pena de muerte se justificaba en determinados delitos, entre ellos, típicamente, el homicidio porque «ocupan el lugar más alto en la escala del crimen». Desde su punto de vista, la pena máxima no implicaba ningún tipo de injusticia por parte del Estado, puesto que privar de la vida al que cometió un asesinato con crueldad, premeditación, alevosía y ventaja, eximía de toda consideración humanitaria: «No alcanzo que haya inconveniente en decapitar a un reo cuando haya certidumbre de que él cometió el delito de que se le acusa. El peligro estaría en condenarlo a muerte en el caso contrario». Esa postura se oponía a la de Beccaria, cuyo absoluto abolicionismo en relación con la pena capital fue observado con distancia pragmática por el redactor mexicano:

> Cuando estén ya en práctica todas las prevenciones que tienen por objeto la corrección moral de los criminales: cuando por su trabajo honesto en la prisión puedan salir de ella instruidos en algún arte u oficio, y con un fondo bastante a proporcionarse después los recursos necesarios para subsistir: cuando en las prisiones se les instruya en su religión, en la moral y en las primeras letras; y por último, cuando nuestras cárceles se conviertan en verdaderas penitenciarías de donde los presos no puedan fugarse, entonces podrá abolirse sin peligro la pena capital.[24]

---

22 Sánchez Gavito, Indalecio, *Actas de la comisión del Código Penal*, México, sesiones del 14 y 23 de diciembre de 1868.

23 El médico Francisco Martínez Baca colaboró en la redacción del reglamento de la penitenciaría de Lecumberri (inaugurada en 1900 en la Ciudad de México), uno de los ejemplos correccionales mejor provistos de acuerdo con la postura oficial. Especialista en las teorías de Lombroso, redactó en conjunto con Manuel Vergara los *Estudios de antropología criminal* (1892) e impulsó en Puebla un sistema de identificación antropométrico afín a los postulados positivistas. Esta obra recibió elogios del propio Lombroso, quien envió una carta a Martínez Baca en la que aseguró que «su libro es la primera contribución experimental con la que, de diez años a esta fecha, han concurrido los extranjeros a los trabajos de la nueva ciencia». En HNDM, «Distinción honrosa a un mexicano», *El Monitor Republicano*, 11 de junio de 1893, p. 3.

24 *Memoria que el secretario de Estado y del Despacho de Justicia e Instrucción Pública presenta al Congreso de la Unión en 15 de noviembre de 1869*, *op.cit.*, pp. 28-29.

En los debates de los redactores se vertieron argumentos favorables y contrarios a la pena de muerte. Martínez de Castro, cuya opinión representaba la minoría en la discusión, se manifestó a favor. El resto de los integrantes de la comisión asumió decididamente un criterio abolicionista. El voto político marcó la pauta: «El gobierno respetaba como era debido el dictamen de la mayoría de la comisión, y opinaba que se debe trabajar sin descanso por la mejoría del sistema penal para que pueda derogarse dicha pena; pero que por ahora el gobierno tiene la idea fija de que no es posible proceder desde luego a su abolición».[25] Este aserto constituye un eje cardinal del debate —e incluso de la distancia entre la doctrina y la práctica— sobre la justicia en México a través de su historia. El peso político asociado a la pena capital fue de suma relevancia en la formación del derecho decimonónico y de principios del siglo XX, aspecto que sugiere una explicación para entender el porqué de la pervivencia de este castigo en una legislación penal que, si bien confió en el sistema penitenciario la rehabilitación de los presos, también hizo posible la subsistencia del patíbulo para los delincuentes «incorregibles».[26] La guadaña explícitamente incluida en el orden jurídico era un claro recordatorio de la potestad punitiva del Estado en el sentido más absoluto de la expresión: «La severidad en la pena es lo único que quita la mala voluntad de hacer daño [...] Las celdas de una penitenciaría jamás serán tan temibles como el hacha del verdugo»,[27] axioma primario que fue abrogado de la legislación local hasta la codificación de 1929 —y de la Constitución federal en 2005—.

---

25 Sánchez Gavito, Indalecio, *Actas de la comisión del Código Penal*, México, sesión del 25 de julio de 1869.

26 A finales de 1895, se presentó en el Congreso de Nuevo León una iniciativa para reformar el artículo 23 de la Constitución federal. En ella se proponía que la pena de muerte continuara siendo aplicable «para los delitos atroces», aun con el establecimiento del régimen penitenciario. En la exposición de motivos, los comisionados refirieron las estadísticas criminales incluidas en obras de encumbrados positivistas como Garofalo y Lombroso, así como los índices nacionales en delitos de homicidio, parricidio y plagio para sostener la inexistencia de condiciones sociales y culturales que posibilitaran la abolición de la pena capital en el país. Aseguraban que, de suprimirse, la criminalidad crecería año con año. HNDM, «Iniciativa de reforma al artículo 23 de la Constitución de los Estados Unidos Mexicanos, presentada a la XXVIII Legislatura del Estado de Nuevo León, por los diputados Carlos Berardi, Margarito Garza y R. Treviño», *El Foro*, 15, 16, 17 y 18 de enero de 1896.

27 HNDM, Lombardo, Alberto, «La pena de muerte», *El Foro*, 21 de septiembre de 1877, p. 1. En el mismo sentido, puede leerse el texto «La pena de muerte» publicado el 20 de octubre de 1900 en el diario *La Patria de México*, donde se aseguraba que la referida pena no era «cruel». Por el contrario, se afirmaba que era peor someter a criminales a reclusión y prolongados sufrimientos por largo tiempo.

A partir de esta forma clásica o «metafísica» de concebir el delito, las penas y la función de los jueces en la impartición de justicia en México se logró construir la base mínima (formal) de un sistema penal en el que hasta ese momento habían imperado la diseminación de leyes, las confusiones procesales y las arbitrariedades atribuidas a la judicatura con o sin sustento. El Código Penal del Distrito Federal de 1871, que tuvo alcances tangibles para todo el país casi de manera uniforme tanto en el fuero común como en el fuero federal, fue reformado en 1884, modificación a la que siguió el proyecto de revisión encabezado por Miguel Macedo entre 1903 y 1912.

III. LA ESCUELA POSITIVISTA

Leopoldo Zea ha señalado que el sistema filosófico positivista, basado predominantemente en las teorías de Comte, fue «traído» a México para resolver una serie de problemas sociales y políticos y no solo para que fuera discutido teóricamente. «Su expresión teórica fue, por supuesto, desconocida por las masas sociales; pero no así su expresión práctica, que fue sentida en diversas formas, tanto por los conocedores de la doctrina como por los ignorantes de la misma».[28] La influencia que este marco filosófico ejerció en el ámbito jurídico penal constituye una manifestación de la búsqueda emprendida en aquel entonces alrededor del orbe para tratar de definir y explicar el «objeto del derecho penal como ciencia de los juristas».[29] Esa discusión entrañó, como mínimo, un cuestionamiento cardinal del derecho en cuanto disciplina: ¿el conocimiento jurídico se sostenía en la cientificidad de un método?[30]

La tesis que llevó a configurar una «nueva mentalidad», que aspiró, por un lado, a suprimir o depurar del derecho todo aspecto axiológico o metafísico,

---

28 Zea, Leopoldo, *El positivismo en México, op.cit.*, p. 36. Véase la *Oración cívica* pronunciada por Gabino Barreda en septiembre de 1867, que enfatizó en la «emancipación» científica, religiosa y política de México como resultado de un largo proceso histórico coronado por las leyes de reforma y la Constitución de 1857. En tal coyuntura, el médico, seguidor de los postulados de Comte, observó el comienzo de la reconstrucción social del país donde la máxima «libertad, orden y progreso» habría de significar el medio y el fin de tal aspiración.

29 Bacigalupo, Enrique, «La ciencia del derecho penal entre el ideal científico de las ciencias naturales y el de las ciencias del espíritu», en J.L. de la Cuesta, I. Dendaluce y E. Echaburu, *Criminología y derecho penal al servicio de la persona. Libro homenaje al profesor Antonio Beristain* (comps.), San Sebastián: Instituto Vasco de Criminología, 1989, p. 46.

30 El *Cuadro sinóptico de las lecciones orales que se han dado en la clase de principios de legislación, a cargo del profesor Jacinto Pallares* muestra la importancia del tema, en especial en la formación de abogados. El contenido de la cátedra señaló que «la aplicación del método experimental le da al Derecho el carácter de ciencia», HNDM, *El Foro,* 7 de octubre de 1879.

y por otro, a postular que el reconocimiento de lo «socialmente bueno» y lo «socialmente malo» solo era posible a través del discernimiento empírico, fue resultado de grandes esfuerzos intelectuales.[31] En el discurso inaugural del año escolar de 1884, Jacinto Pallares, reconocido jurista y profesor de la Escuela Nacional de Jurisprudencia, sostuvo que Mill, Comte y Bentham habían llevado a la esfera de las ciencias sociales «el mismo espíritu positivo de análisis» que reclamaban las ciencias naturales, y agregó que «las ciencias sociales, las ciencias de la legislación, son tan naturales, tan físicas, tan independientes del dogmatismo de frases sacramentales y de la arbitrariedad de sistemas abstractos como lo son las ciencias llamadas naturales».[32]

En este amplio contexto global emergió la escuela positivista del derecho penal, cuyo espectro discursivo de «naturaleza cierta y tangible» afianzó el viraje del método científico aplicado a la comprensión del mundo jurídico.[33] De acuerdo con Jiménez Asúa, el estudio de la denominada «historia natural del hombre delincuente» fundamentó, de esta manera, la orientación germinal de la escuela en torno a la criminalidad y los presuntos sujetos atávicos bajo un eminente rasgo biologicista, núcleo teórico que con posterioridad llevaría a una asimilación legal que irrumpió en «el ángulo visual de las construcciones punitivas».

La observación y registro de rasgos patológicos y antropométricos de los individuos definidos como atávicos (locos y criminales) fue una labor emprendida en Italia entre las décadas de 1850 y 1860 por el médico Cesare Lombroso con el fin de vislumbrar estrategias terapéuticas o de cura basadas en las supuestas diferencias orgánicas de esos grupos.[34] La necesidad de exa-

---

31 Véase la reflexión de Tau Anzoátegui, que señala que el positivismo como sistema de explicación del mundo social y jurídico alcanzó en América y Europa la «mística de una religión laica» (1999: 130). Asimismo, Mir Puig (2005: 18:3-18:4) y Zaffaroni (1987: 190).

32 HNDM, «Discurso pronunciado por el Lic. Jacinto Pallares en la Escuela de Jurisprudencia al inaugurarse los estudios del año escolar de 1884», *El Foro*, 5 de abril de 1884, p. 252.

33 Ferri, Enrico, *Sociología criminal*, tomos I y II, México: TSJDF, 2004; Narváez Hernández, José Ramón, «Bajo el signo de Caín. El ser atávico y la criminología positiva en México», en *Anuario Mexicano de Historia del Derecho*, n. XVII, México: IIJ-UNAM, 2005, p. 305.

34 Cabe señalar que en la década de 1790, el médico alemán Joseph Gall comenzó el estudio cronométrico de individuos recluidos en cárceles y manicomios. A estos estudios correspondió el sustento científico de la denominada frenología, «ciencia que enseña la relación que existe entre las manifestaciones de la inteligencia o de los sentimientos y la organización cerebral» cuyo objeto de estudio se centró en la forma del cráneo y del cerebro y en el modo en que se relacionaban con «las funciones del alma». Véase la obra del abogado José Ramón Pacheco, *Esposición sumaria del sistema frenológico del Doctor Gall* (*sic*), México: Impreso por Ignacio Cumplido, 1835, pp. XI y XVIII. Los estudios frenológicos tuvieron amplia difusión en México a lo largo del siglo XIX; hacia 1868, la Academia de

minar al enfermo mental de manera precisa y exacta permitió a Lombroso erigir un primer desarrollo teórico experimental basado en la inferencia de presuntas características específicas en los individuos locos y criminales. Las conclusiones de esta investigación integraron en 1863 el volumen de *Medicina legal de los enajenados mentales*, primer núcleo de su obra *El hombre delincuente* en la que, finalmente, desarrollaría el examen sistematizado del sujeto criminal y del enfermo mental, así como de sus responsabilidades en el orden jurídico.

Una vez presentado el volumen *Medicina legal* y aquellos estudios enfocados a poblaciones recluidas en manicomios, Lombroso emprendió con mayor ímpetu el registro científico de los delincuentes. A través del análisis de estadísticas y valoración de sujetos en establecimientos carcelarios, el médico señaló que los criminales presentaban anomalías graves y evidentes cuyo origen se encontraba en la propia naturaleza del individuo, que los constituía como organismos primitivos. Esta premisa le llevó a postular que los pómulos salientes, las mandíbulas voluminosas y demás rasgos fisonómicos u orgánicos manifiestos en los criminales eran características de anomalías atávicas: «Entre los locos y los delincuentes no hay diferencia de calidad sino solo de intensidad: todos eran atávicos, pero respecto de los locos, el delincuente era el más atávico, el más anómalo» (Jiménez de Asúa, 1960: 38-41).[35] Llevado hasta sus últimas derivaciones deterministas, este fundamento teórico constituyó la base de la noción del criminal nato, individuo que presentaba supuestos rasgos anatómicos —asociados, muchas veces, a la herencia genética—, entre ellos la amplitud de la frente, el tamaño de la nariz, las enfermedades, así como la propensión al alcoholismo o las toxicomanías y que, justamente por ello, llegó a considerarse como delin-

---

Frenología ofrecía un curso completo en treinta lecciones donde incluso se invitó a mujeres que desearan asistir de manera gratuita, HNDM, *La Iberia*, 23 de enero de 1868, p. 4. Por supuesto, los postulados de Gall y sus discípulos no estuvieron exentos de críticas. José M. Castellanos, juez 5º de lo criminal en la Ciudad de México, señaló en un juicio instruido por el delito de robo que «los hombres sensatos, jamás han hecho caso de estas paradojas de juglar. Nosotros no creemos en la frenología, y nunca tomaremos a lo serio los que tomando entre sus dedos el cráneo de una raza, concluyen magistralmente en condenar a ocho millones de habitantes a una absurda dolencia social que llamamos el robo crónico. Semejantes aserciones, con todos sus visos de científicas, tienen para nosotros la consistencia de una columna de humo. Un poco de sentido común basta para desvanecerlas», HNDM, *El Derecho*, 16 de abril de 1870, p. 323. Para una revisión historiográfica, véase Nofre I Mateo (2006); Pavón-Cuéllar (2013); y Spota (2014).

35 Lombroso de Ferrero, Gina, *Vida de Lombroso*, trad. José Silva, México: INACIPE, 2009, pp. 98-99.

cuente incluso en términos potenciales, es decir, antes de que su supuesta condición innata se manifestara en la comisión de conductas delictivas.[36]

La postura de Lombroso pareció concluyente: el criminal era un ser de constitución orgánica anormal y, por ende, el delito debía entenderse como efecto de causas biológicas inherentes a cada sujeto. De acuerdo con Maneiro, esta afirmación, simiente de la escuela positivista, motivó que a lo largo del tiempo el autor italiano se hiciera acreedor de un sinnúmero de descalificaciones a las que respondió señalando que «él y los demás positivistas trabajaban con y sobre hechos, al contrario de sus detractores que se guiaban para opinar y criticar en ideas preconcebidas y rumores». La defensa emprendida entonces por el médico y sus seguidores pretendió atenuar los señalamientos que sostenían que la doctrina positivista alentaba un determinismo que proponía encarcelar a todas las personas con la nariz desviada. *El hombre delincuente* no fue un texto que pasara inadvertido. Removió la opinión de los sectores científico, jurídico, literario y «popular», convirtiendo a su autor en una de las figuras más célebres de la época.[37]

El natural desarrollo intelectual basado en estos primigenios postulados y excesos en nombre de la ciencia dio paso a una formulación teórica más acabada que propugnó conceder igual valor a factores físicos y sociales en las conductas criminales, restando preeminencia a los caracteres de tipo orgánico. Enrico Ferri, jurista y discípulo de Lombroso,[38] fue el artífice de tal proyección al plantear que el delito era la conjunción de una «triple afirmación de hecho», expresión de un fenómeno tanto natural como social. De acuerdo con su reflexión, ningún hecho social era posible al margen de un

---

36 Lombroso, Cesare, E. Ferri, R. Garofalo y G. Fioretti, *La escuela criminológica positivista*, Madrid: La España moderna, 1885, pp. 12-14; Garofalo, Raffaele, *La criminología. Estudio sobre el delito y sobre la teoría de la represión*, trad. Pedro Dorado Montero, Madrid: La España moderna, s.a, p. 102.

37 Landecho Velasco, siguiendo a Gina Lombroso, ha señalado que la popularidad de la obra se debió en gran medida a la resonancia que tuvo entre «el pueblo sencillo». Con la segunda edición del libro, publicada tan solo un par de años después de la primera, la celebridad de Lombroso y su obra trascendió las fronteras de Italia (2015: 25 y cita 176). En tal sentido, pueden leerse diversas discusiones y aportaciones teóricas contenidas, por ejemplo, en la revista *Criminología Moderna*, editada en Buenos Aires entre 1898 y 1900, con colaboraciones del propio Cesare Lombroso. En el caso de México, el periódico especializado en materia jurídica, *El Foro*, publicó durante 1895 y 1896 textos traducidos sobre la escuela positivista y sus postulados, trabajos recepcionales de alumnos y demás escritos que profusamente desarrollaban dichas tesis.

38 Como sostuvo Gina Lombroso: «Ferri llegó a ser el hermano, el amigo, el hijo y un poco el padre de Lombroso. Aun cuando era mucho más joven, era más experto en la vida y en los hombres que su ingenuo maestro» (2009: 158-159).

hecho biológico, una noción cardinal de la escuela positivista que subrayó la importancia de observar las condiciones de los individuos en todo lo que los constituía tanto en términos físicos y sociales como orgánicos:

> No es el nombre ni la definición legal de los actos humanos lo que tiene valor para la antropología criminal, sino el móvil personal de los mismos. El criminal, en su figura típica de delincuente, es [...] un individuo que tiene instintos *antisociales. El medio social,* pues, *da la forma al delito, que tiene su base en el factor biológico.*[39]

He señalado que el derecho penal fundamentado en la doctrina clásica consideró al delito como principio y fin del diseño legal al amparo del libre albedrío. Según Castellanos, esta lógica punitiva viró con el arribo de la escuela positivista que sostenía que el delito era solo un síntoma revelador del estado peligroso del infractor y que, por ello, en la aplicación de la pena debían valorarse o estimarse la personalidad y las capacidades del sujeto antes que la magnitud del acto cometido, o, dicho sintéticamente, integrar al delito la culpabilidad de las personas. La agudeza teórica atribuida a Ferri permitió sustentar en su forma más acabada la noción de imputabilidad e imposición de las penas con base en criterios científicos y de clasificación criminal involucrando a todos los sujetos, incluso aquellos hasta entonces eximidos de responsabilidad penal.[40] La clasificación criminal postulada por Ferri diferenció a los delincuentes en locos, natos, pasionales, habituales y ocasionales. Los factores antropológicos distinguían a los tres primeros grupos, los sociales predominaban en los dos últimos, mientras que los biológicos incidían en todos los casos:

> En la realidad de la vida social la noticia de un delito reclama inevitablemente la atención sobre el hombre que le ha cometido así como el examen de este sujeto, primero por la pública conciencia, después por la policía judicial y más tarde por el magistrado que debe determinar su envío ante el Tribunal [...] Resulta, por tanto, que la vida y la ciencia imponen a la justicia penal la misión de ver y regular el delito no solo como relación jurídica de infracción de la norma penal con sus correspondientes consecuencias jurídicas, sino también y sobre todo, como expresión de la personalidad del delincuente.[41]

El distanciamiento entre los postulados de la doctrina clásica y los de la escuela positivista permitió consolidar el concepto de delito como condición

---

[39] Ferri, Enrico, *Sociología criminal, op. cit.*, p. 91. (Énfasis en el original).

[40] Ferri, Enrico, *Principios de Derecho Criminal. Delincuente y delito en la ciencia, en la legislación y en la jurisprudencia*, trad. José Arturo Rodríguez Muñoz, Madrid: Reus, 1933, pp. 268-269 y 285.

[41] *Ibídem*, p. 191.

esencial para individualizar la pena, es decir, orientar en términos jurisdiccionales una sanción específica con arreglo a los presupuestos objetivos del delito en particular y las circunstancias subjetivas de cada persona antes, durante y después del hecho cometido. Bajo esta concepción, el autor de un delito podía ser cualquier individuo sin importar si era sano, enfermo mental, alcohólico o menor de edad. La consideración no diferenciada de todos los sujetos como imputables terminó, como afirma Pavón Vasconcelos, con el «error metódico en el que incurrieron tanto los clásicos como los neoclásicos», a saber, ocuparse del delito sin tomar en cuenta la actividad antisocial y antijurídica de los individuos.[42]

Raffaele Garofalo, también jurista y célebre discípulo de Lombroso, llevó estas nociones a su perfeccionamiento técnico.[43] Para el autor de *La criminología,* ciertamente existían rasgos biológicos y sociales que determinaban en los criminales distintos estados patológicos, anormales o de degeneración (congénita o por causas exteriores) ante los que la sociedad debía reaccionar de manera racional (defensa social). En este sentido, Garofalo acusaba a los juristas clásicos de estudiar el delito solo en su forma exterior (la clasificación de estos, los bienes jurídicos lesionados y la indagación de la pena justa), pero sin analizar su procedencia y mucho menos «la pena experimentalmente útil para atenuar el mal social». De acuerdo con su enfoque, el delito no era sino la «violación de los sentimientos humanos». Por ello, la reacción a la que el Estado debía encaminar el ejercicio de su potestad punitiva consistía en excluir al sujeto cuya adaptación a las condiciones del medio social se habían manifestado de forma «incompleta o imposible». Privar al culpable de cualquier posibilidad de desarrollar una vida en sociedad mediante su sometimiento a tratamiento disciplinario, jurídico, educativo, higiénico o económico que mejor respondiera a su personalidad y capacidades se planteó como la mejor vía para la readaptación de los individuos.[44]

---

42 Pavón Vasconcelos, Francisco «Peligrosidad, principio de culpabilidad e individualización de penas», *Ensayos y conferencias de los forjadores de la Suprema Corte de Justicia de la Nación,* n. 5, México: SCJN, 2005, p. 17.

43 De acuerdo con Gina Lombroso: «Garofalo era magistrado y puso a disposición de las nuevas doctrinas su profunda cultura jurídica y su amplio conocimiento del Derecho en acción. Su colaboración fue preciosa, porque la Antropología Criminal estaba en los primeros pasos, que eran los más difíciles, sobre todo en el terreno jurídico» (2009: 159). Esta apreciación sugiere la orientación más acabada de la escuela positivista, dado que empataba los conocimientos teóricos con aquellos eminentemente prácticos del Derecho. La formación jurídica de Garofalo y su desempeño como magistrado permitieron anclar las nuevas ideas entre la reflexión y la aplicación del Derecho penal.

44 Garofalo, Raffaele, *La criminología. Estudio sobre el delito y sobre la teoría de la represión, op. cit.,* p. 90 y 230-232.

Esta idea no era nueva si se considera que el sistema penitenciario había sido concebido desde finales del siglo XVIII como una forma, tanto utilitarista como humanista, que justificó el aislamiento celular de las personas transgresoras del orden social. Sin embargo, con la escuela positivista y la reflexión de Garofalo emergió la metodología basada en la *investigación de la idoneidad del culpable para la vida social en los diferentes casos de delito*, una técnica que se apartó de las expresiones clásicas de la pena entendida como el mal que debía infligirse al criminal, para indagar una explicación que permitiera determinar la clase de «obstáculo» que mejor se adaptara a la naturaleza del sujeto: «El objeto que nosotros nos proponemos no es el de fijar la cantidad de dolor que corresponde [según determinado delito], sino el de designar *el medio represivo exactamente apropiado*, esto es, el obstáculo capaz de alejar el peligro».[45]

Con los postulados de la escuela positivista, el binomio delito/sanción supuso identificar en la readaptación del transgresor el fin del *ius puniendi*. Así, para asegurar la corrección de un infractor con minoría de edad, se ideó su ingreso en establecimientos educativos o en escuelas agrícolas; para un delincuente enfermo mental o esquizofrénico, se planteó su reclusión en manicomios o el sometimiento a tratamientos que lo transformaran en «sano mental»; y para los adultos sanos y delincuentes ocasionales o habituales se configuró la segregación en establecimientos con fines específicos en función de su peligrosidad. La objetivación jurídica de la peligrosidad aspiró con ello a una afirmación fáctica: la premisa de que la lucha contra la delincuencia exigía un conocimiento metódico de la misma.

Cabe advertir que, al apuntar las características que habrían de definir en el orden jurídico al sujeto «peligroso», los positivistas justificaron de forma paralela esquemas que acentuaron márgenes opuestos entre clases o sectores sociales. El pensamiento de Adolphe Prins ejemplifica estos límites. Para el jurista y criminólogo belga, los individuos «anormales» o «degenerados» no representaban ningún peligro social entre las clases privilegiadas porque sus posibilidades económicas contenían los potenciales ímpetus criminales. Por el contrario, las condiciones de anormalidad y degeneración entre las clases populares siempre eran un peligro porque el medio en el que se desenvolvían favorecía una «atmosfera envenenada y sucia» determinante para las transgresiones. En su opinión, la caridad y la beneficencia de las instituciones dedicadas al cuidado de niños y adultos en abandono, indigencia o condiciones de «anormalidad» no contribuían a la reducción de la criminalidad. Por el contrario, sostenía que «conservar miles de vidas por el progreso de los sentimientos humanitarios que,

---

45 *Ibídem*, p. 283 (énfasis en el original).

en otros tiempos, hubiesen sucumbido por la miseria y por las calamidades públicas, mantiene entre nosotros un tipo de humanidad inferior y perpetua las taras, las debilidades, las insuficiencias, cuya costosa carga arrastramos», tesis a partir de la cual se articuló un discurso que años más tarde se materializaría en algunos de los episodios más atroces de la historia, a saber, «sacrificar a los degenerados y suprimirlos en el interés del superhombre».[46]

De acuerdo con los autores Cruz Barrera, Rivera, Trujillo y Urías, el arraigo de esta noción cientificista en el ámbito jurídico durante las últimas décadas del siglo XIX y primeras del siguiente, legitimó una serie de construcciones socioculturales de discriminación, racismo y demás manifestaciones infamantes de larga data. Urías Horcasitas ha señalado que, durante la centuria decimonónica y aun después de la Revolución, las ideas raciales afianzadas en México orientaron un discurso político y social que atribuyó el atraso y las dificultades por las que atravesaba el país a las inclinaciones morales, psicológicas y a rasgos fisiológicos considerados «sede de vicios que se transmitían a través de la herencia». La supuesta herencia degenerativa de enfermedades mentales y de otra índole y su asociación a la delincuencia y alcoholismo ha sido, acaso, la expresión discursiva de un *continuum* histórico que ha insistido en la estigmatización antes que en la prevención y la atención de problemas sociales. Las palabras y los interlocutores cambian, los propósitos no.

Como se observa, el nexo entre las condiciones biológico-sociales y las manifestaciones criminales fue un punto crucial en el que se apoyó el discurso político de la época para justificar y alentar, predominantemente a través de la explicación científica, una construcción jurídica que criminalizó (así fuera en términos potenciales) a todos los elementos «atávicos» de la sociedad, obviando el señalamiento específico de los sectores más bajos y vulnerables de ese conjunto. Desde la perspectiva del derecho comparado, cabe citar el caso de Bélgica, que en 1891 aprobó una ley cuya finalidad era castigar con hasta siete años de reclusión a los vagos o mendigos no por pedir limosna o no trabajar, sino porque su inclinación a la pereza y holgazanería supuestamente determinaba en ellos un estado de «no-valor social», rasgo que también se atribuyó a los alcohólicos.[47]

---

46 Prins, Adolphe, *La defensa social y las transformaciones del derecho penal,* trad. y pres. Rodrigo Codino, Argentina: Ediar, 2010, pp. 113-114.

47 Prins, Adolphe, *La defensa social y las transformaciones del derecho penal, op. cit.*, p. 70. En España, la Ley de vagos y maleantes (*Gaceta de Madrid,* 4 de agosto de 1933) fue expresión de esta tendencia. Luis Jiménez de Asúa redactó el proyecto de ley. Sin embargo, el Congreso modificó de manera sustancial su contenido. En el «Ensayo legislativo sobre peligrosidad sin delito», Jiménez de Asúa cuestionó las modificaciones y el carácter casuista al que habían relegado la legislación al tratar conductas de «dificilísima tipificación», así como su

Esta historia revela aspectos de fondo que perfilaron uno de los ángulos más feroces de la escuela positivista, más aún si se piensa que en la formación del Derecho penal han gravitado ideas perennes para definir todo tipo de otredades, enemigos, exclusiones y confinamientos. Sergio García Ramírez ha señalado que «el tiempo corregiría excesos y dispersaría errores», con lo que perduraría el indiscutible interés por conocer la naturaleza humana, «aportación sustantiva de la escuela positivista». En el mismo sentido, Pavón Vasconcelos sostiene que, efectivamente, correspondió a Lombroso, con base en los estudios del hombre delincuente, orientar metodológicamente nuevos elementos de explicación sobre los factores constitutivos del delito y conceder al sujeto activo «la importancia que parecía habérsele negado anteriormente».[48]

La formación teórica inspirada en los estudios empíricos de Lombroso fue determinante para afianzar el positivismo en el ámbito del derecho penal; primero, con los planteamientos desarrollados por Ferri, y después, con los aportes de Garofalo. Con ello, tal como reflexionó Teja Zabre, los estudios pioneros de Lombroso lo acercaron a la altura de Beccaria en el sentido de que ambas construcciones teóricas marcaron épocas imprescindibles en la formación jurídica global: «Son dos etapas de una misma idea y de una misma aspiración».

IV. RECEPCIÓN DE LA ESCUELA POSITIVISTA EN EL FORO MEXICANO

Para Pérez de los Reyes, sin duda, Miguel Macedo (1856-1929) fue uno de los juristas más destacados del porfiriato. Egresó de la Escuela Nacional de Jurisprudencia en 1879 y desarrolló una trayectoria especialmente dedicada a las fun-

falta de claridad conceptual. *Revista de Criminología, Psiquiatría y Medicina Legal*, año XX, n. 120, noviembre-diciembre de 1933. Cabe señalar que México, o más concretamente la Ciudad de México, ostentó desde sus primeros años de vida independiente una prolífica construcción legislativa encaminada a castigar la peligrosidad sin delito o temibilidad, aun cuando no se le denominara de tal forma. La ley del 3 de marzo de 1828 apostó por una «declaración de los que son [vagos]» y por su castigo a través de un Tribunal de Vagos que, salvo algunas interrupciones, funcionó hasta 1875. Con ello, las «causas sumarísimas» contra los citados personajes pretendieron contrarrestar, por vía del Derecho, las conductas consideradas perniciosas con base en penas diferenciadas: servicio de armas o de la marina, colonización (una forma de relegación) y casas de corrección. Véanse Pérez Toledo (1993) y Teitelbaum (2006).

48 Pavón Vasconcelos, Francisco «Peligrosidad, principio de culpabilidad e individualización de penas», *Ensayos y conferencias de los forjadores de la Suprema Corte de Justicia de la Nación, op. cit.*, pp. 14-15.

ciones de gobierno y a la enseñanza del derecho penal en la misma institución educativa. Fue también un prolífico escritor: en 1876, aun como estudiante, se convirtió en uno de los redactores más jóvenes del periódico de legislación y jurisprudencia *El Foro*. Su extensa obra es fuente primordial de referencia para comprender con igual valor la evidencia intelectual del individuo y su circunstancia, lo mismo que procesos históricos más amplios. En sus estudios en materia penal dejó, por supuesto, extensas reflexiones relativas a la escuela positiva.

En 1891 señaló que, hasta ese momento, aún no se había sancionado en el país, o en algún otro lugar del mundo, una ley punitiva que armonizara en «un sistema completo» el principio de imposición de la pena de acuerdo con las circunstancias del delito (naturaleza del derecho transgredido, gravedad del daño causado, etcétera) y las cualidades del delincuente como elemento cardinal para la impartición de justicia.[49] Para el jurista, si bien la doctrina positivista planteaba aspectos de la mayor relevancia, también era necesario estudiar con cautela sus planteamientos antes de pensar en su posible incorporación o adopción en la legislación y la jurisprudencia. Con base en ello, se infiere que la aparente lógica que definía al sistema penal durante la época, según la doctrina clásica, fue un poderoso dique que desalentó reformas que pudieran alterar el orden jurídico mexicano que había costado tanto tiempo construir. La disyuntiva teórica entre las escuelas positivista y clásica bosqueja un itinerario que osciló pendularmente con algunos puntos medios entre la tradición, el desplazamiento, la incorporación y la reformulación de postulados sobre la criminalidad, la justicia y los actores involucrados.

En América Latina, la temprana difusión de los postulados de la escuela positivista fue un proceso sincrónico. Argentina, Brasil y México se situaron en la vanguardia mediante la creación de cátedras, estudios y grupos o sociedades especializados en la criminología y sociología criminal. Lila Caimari ha señalado que desde 1876, tras la publicación de *El hombre delincuente*, el texto se convirtió casi de manera inmediata en un «hito para aquel sector de médicos y juristas que aspiraban a participar en el diseño y construcción de las jóvenes naciones latinoamericanas».[50] Fue el caso de Norberto Piñero, que inauguró en 1887 una cátedra de derecho penal en la Universidad de Buenos Aires siguiendo los postulados de la escuela italiana, nociones teóricas que en 1889 Miguel Macedo incorporó a su cátedra de derecho en la Escuela Nacio-

---

49 Macedo, Miguel S., *La criminalidad en México. Medios de combatirla*, México: Secretaría de Fomento, 1897, p. 395.

50 Caimari, Lila, «La antropología criminal y la recepción de Lombroso en América Latina», en S. Montaldo y P. Tappero, *Cesare Lombroso cento anni dopo*, Silvio Montaldo y Paolo Tappero (eds.), Turín: UTET, 2009, p. 2. [Recurso electrónico].

nal de Jurisprudencia. En tanto, de forma paralela se crearon la Sociedad de Antropología Jurídica (Argentina) y la Asociación Antropológica y de Asistencia Criminal (Brasil). El dinamismo intelectual de la abogacía regional quedó igualmente reflejado en obras fundamentales como *Criminología y Derecho* (1896), del jurista brasileño Clovis Bevilacqua.[51]

En México, la recepción de la doctrina positivista tuvo especial auge durante las décadas de 1880, 1890 y 1900. La prensa de la época hizo referencia con regularidad a los debates que «en el mundo moderno» mantenían las escuelas clásica y positivista. Medios impresos especializados en temas jurídicos como los diarios oficiales de los gobiernos estatales u otros particulares como *El Foro* (1873-1898), la *Crónica de los Tribunales* (1885-1886) y el *Diario de Jurisprudencia* (1905-1914) dieron cabida a voces que se sumaron a dicho debate con la publicación de columnas de opinión, discursos, reseñas, reproducción de debates suscitados en tribunales y juzgados, divulgación de tesis de alumnos de jurisprudencia, así como con la traducción de textos completos de algunos de los más renombrados positivistas del mundo. Esta tradición intelectual tuvo continuidad años más tarde en revistas como *Los Tribunales* (1923-1952), *La Justicia* (1931-1979) y *Criminalia* (desde 1933). Más adelante, la incidencia de estos debates se observará también en la prensa no especializada.

Una de las primeras referencias a la escuela positivista, en especial a la obra de Lombroso, apareció en 1884 en la sección «Extranjero» del periódico *El Foro*. Se trataba de una traducción del texto «La antropología y la criminalidad», firmado por el médico italiano que, sin embargo, no indicaba la fuente de la publicación original. En tres páginas a cuatro columnas, el artículo hacía referencia a los trabajos de antropología criminal emprendidos en Europa durante los últimos años, entre ellos los que realizó en Francia Alexandre Lacassagne, donde concluía que los tatuajes y la excesiva estatura eran claras

---

[51] Olmo, Rosa del, *América Latina y su criminología*, México, Siglo XXI, [1981] 2010, p. 21. En 1906 el médico Luis Gambara dictó el curso «Derecho Penal Positivo» en la Sociedad Médica de Santiago, Chile. El estudio, inscrito en los postulados de la escuela positivista, se publicó ese mismo año. Para aquellas fechas ostentaba el cargo de delegado general de la Escuela Positiva Penal en las Repúblicas Hispano-Americanas, carácter oficial con el que emprendió una visita a México y que la prensa relató con brevedad y algunas imprecisiones. HNDM, Anónimo, «Llegada de un delegado», *La Voz de México*, 22 de mayo de 1908, p. 2. Entre sus obras: *Curso de derecho penal positivo*, Santiago, Hermanos Ponce editores, 1906; *Los deficientes. Manual especial para magistrados, abogados, médicos, estudiantes de medicina y de derecho y de cultura general*, Barcelona, F. Granada y C.ª editores, 1909, texto en el que al abordar la etiología y peligrosidad de los llamados débiles y enfermos mentales, postula la importancia de su educación, si bien en aislamiento.

evidencias de propensión criminal,[52] conclusiones que Ferri confirmaba para el caso de Italia. Este escrito de Lombroso también daba cuenta de los exámenes realizados a cráneos de asesinos y de «anormales», así como los resultados que habían «permitido descubrir ciertas anomalías en todos los cerebros de los criminales». Estas expresiones argumentales constatan la tendencia cientificista que permitió a Lombroso y partidarios legitimar conclusiones tanto axiomáticas como reveladoras de imaginarios socioculturales negativos para ciertos conjuntos de sujetos. A través de las obras de juristas como Liszt, Prins, L. Maino, Tarde o Puglia, es posible rastrear tales explicaciones. El propio Lombroso destacó a estos autores en su texto para concluir que «la nueva escuela de antropología criminal, lejos de contentarse con sus primeros laureles, ha continuado marchando por la vía del progreso» aventurando «nuevos horizontes».[53]

En la década de 1890, las escuelas de jurisprudencia del país iban en ruta hacia dichos horizontes teóricos. Una nota publicada en el diario poblano *El amigo de la verdad* refería que en «cierto colegio de cierto estado» a los estudiantes de derecho penal se les enseñaban las teorías planteadas por «Lombroso y demás antropologistas». El editorial cuestionaba algunas nociones de la doctrina, a la que atribuía, de manera errónea o irónica, la supresión de las penas y prisiones: «no hay pues criminales, ni debe por lo mismo haber prisiones ni castigos sino hospitales para regularizar en sentido moral ese móvil interior que impulsa a las máquinas racionales que se llaman hombres».[54] Es

---

52 En 1881, Lacassagne publicó *Les tatouages. Étude anthropologique et médico-légale.* Estudio donde las referencias al trabajo de Lombroso son frecuentes: «*Pour Lombroso, le tatouage peut être un moyen de distinguer le criminel du fou. En effet, bien que celui-ci ait, comme l'autre, la réclusion forcée, la violence des passions, les longs loisirs, et ait recours aux plus étranges passe-temps, tels qu'arroser des pierres, coudre des vêlements, écrire sur les murs et barbouiller des rames entières de papier, très rarement l'aliéné se fait des dessins sur la peau*» (pp. 81-82). Siguiendo esta idea, es importante mencionar la reflexión del redactor del Código Penal del Distrito Federal de 1929, José Almaraz, quien señaló que «los tatuajes permiten deducir conclusiones acerca de la vida anterior, el medio desfavorable y el pronóstico de algunos individuos, especialmente por el contenido de los dibujos, que frecuentemente se refieren a la vida anterior del individuo en las cárceles, al medio criminal en que han vivido o al género de actividades a que se ha dedicado» (1931: 97).

53 HNDM, Lombroso, Cesare, «La antropología y la criminalidad», *El Foro,* 15 de julio de 1884, pp. 29-31.

54 HNDM, Anónimo, «Una enseñanza oficial», *El amigo de la verdad,* 30 de septiembre de 1893, p. 4. Años atrás, el abogado y periodista veracruzano Rafael de Zayas Enríquez dijo ser un indiscutido seguidor de la doctrina positivista y de Lombroso. Desde su punto de vista, las cárceles debían concebirse como «hospitales en donde se medicine y cure al delincuente». HNDM, Pola, Ángel, «En casa de las celebridades. Rafael de Zayas Enríquez», *Diario del Hogar,* 16 de agosto de 1888, p. 1. Ello indica que el debate no se

probable que la publicación hiciera referencia a la Escuela Nacional de Jurisprudencia, donde, en efecto, se había incorporado el contenido positivista en la cátedra impartida por Miguel Macedo.

El *Diario del Hogar* reseñó en 1894 algunos de los cambios sustantivos en la educación jurídica. De acuerdo con la nota, en la Escuela Nacional de Jurisprudencia se estaba produciendo una «metamorfosis completa» que se palpaba en la dinámica estudiantil y en las discusiones que mantenían los alumnos de todos los grados: «el derecho penal se estudia con ahínco, Lombroso seduce, Ferri admira y Garofalo encanta».[55] Incluso se mencionaba que, siguiendo los postulados positivistas, un alumno había clasificado a todos sus compañeros de clase.[56] La escuela positivista había llegado al mundo del derecho, su enseñanza en las aulas e incorporación en los contenidos escolares fue paso natural de las nuevas tendencias intelectuales.

En términos de currículo, el Derecho criminal fue una asignatura de poca o nula relevancia en los planes de estudio de jurisprudencia durante buena parte del siglo XIX. Como un componente incorporado a las cátedras de Derecho civil y de legislación comparada, solo adquirió relieve con la consolidación del proceso codificador, momento en que cambió su nombre a Derecho penal y en el que la dinámica pedagógica abocó todo esfuerzo al estudio sintético del código. En esta trayectoria, cabe destacar que hacia 1890 el estudio de la materia penal coincidió con la amplia difusión que tuvo la escuela positivista. A este contexto se vinculan diversos programas orientados a modernizar la enseñanza del derecho con ecos para el caso mexicano.

---

centraba en la supresión de los establecimientos penitenciarios, como señaló el diario poblano, sino en orientar sus propósitos en el sistema de justicia para la rehabilitación del individuo criminal.

55 HNDM, Orlando, «Vísperas», *Diario del Hogar*, 7 de octubre de 1894, p. 1.

56 Los estudiantes de la Escuela Nacional de Jurisprudencia eran aficionados a la tauromaquia. Es probable que no todos, y mucho menos que fuera un rasgo para resaltar de la comunidad estudiantil. Sin embargo, de la lectura de diversas fuentes hemerográficas de la época se sigue que la organización de corridas y novilladas, así como su participación en las faenas, fueron espectáculos en los que se involucraron con regularidad. En 1906 hubo una que tuvo un rasgo peculiar: «Esta anunciada para hoy a las tres de la tarde una novillada en la plaza de Chapultepec, y en la que van a tomar parte varios jóvenes aficionados, estudiantes de la Escuela Nacional de Jurisprudencia. He aquí las cuadrillas: Matadores: Papiniano, Ulpiano, Justiniano. Banderilleros: Mourlon, Troplong, Demolombe y Ortolan. Picadores: Ferri, Lombroso, Garofalo y Beccaria. Director del cambio de suertes: Caravantes. Alguaciles: Pothier y Duranton». HNDM, Anónimo, «Novillada en la plaza Chapultepec» y «Los futuros abogados se lucen», *La Patria de México*, 16 y 18 de marzo de 1906, p. 1 y p. 2, respectivamente.

En el Congreso Jurídico Iberoamericano, celebrado en Madrid en 1893, se afirmó que la escuela positivista tenía razón en considerar al derecho y al estado social elementos inseparables; por ello, la correcta enseñanza de sus postulados en las escuelas de jurisprudencia se observó de manera favorable, e incluso alentada.[57] La orientación global apuntaba al gradual afianzamiento de las nociones positivistas, de ahí su paulatina incorporación en los contenidos escolares: los abogados en ciernes fueron receptores e impulsores de estas en igual medida. Sin embargo, ello no alteró o trastocó de manera significativa a las cátedras de Derecho penal en México que, en términos formales, continuaron basando el estudio doctrinal en la obra de Ortolan.[58] Las publicaciones anuales de la bibliografía asignada para la materia así lo indican. Por supuesto, ello no impidió que el docente a cargo disertara sobre los fundamentos de la escuela positivista (tal fue el caso de Macedo, por ejemplo), aspecto que parece lógico si se observan algunos de los temas abordados en tesis y trabajos recepcionales, en los que con toda precisión o de forma incidental los alumnos citaron la referida escuela. Las obras de Lombroso, Ferri y Garofalo eran conocidas por los estudiantes de derecho en el país.

Los trabajos recepcionales que los alumnos de las escuelas de jurisprudencia, institutos y colegios presentaron para su egreso como abogados se sujetaron durante el período a una condición elemental: la elección de algún tema teórico o práctico que revelara conocimiento en el alumno. Adalberto Esteva obtuvo el título de abogado en la Escuela Nacional de Jurisprudencia el 25 de julio de 1888.[59] Prolífico columnista del periódico *El Partido Liberal*, durante varios años sus columnas se ocuparon de temas jurídicos. La tesis que presentó para obtener el grado versó sobre el duelo, y en ella proponía el establecimiento de un jurado de honor como instancia o tribunal competente en los delitos de injurias, difamación, calumnia y duelo basado en el sistema de

---

57 HNDM, Anónimo, «Congreso Jurídico Iberoamericano. Real Academia de Jurisprudencia y Legislación», *El Foro*, 2 de mayo de 1893, pp. 322-323.

58 *Éléments de droit pénal. Pénalité, juridiction, procédure* (París: Plon frères, 1855, 1ª ed.) fue una de las obras con más difusión y arraigo en el foro mexicano. La circulación de ediciones originales en francés, como aquellas traducidas al español, se mantuvo sin contratiempos hasta la década de 1910. HNDM, «Noticia de las obras y materias que han de servir de texto y asignatura en el presente año escolar, en la Escuela de Jurisprudencia», *El Foro*, 3 de enero de 1879, p. 7; HNDM, «Lista de textos propuestos por los profesores de la Escuela N. de Jurisprudencia, para que rijan durante el año de 1906, y aprobados para ese año por la Secretaría de Instrucción Pública y Bellas Artes», *Diario Oficial de los Estados Unidos Mexicanos*, 27 de octubre de 1905, p. 775.

59 El jurado lo integraron Joaquín Eguía Lis, Manuel Castilla Portugal, Juan José de la Garza, José Algara y Tomás Reyes Retana. IISUE, AHUNAM, Escuela Nacional de Jurisprudencia, Sección: Secretaría, Serie: Actas y Minutas, c. 14, e. 7, f. 11.

indemnización civil. Esteva apoyó esta reflexión siguiendo a Bentham, quien señalaba que «si el legislador hubiera aplicado siempre convenientemente el sistema de satisfacciones, no se habría visto nacer el duelo, que ha sido, y todavía lo es, el suplemento de la insuficiencia de leyes».[60]

Varios años después, en 1894, Adalberto Esteva realizó una nueva defensa de su tesis, esta vez para responder a uno de sus colegas en los medios impresos. En esa argumentación destaca la postura del abogado, que no eludió el debate y planteó un aspecto central para comprender en sus líneas más finas la trayectoria formativa de los licenciados que, una vez egresados de las aulas escolares, continuaron un proceso natural de actualización e interés profesional.[61] Respecto de la doctrina positivista, Esteva escribió lo siguiente: «Por aquella época, no iluminaban mi criterio los nuevos horizontes de luz abiertos por esos maestros de la escuela positivista de derecho criminal que han rezagado a tanta distancia a Ortolan y a los demás autores de texto de la Escuela de Jurisprudencia». Desde esta perspectiva, citó a Ferri, a quien consideraba «jefe de la escuela positiva del derecho criminal», para apuntalar su propuesta sobre el tribunal de honor que había postulado años atrás: «Los jurados de honor, legalmente reconocidos y favorecidos, pueden ser un obstáculo de más entidad a los duelos que las penas más o menos ridículas que se aplican».[62] Esta idea había sido planteada por Ferri para defender la tesis de que este jurado en particular constituía un sustitutivo penal al aplicar sanciones en proporción al delito y calidad de los individuos. Además de citar a Ferri, Esteva recurrió a los planteamientos de Adolphe Prins para apoyarse en la idea de que «a males sociales remedios sociales» y defender que el jurado de honor, en tanto sustitutivo penal y del orden legislativo, era la medida más adecuada para inhibir el duelo, las injurias y demás provocaciones de esta índole. Sin duda, el empleo de la palabra «obstáculo» sugiere el bagaje teórico postulado por Garofalo e incorporado al pensamiento de Esteva.

La extensa alocución planteada por Adalberto Esteva en las páginas de un diario de la Ciudad de México contiene aspectos de gran importancia para

---

60 HNDM, Gómez Flores, Francisco, «El duelo», *El Estado de Sinaloa. Órgano Oficial del Gobierno*, 8 de diciembre de 1888, p. 1.

61 En agosto de 1911 el Juzgado Segundo de Paz en Mérida, Yucatán, convocó al remate de los bienes embargados al Lic. Patricio Sabido. La lista de bienes correspondió únicamente a un librero de madera y 22 libros (con varios tomos), entre ellos: *Medicina* legal, de Lombroso y *Criminalidad comparada*, de Tarde. Véase HNDM, *Periódico Oficial del Estado de Yucatán*, 21 de agosto de 1911, p. 3732.

62 HNDM, Esteva, Adalberto A., «El duelo. A Spectator», *El Partido Liberal*, 30 de octubre de 1894, p. 1.

el análisis aquí desarrollado, entre ellos la indiscutible afiliación del abogado a la escuela positivista tan solo unos años después de haber egresado de la Escuela Nacional de Jurisprudencia, y los autores y nociones de la doctrina positivista que tenían presencia en el foro mexicano. Si bien el escrito de Esteva respondía a la invectiva de un columnista, es claro que la discusión tenía una proyección que iba más allá del diálogo entre colegas.[63] La prensa ha sido un importante vehículo para la discusión y debate, para la difusión de ideas y posturas, así como un medio a través del cual se ha acercado el conocimiento a diferentes esferas de la sociedad.

Siguiendo esta idea, destaca el trabajo desarrollado por algunos medios impresos especializados en materia jurídica, entre ellos *El Foro,* con el propósito de difundir textos recepcionales de los alumnos de jurisprudencia tanto de la Escuela Nacional en la Ciudad de México como de los egresados de instituciones en el interior de la república. Un par de ejemplos ilustran este contexto. José M. Camacho cursó los estudios superiores en el Colegio de Orizaba, en Veracruz, y en diciembre de 1890 presentó examen profesional con la tesis «Insuficiencia de las penas para la represión de los delitos», disertación con un notorio planteamiento comparativo entre las escuelas clásica y positivista, «un hecho de actual importancia».[64] La tesis se publicó en abril de 1898 y en ella se constata que el estudio de los presupuestos de la escuela positivista no careció de rigor; por el contrario, sugirió un proceso intelectual reflexivo que había comenzado a permear y arraigar de manera amplia en la cultura jurídica mexicana. Camacho comenzó su alocución en términos contextuales:

> Dos escuelas se disputan el dominio del derecho penal: la escuela clásica, fundada por Beccaria, y cuyos principios, en cien años de vida, han echado profundísimas raíces en el ánimo de juristas y legisladores y aún en la conciencia pública, y la escuela positivista, a cuya cabeza están Ardigo, Lombroso y Ferri, y que, nacida ayer [...] cuenta ya, por la excelencia de su método y por sus admirables resultados prácticos, con numerosísimos prosélitos y partidarios.

Partiendo de una breve explicación sobre la escuela clásica y los propósitos de la pena, el alumno señaló que, desde su punto de vista, los pensadores clásicos habían incurrido en el error de asumir que las personas eran conocedoras de la ley y de las consecuencias de su transgresión, noción moral que

---

63 Véase la respuesta de *Spectator* al texto de Esteva, donde su interlocutor señala: «Me satisface mucho que la discusión de tan interesante asunto se generalice», HNDM, *El Nacional,* 9 de noviembre de 1894, p. 2.

64 HNDM, Camacho, José M., «Insuficiencia de las penas para la represión de los delitos. Tesis presentada por su autor, José M. Camacho, para iniciar su examen profesional de abogado», *El Foro,* 26, 27 y 28 de abril de 1898.

había derivado en altos índices de criminalidad y no en su reducción. Esta resolución «infundada y absurda» era, según su análisis, lo que había relegado a la doctrina clásica y motivado el auge de la escuela positivista, que demostraba «no con razonamientos puramente ideales sino con la enseñanza elocuentísima de los hechos, que la severidad, el rigor, hasta la crueldad excesiva de las penas, no produce ni ha producido nunca el saludable efecto represivo que pretenden los clásicos». El método seguido por ambas escuelas de pensamiento fue el aspecto que las situó en puntos extremos:

> ¿De dónde provienen las erróneas conclusiones de la escuela clásica? De su particular método de estudio, de su afición a las abstracciones; estudia el delito y no al delincuente, y cuando en este se fija, se limita a hacer suposiciones y razonamientos; no lo ve de cerca, no lo palpa, como la escuela positivista [que] estudia los fenómenos de la delincuencia haciendo una verdadera clínica, es decir, no en los libros o en imperfectos procesos, sino en las esferas en que se verifican; estudia al delincuente no por referencias o suposiciones sino en la plancha del anatómico, esto es, en las galeras penitenciarias.

Llegada la reflexión a este punto, José M. Camacho refirió cuáles eran los factores antropológicos, físicos y sociales asociados al individuo y cuya concurrencia, según los planteamientos positivistas, se manifestaban a través de conductas contrarias a derecho, «fenómeno siempre constante de una saturación criminal», en palabras de Ferri. La línea argumental que desarrolló el estudiante para abordar la supuesta insuficiencia de las penas como medio represivo sugiere que había leído la obra de Adolphe Prins, aun cuando no la citara. El hecho de tomar como punto de partida las diferencias entre clases sociales, sus hábitos y medios, reforzó la imagen «peligrosa y atávica» de los sectores desfavorecidos que el propio derecho construyó y que, como he señalado antes, fue condición discursiva de la época con mayor o menor implicación de los personajes de su tiempo:

> Hay desde luego en todas las sociedades una clase elevada y culta, esencialmente honrada, de recto sentido moral y que respeta y teme el fallo de la opinión pública; para esta clase que no delinque, el código penal es enteramente inútil, pero por desgracia, es la menos numerosa de la sociedad. Formando contraste con la clase anterior, hay otra de individuos refractarios a los sentimientos honrados, sin educación, sin sentido moral; desgraciados que heredan de sus padres y transmiten a sus hijos una organización anormal, una fatal inclinación al vicio. Esta clase da el mayor contingente de los criminales y contra ellos son perfectamente inútiles las penas como amenaza legislativa. Hay, por último, otra clase de individuos que no han nacido para el delito, pero cuya honradez es vacilante, fluctúa entre el vicio y la virtud, no son ni enteramente buenos ni enteramente malos, su sentido moral no está atrofiado, y para estos, las penas

> pueden ser un motivo psicológico verdaderamente eficaz. Los individuos de esta clase dan el contingente de delincuentes de ocasión, y con penas bien aplicadas y sujetas a un régimen penitenciario, se regeneran y vuelven a la sociedad convertidos en miembros útiles.

La tesis era puntual: al contrastar los principios penales que fundamentaba la escuela clásica y aquellos formulados por los positivistas, Camacho se adscribió a la concepción de acuerdo con la cual la defensa social contra la criminalidad debía recurrir a unas medidas de nuevo cuño que pudieran sustituir a las penas tradicionalmente incorporadas en la legislación penal. La definición y adopción normativa de sustitutivos penales, entendidos como «remedios racionales y susceptibles de aplicación más o menos extensa en la práctica», fue la noción conceptual en la que basó su propuesta discursiva y la conclusión de su análisis:

> Al presentar este imperfecto y humilde trabajo, lo hago con el deseo y la esperanza de llamar la atención de las personas ilustradas hacia las doctrinas positivistas, para que, dándoles todo el desarrollo de que son susceptibles y presentándoles el contingente de sus luces, puedan llevarlas al terreno de la práctica haciendo así un gran servicio al Estado. [...] El derecho penal, en sus nobles aspiraciones, no quiere solo castigar; tampoco se forja ya la ilusión de enmendar al culpable por medio de la pena; sus pretensiones actuales son más elevadas [...]. *Prevenir*, antes que *reparar*, *sustitutivos* y no *penas*; he ahí la divisa de esta escuela que no divaga ni combate fantasmas, sino que inspira en los hechos y toma lecciones de la experiencia, que en todos los ramos del saber humano es, y será siempre, la maestra de la humanidad [Énfasis en el original].

Desafortunadamente, no ha sido posible localizar información que permita saber cuál fue la deliberación que siguió a la lectura de la tesis, qué preguntas formuló el sínodo o cuál fue la nota de esta fase de titulación para José M. Camacho. Sin embargo, la publicación de la tesis en un periódico de la Ciudad de México con circulación nacional a través de las suscripciones de particulares e instituciones de gobierno sugiere su recepción favorable en el medio jurídico, y lo mismo cabe decir en el caso del alumno Rafael Alcolea.

Alcolea presentó el examen profesional de abogado el 16 de mayo de 1896. Realizó los estudios de derecho en el Colegio de Xalapa, una de las instituciones de educación superior más importantes del estado de Veracruz, en el que también se encontraban los colegios de Córdoba y Orizaba. En estas instituciones gravitó el sistema educativo estatal según los cambios que propugnaron en igual medida los gobiernos federal y local en virtud de los «principios liberales y las concepciones positivistas predominantes de la época que prevalecieron hasta principios del siglo XX».[65] La reflexión plasmada en la tesis de Rafael Alcolea sugiere que su disertación se opuso a las nociones positivistas, discutiéndolas de manera puntual para refutarlas. El texto en defensa de la pena de muerte deja ver esa pugna teórica.[66]

En la tesis se señaló que el artículo 12 de la Constitución del estado de Veracruz prohibía la pena de muerte. Desde el punto de vista de Alcolea, el humanitarismo y «elevado sentimiento de justicia» que habían inspirado a los legisladores locales para suprimir la pena capital era contrario al objetivo previsto en la Constitución de 1857, que preveía esta posibilidad una vez que se estatuyera el sistema penitenciario (artículo 23), no antes, como ocurría en Veracruz: «Tengo la convicción de que nuestro estado social y de cultura no están, por desgracia, tan desarrollados que permitan adoptar tan hermosa teoría». El alumno señaló que la continuidad o derogación de la pena de muerte eran opciones debatidas prácticamente en todas las obras de filosofía jurídica, desde los clásicos —Beccaria, Filangieri, Mittermaier y Ortolan, entre otros— hasta los positivistas —Lombroso, Ferri y Garofalo—. El documento sugiere la necesidad de proceder a una revisión teórica de ambas escuelas, reflexión breve que llevó a Rafael Alcolea a esgrimir, según su análisis, que la supresión de la pena capital era un planteamiento positivista inadecuado:

> No cabe duda de que la sociedad tiene derecho a castigar, derecho universalmente reconocido, si bien se han inventado multitud de teorías para fundarlo. Lo cierto es que la sociedad debe atender a su propia conservación, y cuando castiga, obra en legítima defensa de esa propia conservación [...] Que no se arguya que la sociedad necesita defenderse contra el peligro futuro de nuevos delitos, porque entonces tendría que ejercerse su defensa contra los agresores futuros y no contra el delincuente actual. [...] Nada más inexacto; la sociedad castiga al delincuente actual para evitar que vuelva a delinquir, y esto lo efectúa por medio de la aplicación de penas, cuya mayor o menor ejemplaridad hará que haya más o menos imitadores.

En las líneas anteriores se encuentran implícitos los conceptos de peligrosidad y temibilidad, nociones a las que recurrió Alcolea para sostener su tesis: «¿Es necesaria la pena de muerte? Que respondan la experiencia y las estadísti-

---

65 Corzo Ramírez, Ricardo y Dolores G. Mota Hernández, «Gestación y advenimiento de la Universidad Veracruzana a través de legislaciones y acuerdos políticos», en L.E. Galván y G.A. Galindo Peláez (coords), *Historia de la educación en Veracruz. Construcción de una cultura escolar*, Luz Elena Galván Lafarg México, Universidad Veracruzana, Gobierno del Estado de Veracruz, 2014, pp. 153-154.

66 HNDM, Alcolea, Rafael, «Tesis leída por el joven Rafael Alcolea al sustentar su primer examen profesional de abogado», *El Foro*, 14 y 15 de octubre de 1896.

cas criminales. Es un hecho que cuando se suprime dicha pena la criminalidad aumenta y cuando se levanta el patíbulo, la criminalidad disminuye». De esta forma, al manifestarse contra la abolición seguía el mismo pensamiento pragmático que el redactor del Código Penal de 1871, Antonio Martínez de Castro, posición jurídica sobre un tema cuyo renovado cuestionamiento desde la escuela positivista apuntaba a la supresión normativa de la pena capital. Por supuesto, el alumno de jurisprudencia conocía aquellos postulados positivistas. Sin embargo, a su juicio no eran aplicables al medio social mexicano, razón por la que adujo que la pena de muerte debía prevalecer en el catálogo de sanciones:

> Mucho podría añadirse para probar la necesidad de la pena de muerte, al menos entre nosotros y en nuestros tiempos; lo cual no quiere decir que la referida pena nunca deba desaparecer de nuestros códigos: el día que deje de ser necesaria, carecerá de uno de sus elementos, o mejor dicho de su elemento esencial para ser legítima, y ese día no podrá tener aplicación; pero mientras existan [...] esos enemigos de la sociedad, debe levantarse el patíbulo como único medio eficaz de represión. De todo lo expuesto resulta que la aplicación de la pena de muerte, en determinados casos y entre nosotros, es necesaria y justa, luego es legítima.

El tema de la pena de muerte adquirió nuevos bríos con la doctrina positivista de Lombroso y Ferri cuando «la cuestión ascendió de la difusa disputa metafísica al sereno dominio del razonamiento científico con la escuela italiana».[67] Primero, en el sentido positivista de observar en la pena de muerte una posibilidad de aplicación transitoria que solo estaría legitimada cuando imperaran circunstancias sociales anormales, extraordinarias y excepcionales o,[68] como sugirió contundentemente Lombroso hasta el final de su vida, para sentenciar a criminales natos sin posibilidad de enmienda.[69] Después, a través de un planteamiento teórico abolicionista sin cortapisas que confiaba en que las medidas

---

67 HNDM, La redacción, «Observaciones que la Redacción de la Revista de Legislación y Jurisprudencia hace a la Iniciativa de reforma al artículo 23 de la Constitución Federal», *El Foro,* 21 de enero de 1896, p. 1.

68 HNDM, Toro, Luis del, «Boletín del Monitor», *El Monitor Republicano,* 21 de junio de 1895, p. 1. Asimismo, remito a la reflexión del abogado Jesús Urueta, quien, siguiendo los postulados especialmente de Ferri, aseguró que debía considerarse a la pena capital como «una operación quirúrgica, que es indispensable para cortar el miembro enfermo». Discusión sostenida en el Concurso Científico de 1897: «¿Debe suprimirse la pena de muerte en México?», *El Imparcial,* 2 de septiembre de 1897, p. 1.

69 Así lo planteó Lombroso en *El hombre delincuente,* idea que no mudó en su trayectoria al afirmar que la pena capital era una medida de «eliminación radical» que debía conservarse en las leyes. Véase la misiva firmada por él y traducida en *El Correo Español,* «La pena de muerte», 16 de marzo de 1909, p. 1.

de deportación o reclusión por tiempo indeterminado para los delincuentes denominados incorregibles serían una vía idónea de regeneración y de defensa social.[70] Así, desde Beccaria en el siglo XVIII y hasta Ferri entre los siglos XIX y XX, la discusión sobre la pena de muerte ocupó importantes espacios en la opinión pública y la doctrina jurídica con evidentes manifestaciones de aplauso y reprobación para el derecho en el orden de los tribunales.[71]

Las disertaciones de ambos alumnos revelan la recepción especializada de la escuela positivista en el país, y sugieren, además, que la posibilidad de consultar libros y revistas en biblioteca o adquirirlos mediante compra contribuyó de manera decisiva al desarrollo académico y profesional de los jóvenes. La Librería de Ch. Bouret en la Ciudad de México (después Librería editorial de la Vda. de Ch. Bouret) parece haber tenido un catálogo excepcional que incluía a los autores del positivismo penal.[72] El estímulo para la adquisición de libros fue alentado por la propia Escuela Nacional de Jurisprudencia que otorgaba premios anuales a los mejores alumnos de cada grado escolar, una tradición que pervivió entre las décadas de 1870 y 1910. Los premios consistían en un vale que los estudiantes podían cambiar en las librerías de la ciudad, según el monto precisado, por aquellos títulos de su interés, no necesariamente de derecho. En octubre de 1910, al finalizar el año académico, se concedió uno de estos reconocimientos a Gonzalo Zúñiga, que concluyó el segundo año de la carrera. El alumno eligió cinco libros por un total de veinte pesos, entre ellos *El delito. Sus causas y remedios* (trad. 1902) de Cesare Lombroso, *Sociología*

---

70 En el texto «La abolición de la pena de muerte y Lombroso», publicado en el diario *El Partido Liberal*, del que el abogado Rafael de Zayas Enríquez era redactor, puede leerse una aproximación sintética a las ideas que sobre el tema postulaba la escuela positivista, con especial énfasis en el pensamiento de Ferri en el sentido abolicionista de la pena capital como cambio jurídico ineludible. Publicación de fecha 17 de abril de 1894, p. 1. De igual forma, puede leerse la noticia sobre la abolición de la pena de muerte en la legislación italiana a instancias de la misma corriente doctrinaria en «Como se ha sustituido la pena de muerte», *El Mundo*, edición de la tarde, 30 de agosto de 1900, p. 1.

71 Véase el panorama presentado por el abogado Adalberto A. Esteva en la Cámara de Diputados relativo a la iniciativa presentada por el Congreso de Nuevo León en 1895 sobre la pena capital. «El discurso del diputado Adalberto Esteva, a propósito de la pena de muerte», en *El Imparcial*, publicado en varias entregas durante los días 30 de octubre y 3 de noviembre de 1900.

72 HNDM, Anónimo, «Obras nuevas recibidas en la Librería de Ch. Bouret», *El Nacional*, 25 de junio de 1898, p. 1. En el caso del diario *La Patria*, dirigido por Ireneo Paz, fueron frecuentes los anuncios de libros a la venta traducidos por Arturo Paz. Entre ellos, por ejemplo, *La criminalidad en el arte y la literatura* o *La ciencia y la vida en el siglo XIX*, ambos de Enrico Ferri. «Biblioteca de filosofía contemporánea», *La Patria*, 22 de noviembre de 1898, p. 3.

criminal (1907) de Enrico Ferri y *La criminología* (1890, 2ª ed.) de Raffaele Garofalo.[73]

Además de los espacios especializados —típicamente, los juzgados y las aulas de jurisprudencia— y de la prensa que podría denominarse jurídica, aquellos otros ámbitos y medios no especializados cuyo espectro editorial era mucho más diverso en el tratamiento informativo se revelaron como una pieza importante en la dinámica noticiosa sobre la apropiación «popular» y las interpretaciones socioculturales de la escuela positivista. En junio de 1890, *El Universal* publicó el cuento «Aquel era otro López», del reconocido poeta y escritor Manuel Gutiérrez Nájera. La narración confirma el argumento. Con intención de criticar abiertamente al derecho y sus personajes, el autor narra el devenir de un hombre que, sin oportunidad de defensa jurídica, había sido condenado a prisión por el delito de homicidio. Bajo tal premisa, Gutiérrez Nájera articuló en la literatura de la época algunas nociones de la doctrina positivista con evidente referencia a uno de sus célebres exponentes (Lombroso) para sellar el destino del infortunado protagonista de su relato. El cuento es el siguiente:

> «Que López tenía buen corazón, era notorio, respecto a la inteligencia de López sí había encontrados pareceres [...]. En efecto, López no sabía nada, y por eso, tal vez, creíanle tonto. Para colmo de penas, era aturdido, apajarado; abría mucho los ojos para no ver nada [...] siempre andaba pisando los algodones de las nubes, y siempre distraído divagando; algunas noches se pasaba largas horas viendo el cielo y contando, una a una, las estrellas [...] se le olvidaba comer, se le olvidaba trabajar, se le olvidaba todo [...]. En fin, unos decían que era tonto, otros que no; y todos aseguraban que no sabía nada. Tan no sabía nada, que una mañana se casó.
>
> [...] Cierto día se cerró el mundo para López... ni peso, ni tostón, ni peseta en el bolsillo. Y precisamente —¡bien hayas mal si vienes solo!— el niño [su hijo] está enfermo; era preciso ver al médico, comprar las medicinas. López no encontró más recurso fácil y decoroso que el de acudir al padrino de su matrimonio, al padrino del muchacho, al padrino rico. Se dirigió a la casa con muchos bríos [...] subió la escalera de la casa aprisa, aprisa, para que no se le acabara el valor en el camino. Ya los criados sabían que era persona de confianza y lo dejaron subir al escritorio del señor de Ajúria. Pero López no entró a tal escritorio, porque oyó voces y prefirió quedarse afuera.
>
> [...] Pasó así más de media hora. Ya nadie hablaba en el gabinete de Ajúria... y entró, animoso, a hablar con el padrino... A la luz de la tarde moribunda, miró a un muerto... Ajúria, el viejo Ajúria, tenía un puñal clavado en la garganta... Y como dicen que López era tonto, lo primero que a él se le ocurrió fue arran-

---

73 IISUE, AHUNAM, Escuela Nacional de Jurisprudencia, Sección: Dirección, Serie: Expedientes sobre premiación de alumnos, c. 11, e. 6, f. 23.

car ese puñal... Porque le parecía que esa hoja de acero estaba matando a su padrino... En ese instante entró el mozo con la luz... El amo, ya difunto, en el sofá... López con el puñal en la mano, chorreando sangre todavía... gritos, estruendo, y tumulto en toda la casa... y que agarran a López.

[...] Pasó un siglo. Al cabo de él hubo de verse la causa de López ante el jurado... No había remedio: todos creían que era culpable. Las pruebas eran tremendas [...] El mismo defensor no tenía fe en el asunto [...] Ante la prueba irrecusable de que habían sorprendido a López *in fraganti*, no cabía apelación [...]. El acusador, en cambio, estaba contentísimo. Era un joven entusiasta a quien habían nombrado agente del Ministerio Público... En su elocuente peroración habló de la ley de la herencia, del atavismo, del medio ambiente, de Lombroso; resultó de sus indagaciones laboriosas que López no era hijo de López, sino de otro López; y allá salieron a danzar la madre, el padre y toda la familia del presunto reo. No cabía duda de que este era malo desde chico [...] ¡atavismo! ¡medio! ¡Spencer y Lombroso! Y luego, por si faltara algo todavía, ¡las malas costumbres de este López! Era público que le habían visto en las cantinas... era público que trasnochaba y que apenas vivía en su propia casa...

— ¿Por qué no estoy, se decía López, en mi pueblo, allí en donde todos saben que soy bueno e incapaz de matar una mosca, en donde todos dicen: ¿López? ¡Es un alma de Dios! ¡Es un bendito!—.

Y al bendito, alma de Dios, lo condenó el tribunal del pueblo a veinte años de prisión. Pasaron otros siglos. Por no importa qué incidente de otra causa criminal se vino en conocimiento de que López no había matado a su padrino Ajúria. El asesino era otro [...] Todo quedó evidentemente demostrado: Juan Guzmán era el asesino verdadero. [...] López se dirigió desde luego a la alcaidía para despedirse del alcaide. Ya se iba. ¡No, señor López, si usted no ha sido puesto en libertad! —Pero ¿cómo? Si yo no maté, si soy inocente, ¿cómo ha de exigir la justicia que un inocente esté en la cárcel? ¡Si allí está el otro... el asesino... el verdadero!—. ¡Pues nada, señor López, que usted se queda!

[...] Y disputaron mucho los señores abogados, y se echaron muchos libros a la cabeza... ¡y que no pudo resultar inocente López! Es decir, era inocente para la verdad, para el sentido común: para el derecho, para la justicia, para el código no lo era. [...] ¡Ay! Cuando López lo supo, rabia insaciable se apoderó de su alma... ¿Cómo? ¿Hay un sitio oscuro y tenebroso que se llama el derecho en el que la verdad no es verdad?

[...] Y pasaron más siglos... la ‹bestia humana› se desencadenó feroz en el inocente prisionero. Ya aquella alma de Dios era un alma dada al diablo. Y cumplió López su condena... y salió a la calle... y mató al primero que encontró parecido a cualquiera de sus jueces. Y entonces lo fusilaron...».[74]

74 HNDM, Gutiérrez Nájera, Manuel, «Aquel era otro López», *El Universal*, 1 de junio de 1890, pp. 1-2.

El crítico relato que Gutiérrez Nájera legó para la historia aquí contada la perenne distancia entre el derecho y la justicia, distancia que, en ciertos momentos o sin tregua, para todas las personas o para algunas de ellas es y ha sido un abismo de incontables horrores, indecibles atrocidades, una sima con «demasiada violencia, demasiado dolor y demasiada injusticia».[75] El infortunio de un hombre que es inocente solo «para el sentido común», no para el «oscuro y tenebroso» código, revela acaso el vehículo narrativo más efectivo para llevar el debate al alcance de una población no necesariamente experta, pero sí con opinión. Que Gutiérrez Nájera eligiera este tema e hiciera referencia expresa a Lombroso y al término atavismo sugiere que el conocimiento de la escuela positivista en el país franqueaba ya los límites eruditos e intelectuales de la abogacía y se difundía (con mayor o menor distorsión) entre la generalidad de las personas a través de la lectura o, posiblemente, de la práctica en voz alta que se encargó de difundir el contenido de la prensa.

Reconocer los espacios en los que se desarrolló la discusión teórica de la doctrina positivista es importante. En principio, aquellos lugares tradicionalmente vinculados a las actividades de la abogacía y la formación de estudiantes —juzgados, escuelas de jurisprudencia, academias y despachos— refieren ámbitos especializados de conocimiento a los que muy pocas personas tuvieron acceso. En contraste, hubo espacios y lugares acaso menos instruidos, pero de igual forma implicados en el análisis la dinámica sociocultural de su contexto. Lila Caimari ha sostenido que «fuera de los templos» consagrados a las voces expertas en materia de derecho penal y criminología, han gravitado personajes «profanos» que, aunque no atesoraban dichos saberes, comentaron, denunciaron y actuaron de acuerdo con diversas nociones sobre lo justo e injusto que han circulado precisamente fuera de los circuitos jurídicos formales,[76] circunstancia que sugiere la difusión del positivismo penal más allá de los muros institucionales.

La crónica del diálogo entre «un farmacéutico y un oficinista» que ambos mantuvieron en 1894 en una peluquería de la Ciudad de México es una constatación histórica de la particular celebridad de Lombroso y sus postulados. El periodista relató que, enfrascados en una partida de ajedrez, ambos individuos discutían con igual ímpetu sobre la «degeneración». Según la narración, uno y otro observaban con franca suspicacia los rasgos que reve-

---

75 Tomás y Valiente, Francisco, *Manual de historia del derecho español*, Madrid: Tecnos, [1992] 2001, p. 31.

76 Caimari, Lila, (comp.), *La ley de los profanos. Delito, justicia y cultura en Buenos Aires (1870-1940)*, Buenos Aires: FCE, 2007, pp. 9-10.

laban en ellos supuestos desordenes orgánicos: «Todos somos locos, usted que tiene esa protuberancia en la frente debe cuidarse. Ese es el símbolo del atavismo».[77] Destaca que en medio de la charla surgieran los nombres de Cesare Lombroso y Max Nordau, que, de acuerdo con el periodista, eran autores muy conocidos en la ciudad. Respecto a Nordau, cabe señalar que también era médico y escritor abocado a difundir las hazañas (o fanatismos) positivistas. Entre 1892 y 1893 publicó un ensayo titulado *Degeneración* en el que postulaba el triunfo de la degeneración y la locura en el arte y la literatura de fin de siglo. Según Nordau, la tesis, basada en el diagnóstico clínico de artistas y literatos, concluía que «los degenerados no son siempre criminales, prostituidos, anarquistas o locos declarados; son muchas veces escritores y artistas». En el momento en que tuvo lugar el supuesto diálogo en la peluquería, Nordau contaba con una amplia obra publicada, que había sido incluso traducida del alemán al italiano y al francés. Es probable que el conocimiento de su obra en México siguiera estas referencias, puesto que las ediciones en español, como el caso de *Degeneración*, se publicaron años después. ¿Este relato tuvo lugar en la realidad o fue solo la ficción de un escritor? ¿La ficción de la narración anula la hipótesis de la recepción de la escuela positivista en el medio mexicano?

La coincidencia temporal entre la publicación de «Aquel era otro López» y una serie de engaños que mantuvo a la abogacía de la Ciudad de México en los márgenes de la burla, refuerza la tesis de la amplia recepción que tuvo la escuela positivista y el modo en que, de manera gradual, su conocimiento trascendió los círculos tradicionalmente asociados a su estudio. En octubre de 1900, la prensa de la capital documentó casos muy particulares. Se dijo que meses atrás un conocido abogado había recibido una carta supuestamente enviada desde Europa en la que se le comunicaba la próxima llegada «de un extranjero distinguido que se ocupaba de recoger opiniones de los más célebres jurisconsultos acerca de las teorías de Lombroso». El aludido extranjero, en efecto, se presentó, recogió la opinión experta del distinguido abogado e hizo entrega de un «diploma o nombramiento» firmado por la Sociedad Internacional de Jurisprudencia (con supuesta sede en Florencia, Italia). Este documento, del que en apariencia no tendría por qué dudarse, tenía un costo de veinticinco pesos. El desenlace del episodio reveló el engaño. Una vez realizado el pago, el abogado constató la falsedad del nombramiento. Las firmas de los notables juristas franceses e italianos eran apócrifas y la Sociedad Internacional de Jurisprudencia no existía: todo aquello había sido una absoluta

77 HNDM, Benjamín, en la columna «Palique», *Diario del Hogar*, 28 de julio de 1894, p. 1.

estafa. El procurador del Tribunal de Primera Instancia de Florencia confirmó la mentira del «ingenioso extranjero».[78]

Episodios como el anteriormente relatado sugieren hasta qué punto habían confluido tanto el conocimiento especializado y no especializado o «popular» que se tenía en México de la escuela positivista. La educación impartida en las aulas de jurisprudencia, las disertaciones, los libros y la conversación pública constituyeron expresiones de una cultura que no solo concernió a los abogados, sino a la sociedad en su conjunto. En términos jurídicos tradicionales, la evidencia más tangible de esa cultura se proyectó en las intenciones legislativas que, en ciertos casos, llegaron a la reforma normativa. En Puebla, por ejemplo, varios municipios presentaron al gobierno del estado una iniciativa que buscó reformar la Constitución local y abolir el jurado popular. A tal efecto, se apegaron a las nociones positivistas que precisamente refutaban la utilidad jurídica e incluso democrática atribuida al jurado, «reliquia de la antigua barbarie», pues se consideraba que, al estar integrado por legos, la justicia era una expresión de venganza y no de los criterios fundados en los adelantos científicos que concernían al ámbito del derecho.

El proyecto reformador presentado en 1894 fue tachado por la prensa de la Ciudad de México de absurdo, conformado por «principios truncos, falsos e inadaptables a nuestro modo de ser social», aspecto que apunta las divergencias teóricas, legislativas y populares a que dio lugar la escuela positivista. El sarcasmo del editorial sugiere incluso las batallas periodísticas que pretendieron expresar los intereses de los sectores de la población afines a sus líneas: «Presentaremos esa teoría como la formula la escuela italiana; y si parece monstruosa a los lectores, crean estos que así es, que no la deformamos». Este énfasis argumentativo, orientado a exponer un discurso doctrinal que desde el punto de vista de los redactores era radical, pretendía también dejar a la vista los supuestos absurdos y las contradicciones que anidaban en el positivismo penal, que «rápidamente va invadiendo el foro mexicano, gracias a esa propensión de nuestra raza a aceptar cualquier teoría científica de confección extranjera y de reciente temporalidad»,[79] una postura editorial convergente con el pensamiento de un importante número de juristas. No pasa inadver-

---

78 HNDM, Anónimo, «Timo a un abogado. Las teorías de Lombroso», *El Imparcial*, 27 de octubre de 1900, p. 2; HNDM, Anónimo, «Estafa a varios abogados. Diplomas falsos», *El Universal*, 28 de octubre de 1900, p. 2.

79 HNDM, La redacción. «Un ayuntamiento científico-retrógrado», «La nueva escuela criminalista», «Génesis de la nueva escuela poblana», «La criminología positivista y los reformadores de Puebla» y «No hay crímenes ni criminales. El planeta manicomio», *El Siglo Diez y Nueve*, 6, 8, 12, 23 y 28 de febrero de 1894.

tido que el director y editor de *El Siglo Diez y Nueve* en aquel momento era el abogado Luis Pombo.

En 1897, tres años después de la iniciativa de reforma para suprimir el jurado popular de la legislación poblana, el Tribunal de Justicia de San Luis Potosí presentó ante el Congreso del estado un proyecto de ley para abolir también los juicios por jurado en aquella entidad. La exposición de motivos aludía a la supuesta imposición jurídica de una institución sin arraigo en el país que, lejos de consolidar el sistema de justicia, se había convertido en la «amarga» grieta que atentaba contra los intereses públicos y los derechos sociales. De acuerdo con la exposición, este era el argumento cardinal para considerar inadecuado la reforma del jurado popular, pues la evidencia mostraba los constantes tropiezos en su organización y funcionamiento aun después de introducir mejoras en la ley. Para apoyar su tesis, de igual forma que los proyectistas en Puebla, los expositores de San Luis citaron los postulados de Garofalo y de Ferri, quienes atribuían al jurado más deficiencias que condiciones favorables en la justicia criminal. La cita textual a la obra de Ferri, *I nuovi orizzonti del diritto e della procedura penale*, publicado en 1884, reflejaba la afirmación de acuerdo con la cual, al ser elegido indistintamente entre «todas las clases del pueblo», el jurado no podía representar otro aspecto que «la cualidad dominante de este: la ignorancia».[80]

Tan lapidaria aseveración resumía el objetivo decididamente abolicionista de un órgano que, en la práctica de la impartición de justicia penal, tenía en sus manos la decisión sobre la culpabilidad o inocencia de mujeres y hombres sujetos a proceso por delitos como la violación, el plagio o el homicidio. En aquel momento, los estados de la república en los que subsistía el jurado popular eran Campeche y San Luis Potosí, además del Distrito Federal. A este último territorio se le atribuían las embestidas desde distintos frentes en el país para posicionar en el discurso legislativo los postulados de la escuela positivista. De acuerdo con el periódico *La Patria de México*, dirigido y editado por Ireneo Paz, los ataques al jurado y a los ideales de la escuela clásica respondían a la «bandera negra de la escuela positivista» capitaneada por los italianos Lombroso y Ferri, que tendrían graves consecuencias para México, un destino sin retorno, según el editorial.[81] ¿Cómo se valoró, extendió o deba-

---

80 HNDM, Anónimo, «Proyecto de Ley que para la abolición del Jurado inicia ante la Honorable Legislatura de este Estado de San Luis Potosí el Supremo Tribunal de Justicia del mismo», *El Contemporáneo*, 9 de mayo de 1897, p. 1.

81 HNDM, M.N., «Despronunciamiento científico. El ‹Imparcial› burgués», *La Patria*, 3 de diciembre de 1897, p. 1.

tió dentro del foro mexicano la intención de un posible cambio jurídico que incorporara la doctrina positivista en la legislación penal?

V. LOS DEBATES EN LA REVISIÓN DEL CÓDIGO PENAL

Las primeras labores que asumió en septiembre de 1903 la comisión revisora integrada por los juristas Miguel Macedo, Manuel Olivera y Victoriano Pimentel[82] consistieron en la preparación de un plan general de trabajo apoyado en el estudio de la división de las materias del código penal y en el examen de las opiniones de magistrados, jueces, agentes del Ministerio Público y defensores respecto del contenido del ordenamiento. Con ello, los comisionados vertebraron el esquema al que habrían de ceñir el fundamento de las reformas. En la reseña cronológica de los trabajos, se observa el común acuerdo de «respetar el sistema fundamental del código y no introducir cambios que rompieran su unidad».

La idea de no trastocar el orden del código se sostuvo en la tradición jurídica mexicana, que había comenzado con la vigencia del mismo cuerpo legal y que, en palabras de los comisionados, era preferible conservar en virtud de no conocer un modelo «notoriamente superior».[83] Ello determinó el sentido de las opiniones vertidas por jueces, magistrados y otros juristas involucrados en la práctica del derecho no solo de la Ciudad de México, sino también de buena parte del país, opiniones que en gran medida articularon los trabajos de la comisión. Las reflexiones y razonamientos de cerca de cincuenta funcionarios evidencian de manera significativa el estado del derecho penal y de la impartición de justicia en los albores del siglo XX y las reformas que, según su criterio, urgía introducir en la legislación penal con el invariable alcance para la práctica judicial.

Es importante precisar que, respecto a la configuración doctrinaria del delito, las reflexiones emitidas fueron escasas. En realidad, la lectura de los trabajos de revisión evidencia que una reforma doctrinaria del código penal no iba a ser posible debido a los límites impuestos por la comisión. La postura diametralmente opuesta entre el libre albedrío y las supuestas condiciones or-

---

82 Macedo, Olivera y Pimentel fueron integrantes permanentes de la comisión en la que también participaron periódicamente los abogados Jesús M. Aguilar, Manuel Calero, Manuel Castelazo Fuentes, Joaquín Clausell Franconis, Julio García, Rafael L. Hernández, Manuel A. Mercado, Emilio Monroy, Juan Pérez de León, Demetrio Sodi, Carlos Trejo y Lerdo de Tejada y Gilberto Trujillo.

83 Comisión Revisora del Código Penal, *Trabajos de revisión del código penal. Proyecto de reformas y exposición de motivos*, *op. cit.*, pp. XXXIII-XXXIV.

gánico-sociales del criminal fue abordada por un número marginal de juristas que cuestionaron la orientación liberal del código de 1871.[84] Antes bien, los señalamientos puntuales sobre el catálogo de atenuantes y agravantes respecto al tema de la embriaguez sugieren algunos de los signos más ciertos de las reformas planteadas con alcance a la escuela positivista.

Del conjunto de participantes, son destacables las reflexiones de los juristas Cristóbal Chapital (juez), Hilario Silva (juez), Daniel Zepeda (juez), Ranulfo Cancino (Ministerio Público), D. A. Morfín (juez), Adalberto Andrade (juez), Tomás Ortiz (juez), Emilio Rovirosa (Ministerio Público), Demetrio Sodi (juez), Eugenio Ezquerro (juez), Emilio Téllez (juez), Jesús Bejarano (Ministerio Público), Maximiliano Baz (Ministerio Público), Rafael Hernández (defensor), Jesús Cadena (juez) e Ismael Elizondo (juez). Todos ellos fueron categóricos e hicieron referencia a la conveniencia de realizar una reforma puntual en lo relativo a la embriaguez completa o incompleta en tanto condición excluyente o atenuante de responsabilidad criminal para que en su lugar operara como un elemento constitutivo de delitos culposos, como falta o, al menos, como agravante. El juez Elizondo señaló que la cuestión se resumía en comprender que la ebriedad, «este pernicioso vicio que es entre nosotros el principal móvil de los delitos de sangre», no podía seguir tratándose procesalmente para aligerar la responsabilidad penal:

> Tan funestos han sido los resultados de esta benignidad de la ley, que ya no solamente los heridores de plazuela pretenden disculpar sus actos con la ebriedad, sino aun los ladrones del peor orden, que despojan al transeúnte en la vía pública, los que escalan los muros de un edificio para cometer sus escandalosas depredaciones, todos ellos se presumen alcohólicos y creen disculpados sus actos de pillaje, escudándose tras la circunstancia de la embriaguez. Necesitase, pues, que esta circunstancia mude de sitio en nuestro código, y que en vez de servir a los delincuentes como una atenuación de sus delitos, sirva para agravarles la pena que hubiere de imponérseles.[85]

El fundamento empírico de este argumento evidenciaba una realidad manifiesta en la Ciudad de México: el alto número de hechos delictivos cometidos bajo los influjos, reales o no, del alcohol. Los datos de 1899 indicaron que de un total de 6,587 consignaciones efectuadas por concepto de lesiones, 5,981 casos correspondieron a individuos en estado de ebriedad —completa

[84] Véanse los argumentos de absoluta adscripción a la escuela positivista de los juristas Emilio Rovirosa, Carlos Pereyra y Alberto Lombardo, señalados por Diego Pulido Esteva en su trabajo incluido en este mismo volumen.

[85] Comisión Revisora del Código Penal, *Trabajos de revisión del código penal. Proyecto de reformas y exposición de motivos*, *op. cit.*, pp. 166-167.

o incompleta—.[86] Con base en ello, la inferencia lógica de los juzgadores de la época —y, posiblemente, del conjunto de la sociedad— apeló a una mayor severidad en la ley para mitigar el impacto de la criminalidad que con motivo del supuesto consumo desproporcionado de alcohol entre la población, en especial de los estratos bajos, perturbaba la tranquilidad de los habitantes de la ciudad. La reflexión de Miguel Macedo abonó a este discurso punitivista:

> La experiencia personal enseña a cada uno de los habitantes de la Ciudad que los homicidios, y en general, los delitos de sangre, son cometidos casi en la totalidad de los casos por individuos de la clase baja contra individuos de la propia clase, encerrándose dentro de las capas inferiores de la sociedad como dentro de un recinto que apenas si pueden franquear para ascender a las personas que llevan vida de desorden y que más o menos, viven en el ambiente deletéreo de la gente perdida: figones, cantinas, bailes públicos, garitos y lupanares.[87]

Para algunos jueces de principios del siglo XX,[88] ciertos límites parecían más bien difusos o discrecionales y, por ello, consideraron que era labor del legislador precisarlos y clasificarlos mejor. Es decir, el tiempo había revelado (a los jueces) las grietas en la ley (el arbitrio) que era preciso enmendar (en términos legislativos). De tal opinión era el juez Morfín, quien consideró que la redacción de la fracción VII del artículo 42, relativa a atenuantes de cuarta clase, las de mayor valor dentro del código, era ambigua y que, por tanto, confería una libertad al juez que, según su criterio, escapaba a la lógica métrica de la función judicial. La atenuante prescribía que la ignorancia y rudeza del delincuente podían considerarse favorablemente en el cálculo de la pena siempre que «en el acto de cometer el delito no haya tenido todo el discernimiento necesario para conocer toda la ilicitud» de su conducta. Para Morfín, dicha redacción generaba no pocos problemas: «¿Cómo apreciar el discernimiento de un reo en el acto de delinquir? ¿Para ser ignorante y rudo bastará no saber expresarse, hablar ni saber escribir? Se encuentran reos que no saben leer ni escribir y que tienen penetración y malicia del que carece

---

86 *Ibídem*, pp. 15-16.

87 Macedo, Miguel S., *La criminalidad en México. Medios de combatirla, op. cit.*, p. 6.

88 Para un perfil generacional de los abogados en México, véase Jaime del Arenal, «Abogados en la Ciudad de México a principios del siglo XX. La *Lista* de Manuel Cruzado», *Anuario Mexicano de Historia del Derecho*, vol. X, México, UNAM, Instituto de Investigaciones Jurídicas, 1998. Asimismo, el imprescindible texto de Alejandro Mayagoitia «Abogados de algunas jurisdicciones parroquiales menores de la Ciudad de México», *Ars Iuris*, núm. 16, México, Universidad Panamericana, 1996. En este último ensayo se dice que para en 1896 había 101 funcionarios judiciales en la Ciudad de México, número muy menor comparado con los 18,000 funcionarios activos fuera de la capital (p. 590).

un hombre ilustrado y sencillo».[89] De la misma opinión era el juez de Distrito de Oaxaca José Francisco Brioso, que sugirió «fijar una regla segura a fin de apreciar la ignorancia y rudeza del delincuente a fin de no dejar al arbitrio judicial su apreciación que, sin taxativa podría ser pasional»).[90]

La sujeción a la ley y no su libre interpretación marcaron ostensiblemente la orientación legalista de los jueces del liberalismo, período en el que, de acuerdo con Cárdenas Gutiérrez, surge «la imagen ascética y puritana del juez austero, abstinente y rígido, cuyo compromiso vital es con la letra muerta de la ley».[91] En apariencia, este perfil se alejaba de la imagen del «buen juez» construida durante el Antiguo Régimen, cuyas características principales se sustentaban en la *ciencia* (conocimiento de los libros y de las leyes), la *experiencia* (en el ejercicio de su función), el *entendimiento agudo* (para aplicar la norma a la medida del caso), la *rectitud de la conciencia* (espectro de elementos éticos, morales y religiosos) y la *prudencia* (capacidad intelectual sobre aquello que se debe hacer u omitir).[92] ¿Los jueces mexicanos de principios del siglo XX estuvieron exentos de apreciaciones particulares del caso y ciegamente circunscritos a los mandatos restringidos de la ley? Se trata de una pregunta nada fácil de responder, aunque necesaria, para analizar los cambios de gran relieve derivados de la construcción legalista del derecho y de su práctica una vez cristalizada la codificación penal que lleva a pensar más en términos de continuidad que de ruptura. Tal continuidad encontró cabida en la construcción teórica de la escuela positivista: la ponderación o valoración de la personalidad del sujeto activo aseguraba su pertinencia en el orden jurídico.

La opinión del fiscal Emilio Rovirosa ofrece un argumento de comprensión. Rovirosa señaló que, en la práctica, a principios del siglo XX, se encontraban toda clase de dificultades para el funcionamiento adecuado de la jurisdicción penal. Por ejemplo, la determinación del grado de ignorancia y de rudeza de los procesados para computar la pena. El fiscal denunció el «excesivo sentimentalismo» de los redactores del código puesto que, en su opinión, de manera un tanto «inmoral» habían atribuido mayor valor a la condición ruda e ignorante de los inculpados que a las buenas costumbres que hubiesen

---

89 Comisión Revisora del Código Penal, *Trabajos de revisión del código penal. Proyecto de reformas y exposición de motivos, op. cit.*, p. 28.

90 *Ibídem*, p. 30.

91 Cárdenas Gutiérrez, Salvador, *El juez y su imagen pública. Una historia de la judicatura mexicana*, México: SCJN, 2006, p. 130.

92 Tau Anzoátegui, Víctor, *Casuismo y sistema. Indagación histórica sobre el espíritu del Derecho Indiano*, Buenos Aires: Instituto de Investigaciones de Historia del Derecho, 1992, pp. 487-488.

acreditado, provocando las mismas complicaciones para medir y computar la pena.[93] El ordenamiento penal redactado por Martínez de Castro, Sánchez Gavito, Lafragua y Ortega cumplía en los albores del siglo XX alrededor de treinta años de vigencia, período en el que jueces y magistrados habían valorado *ad personam* las condiciones atenuantes y agravantes de responsabilidad criminal para computar las penas.

Coincido con la historiografía que apunta a la pervivencia del arbitrio durante la codificación y que posteriormente la escuela positivista propugnó para conceder al juez mayor libertad, pues, como ha señalado Maravall, «en todo proceso histórico siempre es mayor el volumen de las supervivencias que el de las innovaciones».[94] Frente a tal premisa, al igual que en el antiguo régimen, el arbitrio fue una especie de barómetro que servía para pulsar el estado del conjunto social al que se aplicaba el derecho, esta vez transformado en ley, permitiendo modelar ciertas conductas colectivas a través de sentencias individuales debidamente fundadas y motivadas (conciliación jurídica entre el derecho y los hechos, condición que determinó su carácter restringido). Con ello adquirió una característica particular: la evaluación de la pertinencia de la ley desde la práctica.

Precisamente en este contexto de discusión revisionista de la legislación penal mexicana falleció Cesare Lombroso (octubre de 1909). La prensa en México registró la noticia con extensas reseñas de corresponsales, incluso con la traducción de cables y demás mensajes difundidos alrededor del mundo que recogían la noticia y legado del reconocido médico. Entre aquellas notas se hizo referencia a que «los estudiantes de Jurisprudencia de esta capital han enviado un cablegrama de pésame a la Universidad de Turín, donde [Lombroso] impartía sus enseñanzas». Las reseñas daban cuenta, asimismo, de las reformas normativas emprendidas en varios países con el propósito de incorporar los postulados de Lombroso y los positivistas, reformas de las que México había sido en mayor medida espectador: «Nosotros tenemos en nuestro código penal muy poco de sus teorías, pero tanto en la tribuna como en la prensa ya se han emprendido campañas que tienden a introducir algunas reformas en este sentido».[95]

---

93 Comisión Revisora del Código Penal, *Trabajos de revisión del código penal. Proyecto de reformas y exposición de motivos, op. cit.*, pp. 65-67.

94 Tau Anzoátegui, Víctor, *Casuismo y sistema. Indagación histórica sobre el espíritu del Derecho Indiano*, Buenos Aires: Instituto de Investigaciones de Historia del Derecho, 1992, p. 143.

95 HNDM, Anónimo, «Ha muerto Lombroso», *La Patria. Diario de México*, 21 de octubre de 1909, p. 5.

VI. CONSIDERACIONES FINALES

La impresión de Enrico Ferri respecto a la trayectoria formativa de la escuela positivista no careció de fundamento. El caso mexicano contribuye a comprender las características de un proceso doctrinario amplio en el que hubo coincidencias y distancias en relación con nociones fundamentales relativas a la concepción del criminal, los propósitos de la sanción y de los medios para juzgar el delito. Desde sus primeros pasos y desarrollos teóricos germinales, la escuela positivista atrajo de manera importante la atención tanto de juristas y médicos como de la opinión pública en general alrededor del orbe. En México, el conocimiento de la obra de Lombroso, Ferri, Garofalo y otros positivistas fue relativamente temprano. Ya en la década de 1880 el foro mexicano orientaba con solvencia la reflexión intelectual sobre algunas de las nociones planteadas por sus principales postulantes. Tan solo una década después se publicaban tesis y trabajos recepcionales de alumnos para titularse como abogados.

Uno de los elementos fundamentales de ruptura y profunda diferencia entre la escuela clásica y la positivista se ciñó a los atributos propios del delincuente. De acuerdo con los positivistas, el criminal, autor de un hecho prohibido al que debía aplicarse la pena sancionada por la ley, debía ser considerado como el protagonista de la justicia penal y de la ciencia criminal. Por ello, plantearon el estudio del delincuente, más allá de la gravedad del delito cometido, para juzgar su personalidad más o menos peligrosa y los medios de defensa social adecuados según la categoría en que se ubicara (loco o semi loco, nato, habitual, pasional y ocasional). Esta ruptura doctrinal tuvo diversas manifestaciones a lo largo del período, incluso en lo que respecta a la pena de muerte.

En relación con la difusión de estas ideas, la prensa en México fue el medio que mejor desarrolló y articuló la discusión. Uno de los periódicos especializados en materia jurídica que publicó con regularidad estudios, traducciones, disertaciones académicas, discursos y demás alocuciones sobre la doctrina positivista fue *El Foro*. No obstante, otros diarios de circulación local y nacional, entre ellos *La Patria*, *El Partido Liberal*, *La Nación* o *El Universal*, también dieron espacio a columnistas y notas que en igual medida informaron tanto al público especializado como al menos versado sobre las teorías penales y sus autores. *La Convención Radical Obrera*, órgano de difusión de la sociedad del mismo nombre que informaba a las clases obreras de toda la república mexicana, publicó textos completos de Enrico Ferri y de Gabriel Tarde.

En el ámbito de la enseñanza jurídica, cabe destacar que el Derecho penal fue una materia que se impartió con mayor interés institucional después de la década de 1880. Durante los años anteriores, el contenido de la instrucción penal había sido solo un componente de las cátedras de Derecho civil y de legislación comparada que, al parecer, profundizaban escasamente en la doctrina y prestaban mayor atención al estudio sintético del código penal. Este proceso de formación jurídica fue de suma importancia la incorporación de los postulados positivistas, especialmente para las nuevas generaciones de juristas. Por lo que respecta al ámbito de las leyes, el largo proceso codificador en México desde los albores del siglo XIX al amparo de la concepción legalista del Derecho fue el dique que impidió que las reformas legislativas o diseños normativos se inspiraran en los postulados positivistas a lo largo de la centuria y hasta las primeras décadas del siglo XX.

Todo cambio jurídico es consecuencia de un proceso en el que median múltiples voces para sostener razonamientos incluso antagónicos, motivo por el cual toda modificación en el diseño normativo y el orden jurídico debe analizarse o comprenderse no como efecto de lo inmediato, sino como señal de una larga gestación, de sus aplazamientos y de su maduración.

VII. REFERENCIAS

Archivo

Archivo Histórico de la Universidad Nacional Autónoma de México (IISUE, AHUNAM).

Fondo Escuela Nacional de Jurisprudencia.

Legislación

Código Penal para el Distrito Federal y Territorio de la Baja-California sobre delitos del fuero común, y para toda la República sobre delitos contra la Federación, México: Imprenta del Gobierno, en Palacio, 1871.

Hemerografía

Hemeroteca Nacional Digital de México (HNDM):

— *Diario del Hogar,* 1888, 1894.

— *Diario Oficial de los Estados Unidos Mexicanos,* 1905.

— *El amigo de la verdad,* 1893.

— *El Contemporáneo,* 1897.

— *El Correo Español,* 1909.

— *El Derecho,* 1870.

— *El Estado de Sinaloa,* 1888.

— *El Foro,* 1877, 1879, 1884, 1893, 1896, 1898.

— *El Imparcial,* 1897, 1900.

— *El Monitor Republicano,* 1893, 1895.

— *El Mundo,* 1900.

— *El Nacional,* 1894, 1898.

— *El Partido Liberal,* 1894.

— *El Siglo Diez y Nueve,* 1894.

— *El Universal,* 1890, 1900.

— *La Iberia,* 1868.

— *La Patria,* 1897, 1898, 1900, 1906, 1909.

— *La Voz de México,* 1908.

— *Periódico Oficial del Estado de Yucatán,* 1911.

Bibliografía

Almaraz, José, *Exposición de motivos del código penal promulgado el 15 de diciembre de 1929 (Parte general),* México, n.a., 1931.

Anitua, Gabriel Ignacio, *Historias de los pensamientos criminológicos,* pról. Eugenio Raúl Zaffaroni, Buenos Aires: Didot, 2015.

Bacigalupo, Enrique, «La ciencia del derecho penal entre el ideal científico de las ciencias naturales y el de las ciencias del espíritu», en J.L. de la Cuesta, I. Dendaluce y E. Echaburu, *Criminología y derecho penal al servicio de la persona. Libro homenaje al profesor Antonio Beristain* (comps.), San Sebastián: Instituto Vasco de Criminología, 1989, pp. 459-469.

Beccaria, Cesare Bonesana, marqués de, *Tratado de los delitos y de las penas,* trad. Juan Antonio de las Casas, Madrid: Joachin Ibarra, Impresor de Cámara de S.M., 1774.

Caimari, Lila, «La antropología criminal y la recepción de Lombroso en América Latina», en S. Montaldo y P. Tappero, *Cesare Lombroso cento anni dopo,*

Silvio Montaldo y Paolo Tappero (eds.), Turín: UTET, 2009 [Recurso electrónico].

— (comp.), *La ley de los profanos. Delito, justicia y cultura en Buenos Aires (1870-1940)*, Buenos Aires: FCE, 2007.

Cárdenas Gutiérrez, Salvador, *El juez y su imagen pública. Una historia de la judicatura mexicana*, México: SCJN, 2006.

Carranca y Trujillo, Raúl, *Derecho penal mexicano. Parte general*, tomo I, México: Antigua librería Robredo, 1955 [1937].

Colín Martínez, Jessica, *Transición jurídica e impartición de justicia. El homicidio durante la reforma penal en el Distrito Federal, 1929-1935*, Tesis de doctorado en Historia, México: CIESAS, 2019.

Comisión Revisora del Código Penal, *Trabajos de revisión del código penal. Proyecto de reformas y exposición de motivos*, tomo I, México: Tipografía de la Oficina Impresora de Estampillas, 1912.

Corzo Ramírez, Ricardo y Dolores G. Mota Hernández, «Gestación y advenimiento de la Universidad Veracruzana a través de legislaciones y acuerdos políticos», en L.E. Galván y G.A. Galindo Peláez (coords), *Historia de la educación en Veracruz. Construcción de una cultura escolar*, Luz Elena Galván Lafarg México, Universidad Veracruzana, Gobierno del Estado de Veracruz, 2014, pp. 153-154.

Ferri, Enrico, *Sociología criminal*, tomos I y II, México: TSJDF, 2004.

— *Principios de Derecho Criminal. Delincuente y delito en la ciencia, en la legislación y en la jurisprudencia*, trad. José Arturo Rodríguez Muñoz, Madrid: Reus, 1933.

Garofalo, Raffaele, *La criminología. Estudio sobre el delito y sobre la teoría de la represión*, trad. Pedro Dorado Montero, Madrid: La España moderna, s.a.

Lombroso, Cesare, E. Ferri, R. Garofalo y G. Fioretti, *La escuela criminológica positivista*, Madrid: La España moderna, 1885.

Lombroso de Ferrero, Gina, *Vida de Lombroso*, trad. José Silva, México: INACIPE, 2009.

Macedo, Miguel S., *Apuntes para la historia del derecho penal mexicano*, edición facsimilar, México: INACIPE, TSJDF, 2010 [1931].

— *La criminalidad en México. Medios de combatirla*, México: Secretaría de Fomento, 1897.

Martínez de Castro, Antonio «Exposición de motivos del Código Penal vigente en el Distrito Federal y Territorio de la Baja California», en *Código penal para el Distrito Federal y Territorio de la Baja California, sobre delitos del fuero común, y para toda la república mexicana, sobre delitos contra la federación. Adoptado en el estado de Chihuahua, por decreto de la H. Legislatura de 28 de abril de 1883, con las supresiones y reformas que se expresan en el mismo decreto,* Chihuahua: Librería de Donato Miramontes, 1883.

Memoria que el secretario de Estado y del Despacho de Justicia e Instrucción Pública presenta al Congreso de la Unión en 15 de noviembre de 1869, México: Imprenta del Gobierno en Palacio a cargo de José María Sandoval, 1870.

Narváez Hernández, José Ramón, *Cultura jurídica. Ideas e imágenes,* México: Porrúa, 2010.

— «Bajo el signo de Caín. El ser atávico y la criminología positiva en México», en *Anuario Mexicano de Historia del Derecho,* n. XVII, México: IIJ-UNAM, 2005, pp. 303-320.

Olmo, Rosa del, *América Latina y su criminología,* México, Siglo XXI, 2010 (1981, 1ª ed).

Pavón Vasconcelos, Francisco «Peligrosidad, principio de culpabilidad e individualización de penas», *Ensayos y conferencias de los forjadores de la Suprema Corte de Justicia de la Nación,* n. 5, México: SCJN, 2005.

Prins, Adolphe, *La defensa social y las transformaciones del derecho penal,* trad. y pres. Rodrigo Codino, Argentina: Ediar, 2010.

Pulido Esteva, Diego, «Los trabajos y los miembros de la comisión revisora del Código Penal del Distrito Federal, 1903-1912», en O. Cruz, H. Fix-Fierro y E. Speckman (coords.), *Los abogados y la formación del Estado mexicano,* México, Ilustre y Nacional Colegio de Abogados de México, UNAM, Instituto de Investigaciones Históricas, Instituto de Investigaciones Jurídicas, 2013, pp. 391-416.

Sánchez Gavito, Indalecio, *Actas de la comisión del Código Penal,* México, n.a.

Tau Anzoátegui, Víctor, *Casuismo y sistema. Indagación histórica sobre el espíritu del Derecho Indiano,* Buenos Aires: Instituto de Investigaciones de Historia del Derecho, 1992.

Tomás y Valiente, Francisco, *Manual de historia del derecho español,* Madrid: Tecnos, 2015.

Zaffaroni, Eugenio Raúl, *Apuntes sobre el pensamiento penal en el tiempo,* Buenos Aires: Hammurabi, 2007.

— *Tratado de derecho penal.* Parte general, tomo II, Argentina: Ediar, 1987.

Zea, Leopoldo, *El positivismo en México,* México, El Colegio de México: Fondo de Cultura Económica, 1943.

LA REFORMA AL CÓDIGO PENAL DE 1871 VISTA DESDE LA PRÁCTICA: PODER JUDICIAL FEDERAL, OPINIÓN PÚBLICA Y PROPUESTAS DE LOS JUZGADORES A FINALES DEL PORFIRIATO

Emmanuel Heredia González*

Universidad Autónoma de Yucatán

SUMARIO: I. INTRODUCCIÓN. II. EL PODER JUDICIAL FEDERAL A FINALES DEL PORFIRIATO. III. EL DEBATE PÚBLICO EN TORNO A LA REFORMA DEL CÓDIGO PENAL. IV. LAS PROPUESTAS DE LOS JUZGADORES FEDERALES. V. CONCLUSIÓN. VI. REFERENCIAS.

I. INTRODUCCIÓN

En el ámbito historiográfico son conocidos los esfuerzos durante el periodo conocido como porfiriato —es decir, el periodo en que Porfirio Díaz fue presidente de México (1876-1911)— para materializar una labor codificadora que abarcó distintos ámbitos de la vida económica, social, y jurídica del país. Mediante la obtención de facultades especiales del Poder Legislativo y la designación de comisiones para el efecto, el Gobierno nacional logró la expedición de códigos federales de gran relevancia —entre ellos, los de minería, sanitario, postal, de comercio, así como los códigos de procedimientos federales y de procedimientos penales—. Sin embargo, menos conocidas son las reformas de los cuerpos normativos vigentes en la época. Una de las más

---

* Estancia posdoctoral desarrollada en el Centro de Investigaciones Regionales Dr. Hideyo Noguchi-Unidad de Ciencias Sociales de la Universidad Autónoma de Yucatán (UADY), con el proyecto de investigación «Cultura jurídica, instituciones judiciales y la administración de la justicia en Yucatán entre 1820-1836», en el marco de la convocatoria «Estancias Posdoctorales por México», 2021 del Consejo Nacional de Ciencia y Tecnología (CONACYT).

ambiciosas fue la reforma del Código Penal de 1871, vigente en el Distrito Federal y el Territorio de la Baja California para los delitos del fuero común, y en toda la República Mexicana para los delitos contra la Federación. En 1903, a pocos años del derrumbe del régimen, la Secretaría de Justicia se designó una comisión revisora de dicho cuerpo legal. Integrada por destacados juristas, la tarea de la comisión era proponer modificaciones en el código penal vigente con miras a la promulgación de un nuevo código. Aunque tras varios años de labores la comisión revisora propondría un proyecto de nuevo código penal, el estallido de la revolución mexicana impidió su revisión y entrada en vigor.

Si bien la historiografía se ha referido a los trabajos de la comisión revisora del Código Penal de 1871, en buena medida se ha limitado a hacer breves consideraciones de carácter general.[1] El trabajo que ha analizado con mayor detalle algunos aspectos sobre los integrantes y las labores de la Comisión es el de Pulido Esteva (2013). En este marco, el presente ensayo trata de contribuir al conocimiento del proyecto de reforma del código penal, así como destacar la importancia de la obra *Trabajos de revisión del Código Penal. Proyecto de reformas y exposición de motivos* como fuente para las investigaciones sobre el derecho penal, la criminalidad y la administración de justicia a finales del siglo XIX y principios del siglo XIX. A tal efecto, el objetivo central del ensayo es analizar las propuestas que un grupo de magistrados y jueces federales envió para reformar el Código Penal de 1871. Como se verá, aquellas propuestas, producto de la experiencia concreta en la práctica judicial, pretendían dar solución a varias problemáticas sobre la criminalidad y la administración de justicia que habían sido objeto de discusión pública a finales del porfiriato.

Pero ¿cuál fue el contexto en el que los juzgadores federales emitieron sus propuestas sobre la reforma del código penal? El 26 de septiembre de 1903, en el marco del inicio de labores de la comisión revisora del Código Penal de 1871, el subsecretario de Justicia Eduardo Novoa, remitió una circular a los

---

1 Buffington, Robert, *Criminales y ciudadanos en el México moderno*, México: Siglo XXI, 2001, p.177. Piccato, Pablo, (2001) *City of Suspects. Crime in Mexico City, 1900-1931*. Durham and London: Duke University Press, 2001, p. 193. Speckman Guerra, Elisa, (2003) «El derecho penal en el porfiriato: un acercamiento a la legislación, los discursos y las prácticas» en S. García Ramírez y L.A. Vargas Casillas Leticia (coords.). *Proyectos legislativos y otros temas penales. Segundas Jornadas sobre Justicia Penal*, México: Universidad Nacional Autónoma de México, pp. 207-208. Disponible en: <http://ru.juridicas.unam.mx/xmlui/handle/123456789/9447> [Consulta: 09/08/2022]. Cruz Barney, Óscar, *La codificación en México*, México: Porrúa, 2010, p. 77. García Ramírez, Sergio, «El sistema penal en el porfiriato (1877-1911). Delincuencia, proceso y sanción», *Revista de la Facultad de Derecho de México*, 65(264), 2015, pp. 187-190. Disponible en: <http://www.revistas.unam.mx/index.php/rfdm/article/view/60308/53196> [Consulta: 09/08/2022].

magistrados y jueces con jurisdicción penal, así como a los representantes del Ministerio Público y defensores de oficio de los fueros federal y común del Distrito y los territorios federales. En la comunicación enviada a cada funcionario, Novoa explicaba que la Secretaría de Justicia tenía el proyecto de reformar el código penal vigente, por lo que, «teniendo en cuenta las aptitudes y experiencia de Ud., le suplico que, en la forma del más sencillo memorándum, se sirva indicarme cuáles son las adiciones y reformas que en concepto de Ud. deban hacerse».[2] Cerca de 50 personas, entre ellas magistrados de tribunales de circuito, jueces de juzgados de distrito, jueces del ramo criminal y correccionales de la Ciudad de México, agentes del ministerio público y defensores de oficio, enviaron sus respectivas propuestas, que fueron trasladadas a la comisión revisora.[3]

Varios años más tarde, el 14 de julio de 1911, cuando la comisión revisora prácticamente había concluido su proyecto de reforma del Código Penal de 1871, envió a la Secretaría de Justicia los documentos que habían sido fundamentales durante sus trabajos con el propósito de que fueran publicados y discutidos por la opinión pública. Entre dichos papeles se encontraban las propuestas que los funcionarios judiciales habían emitido sobre reformas del código penal. El 20 de octubre de 1911, el secretario de Justicia Manuel Calero respondió positivamente a la solicitud de la comisión, aunque cuestionó la pertinencia de incluir las opiniones de los funcionarios judiciales en la obra proyectada. «No es remoto —consideraba Calero— que algunas de esas opiniones carezcan en lo absoluto de valor científico, siendo en tal caso inconveniente hacer gastos para publicar documentos que no honrarían la literatura jurídica nacional». Calero sugirió que «mediante una cuidadosa expurgación de esos estudios aludidos, podría llegarse a elegir los que efectivamente merezcan figurar como antecedentes de los trabajos que el ilustrado personal de esa comisión ha emprendido».[4]

La respuesta del secretario de Justicia provocó que la comisión revisora reaccionara con una vehemente defensa de la relevancia de las opiniones de los funcionarios judiciales para sus trabajos de reforma del Código Penal de 1871. En comunicación del 26 de octubre de 1911 la comisión planteó al secretario

---

2 «Boletín del Diario del Hogar», *Diario del Hogar.* 9 de diciembre, 1903. Disponible en: <https://hndm.iib.unam.mx/index.php/es/> [Consulta: 09/08/2022].

3 Secretaría de Justicia, *Trabajos de Revisión del Código Penal. Proyecto de Reformas y exposición de motivos, Tomo I. Primera parte Opiniones de Magistrados, Jueces, Agentes del Ministerio Público y Defensores de Oficio. Segunda Parte Estudios y Anteproyectos (Libros I y II del Código)*, México: Tipografía de la Oficina Impresora de Estampillas, 1912, p. XXX.

4 *Ibídem*, pp. XXVIII-XXIX.

Calero que, en primer lugar, «todas las opiniones emitidas constituyen una contribución al estudio del Código, cuya importancia consiste algunas veces en los razonamientos en que se apoyan, y otras, en el número de las [opiniones] emitidas, indicando la necesidad de reformar alguna disposición». En segundo lugar, «todas las opiniones fueron tomadas en consideración al formularse los anteproyectos que sirvieron de base a las discusiones en el seno de la comisión». En tercer lugar, «al hacerse una selección de las opiniones, aun cuando se procurara en ello la mayor rectitud y la más completa imparcialidad, inevitablemente resultaría sustituido el criterio de la comisión al de los funcionarios judiciales». El 3 de noviembre de 1911, en vista de los razonamientos anteriores, la Secretaría de Justicia aprobó la impresión completa de las opiniones de los funcionarios judiciales como parte de la publicación proyectada por la comisión revisora. Finalmente, entre 1912 y 1914 se publicó la obra *Trabajos de revisión del Código Penal. Proyecto de reformas y exposición de motivos*. De este modo, organizados en cuatro tomos, veían la luz los documentos fundamentales que la comisión revisora tuvo a la vista durante sus trabajos de reforma del Código Penal de 1871. La mitad del primer tomo recoge los escritos que enviaron los funcionarios judiciales con sus propuestas de reforma del código penal.[5]

Como se ha señalado, la importancia de las propuestas de los funcionarios judiciales fue indiscutible para la formulación del proyecto final de reforma elaborado por la comisión revisora. Sin embargo, poco se conoce sobre la naturaleza de dichas propuestas y sobre su autoría. El objetivo principal del presente ensayo, ya se ha dicho, es analizar las propuestas de reforma del Código Penal de 1871 planteadas por los magistrados y jueces federales. Dichos testimonios representan un mirador especial para analizar las reformas del código penal, pues, a diferencia de otro tipo de documentos —por ejemplo, los de corte teórico o doctrinario que realizaron juristas durante la época—, los planteamientos de los juzgadores federales estaban fincados en su experiencia concreta en la práctica judicial cotidiana. Para lograr el objetivo planteado, el ensayo se divide en tres apartados. El primero ofrece una visión panorámica de la organización del Poder Judicial de la Federación a finales del porfiriato y sus facultades en materia penal. Además, con la información que pudo obtenerse sobre la trayectoria de los magistrados y jueces que enviaron sus escritos, se propone una caracterización general orientada a conocer la identidad de esos juzgadores. El segundo apartado revisa el debate que tuvo en la opinión pública sobre la reforma del código penal a finales del siglo XIX

5 *Ibídem*, pp. 3-260.

y principios del siglo XX. Este debate es importante, dado que permite conocer cuáles fueron los principales temas o problemáticas que preocupaban a la sociedad mexicana en relación con a la criminalidad y la administración de justicia. Finalmente, y con base en la información precedente, el tercer apartado analiza las propuestas emitidas por los magistrados y jueces federales para reformar el Código Penal de 1871, que, partiendo de su experiencia concreta, ambicionaban resolver muchos de los problemas que se habían manifestado en la práctica.

II. EL PODER JUDICIAL FEDERAL A FINALES DEL PORFIRIATO

A pesar de que el artículo 96 de la Constitución federal de 1857 contemplaba la expedición de una ley reglamentaria para la organización del Poder Judicial de la Federación, específicamente en lo que respecta a los tribunales de circuito y juzgados de distrito, esa ley nunca llegó a promulgarse. Por ello, durante la mayor parte de la segunda mitad del siglo XIX siguieron aplicándose las leyes que habían regido sobre la materia, específicamente las de 13 de mayo de 1826, 22 de mayo de 1834 y 23 de noviembre de 1855.[6] La expedición del Código de Procedimientos Federales, promulgado entre 1895-1897, articuló una nueva organización para el funcionamiento de los órganos jurisdiccionales federales. Como señala Lucio Cabrera Acevedo, el referido código de procedimientos era «un texto jurídico complejo que abarca diversos campos». No solamente contenía una reglamentación del juicio de amparo y aspectos propios de los códigos de procedimientos administrativos y procesal civil, sino que, como apunta el mismo Cabrera, también era «una especie de ley orgánica del Poder Judicial de la Federación, pues reglamenta los órganos y funciones de los tribunales federales jerárquicamente».[7]

En la larga exposición de motivos que precedía al Código de Procedimientos Federales, elaborada por Luis G. Labastida, miembro de la Comisión Redactora del Código, se especificaron los objetivos que pretendían alcanzarse para dar una nueva organización al poder judicial federal. En primer lugar, pretendía establecerse una justicia federal «siempre expedita [...] rápida en sus procedimientos y accesible a todo individuo, cualquiera que sea su clase, su fortuna, su condición social y su nacionalidad». A tal fin, el texto previó

6 Lozano, Antonio de J., *Código de Procedimientos Civiles Federales. Expedido en uso de la autorización que concedió al ejecutivo la ley de 2 de junio de 1892 aumentado con sus últimas reformas.* México: Herrero Hermanos Editores, 1904, 17.

7 Cabrera Acevedo, Lucio, *La Suprema Corte de Justicia a fines del siglo XIX 1888-1900.* México: Suprema Corte de Justicia de la Nación, 1992, p. 40.

que no habría «más trámites que los estrictamente necesarios para el esclarecimiento de los hechos, y los alegatos y audiencias se limitarán al tiempo rigurosamente indispensable para fijar el derecho de los litigantes». En este sentido, estipulaba que únicamente habría dos instancias para todos los juicios y que «la segunda en ningún caso será obligatoria, sino motivada por el recurso interpuesto en la forma y términos que designe la ley». El Código de Procedimientos Federales también pretendía que «el procedimiento federal se asimilará en cuanto fuere posible al del orden común, para unificar la legislación, aprovechando, sin embargo, las lecciones de la experiencia, a fin de no incurrir en los defectos de los códigos vigentes».[8]

El Código de Procedimientos Federales también introdujo una modificación sustantiva respecto al número y distribución de los tribunales de circuito y juzgados de distrito en el país. La exposición de motivos del código afirmaba que «la división territorial de Circuitos y Distritos resultaba imperfecta, tanto porque no correspondía al nuevo sistema de comunicaciones establecido por el movimiento ferrocarrilero, cuanto porque se habían aglomerado hasta tres juzgados en una sola entidad federativa». Además, «desde que se decidió la supresión de la segunda instancia forzosa, nada justificaba la subsistencia de nueve Tribunales de Circuito, y muy principalmente cuando el recurso de apelación debía quedar reducido en la mayor parte de los casos, a la audiencia y el fallo».[9] Así, en 1903, cuando comenzó a funcionar la comisión revisora del Código Penal de 1871, el número de tribunales y juzgados se había reducido considerablemente y el Poder Judicial Federal se integraba por tres tribunales de circuito y treinta y dos juzgados de distrito.[10]

A continuación, se sintetizan la organización y funciones de los órganos jurisdiccionales federales. Para un análisis detallado sobre el Poder Judicial de la Federación entre 1900 y 1910 véase Cossío D. (2014). A la cabeza del Poder Judicial de la Federación se hallaba la Suprema Corte de Justicia de la Nación, integrada por quince ministros. La Corte tendría un ministro presidente y dos vicepresidentes y se dividiría en tres salas, la primera compuesta por cinco ministros, la segunda por tres ministros y la tercera también por tres ministros. Para ser ministro de la Suprema Corte era necesario ser mexicano

---

8 Lozano, Antonio de J., *Código de Procedimientos Civiles Federales. Expedido en uso de la autorización que concedió al ejecutivo la ley de 2 de junio de 1892 aumentado con sus últimas reformas, op. cit.*, pp. 14-15.

9 *Ibídem*, p. 19.

10 *Directorio general de la república mexicana, 1903-1904*, México: Ed. por Ruhland y Ahlschier, 1903, pp. 567-569.

por nacimiento, ciudadano en ejercicio de sus derechos, mayor de 35 años y «estar instruido en la ciencia del derecho a juicio de los electores».[11]

Los tribunales de circuito eran unitarios, es decir, estaban integrados por un solo magistrado. En cada uno de ellos habría además un secretario, un agente del Ministerio Público y los denominados «empleados subalternos» como los escribientes. Para ser magistrado de tribunal de circuito era necesario ser ciudadano mexicano en ejercicio de los derechos, mayor de 30 años y abogado. El nombramiento del magistrado correría a cargo del Poder Ejecutivo a propuesta en terna de la Suprema Corte de Justicia de la Nación.[12] El Tribunal del Primer Circuito, con sede en la capital del país, tenía una jurisdicción sobre los estados de Aguascalientes, Coahuila, Chihuahua, Durango, Guanajuato, México, Nuevo León, Querétaro, San Luis Potosí, Zacatecas y el Primer Juzgado de Distrito del Distrito Federal. El Tribunal del Segundo Circuito, con sede en la capital del país, tenía jurisdicción sobre los estados de Campeche, Chiapas, Hidalgo, Puebla, Tabasco, Tlaxcala, Veracruz, Yucatán y el Segundo Juzgado de Distrito del Distrito Federal. El Tribunal del Tercer Circuito, con sede en la capital del país, tenía jurisdicción sobre los estados de Sonora, Sinaloa, Colima, Oaxaca, Guerrero, Morelos, Jalisco, Michoacán y los territorios federales de Tepic y Baja California.[13]

Por lo que respecta a los juzgados de distrito, cada uno debía estar integrado por un juez. En cada juzgado habría además un secretario, un agente del Ministerio Público y los correspondientes empleados subalternos. Para ser juez de juzgado de distrito era necesario ser ciudadano mexicano en ejercicio de los derechos, haber cumplido 25 años y ser abogado.[14] Existían dos juzgados de distrito en el Distrito Federal, dos juzgados de distrito en Tamaulipas (uno ubicado en Tampico y otro en Nuevo León) y un juzgado en Campeche, Chiapas, Durango, Guanajuato, Guerrero, Hidalgo, Aguascalientes, Baja California, Chihuahua, Coahuila, Colima, Jalisco, Estado de México, Michoacán, Morelos, Nuevo León, Oaxaca, Puebla, Querétaro, San Luis Potosí, Sinaloa, Sonora, Tabasco, Tlaxcala, Tepic, Veracruz, Yucatán y Zacatecas. Las jurisdic-

---

11 Lozano, Antonio de J., *Código de Procedimientos Civiles Federales. Expedido en uso de la autorización que concedió al ejecutivo la ley de 2 de junio de 1892 aumentado con sus últimas reformas, op. cit.*, pp. 162-165.

12 *Ibídem*, pp. 165-168.

13 *Directorio general de la república mexicana, 1903-1904, op. cit.*, pp. 567-568.

14 Lozano, Antonio de J., *Código de Procedimientos Civiles Federales. Expedido en uso de la autorización que concedió al ejecutivo la ley de 2 de junio de 1892 aumentado con sus últimas reformas, op. cit.*, pp. 163-168.

ciones de dichos juzgados abarcaban el territorio del estado o territorio federal respectivo.[15]

De acuerdo con el Código de Procedimientos Federales, entre las facultades de los tribunales de la federación figuraba la de conocer y resolver todas las controversias sobre el «cumplimiento y aplicación de las leyes federales, excepto en el caso de que la aplicación solo afecte intereses de particulares». También, aquellas controversias en las que fuera parte la federación. Como se ha señalado, los tribunales de circuito conocerían en segunda instancia de los asuntos que conocieran en primera instancia los juzgados de distrito, pero no en todos los casos, sino únicamente en aquellos que admitieran apelación o revisión de los expedientes. En este sentido, la mayor carga de trabajo recaía sobre los juzgados de distrito, pues conocerían en primera instancia sobre al menos cuarenta y siete materias estipuladas en el Código de Procedimientos Federales, entre ellas el robo de caudales, valores o bienes de la federación; el incendio de embarcaciones, vagones, edificios en el servicio de las vías generales de comunicación; la destrucción deterioro o daños por incendio u otros medios en propiedad nacional y los delitos contra las vías generales de comunicación; la falsificación y alteración de moneda; la falsificación de documentos de crédito público; la falsificación de sellos, cuños, troqueles, punzones y marcas establecidos por la ley federal y la falsificación de documentos federales, por nombrar tan solo algunos.[16] Adicionalmente a las materias contempladas en el Código de Procedimientos Federales, en relación con los «delitos contra la Federación» los tribunales federales debían observar las disposiciones contenidas en el Código Penal de 1871, que también contenía un extenso catálogo de materias.[17]

Debe destacarse que en ese periodo época se expresó una queja constante referida a la administración de justicia federal y, más específicamente, a la jurisdicción penal: la inexistencia de un código que normara dicho ramo. Por ejemplo, en una nota titulada «Una edificación que urge. El caos en los Juzgados de Distrito y Tribunales de Circuito» se planteaba que la Secretaría de Justicia debía ocuparse urgentemente de la expedición de un código de procedimientos penales federales. Sus autores señalaban que «basta leer una sentencia dada por un juez de distrito, o por un magistrado de circuito, para

---

15 *Directorio general de la república mexicana, 1903-1904, op. cit.*, pp. 568-569.

16 Lozano, Antonio de J., *Código de Procedimientos Civiles Federales. Expedido en uso de la autorización que concedió al ejecutivo la ley de 2 de junio de 1892 aumentado con sus últimas reformas, op. cit.*, pp. 175 y 180-187.

17 *Código Penal. Edición oficial.* (1872). Disponible en: <http://cdigital.dgb.uanl.mx/la/1020013096/1020013096.PDF.> [Consulta: 09/08/2022].

quedarse abismado con el cúmulo de disposiciones y cuerpos de legislación que hay que tener en cuenta para salir avante». Tanto para los litigantes como para los funcionarios judiciales era muy difícil consultar la gran cantidad de normas que podían considerarse aplicables, «y los menos expertos sufren equívocos lamentables, pues bien sabido es que los códigos de la remota antigüedad [...] solo les es dable estudiarlos y consultarlos a los abogados que disfrutan ya de un relativo bienestar y disponen no solo de bibliotecas competentes, sino de tiempo y experiencia».[18] Por eso, durante la época surgió una amplia literatura jurídica que trataba de orientar a los abogados y juzgadores sobre el derecho penal aplicable en materia federal, como, por ejemplo, la obra *El procedimiento penal en el fuero federal. O resumen de las principales disposiciones aplicables a los procedimientos penales ante los jueces de distrito y tribunales de circuito,* publicada por el licenciado Arena (1897). No sería sino hasta 1908, en las postrimerías del porfiriato, cuando se expidieron una ley orgánica del Poder Judicial de la Federación y el primer Código Federal de Procedimientos Penales.

De los treinta y cinco magistrados y jueces que integraban el Poder Judicial de la federación en 1903, catorce de ellos —es decir, poco menos de la mitad— respondió a la circular de la Secretaría de Justicia de ese año que solicitaba sus opiniones y propuestas sobre reformas al código penal vigente de 1871. Los juzgadores federales que respondieron la circular fueron: el magistrado del Tribunal del Primer Circuito Ricardo Cicero, el magistrado del Tribunal del Segundo Circuito Agustín Moreno, el juez segundo de Distrito del Distrito Federal Cristóbal C. Chapital, el juez de Distrito de Aguascalientes Hilario C. Silva, el juez de Distrito de Chiapas Daniel A. Zepeda, el juez de Distrito de Durango Juan Chávez González, el juez de Distrito de Guerrero Alberto Morfín, el juez de Distrito de Hidalgo Fernando Lachica, el juez de Distrito del Estado de México Alberto G. Andrade, el juez de Distrito de Morelos Francisco G. Moctezuma, el juez de Distrito de Oaxaca Francisco Brioso, el juez de Distrito de Querétaro Gabriel G. Estrada, el juez de Distrito de San Luis Potosí Tomás Ortiz, y el juez de Distrito de Baja California Jesús M. Cadena. A continuación, de acuerdo con la información obtenida sobre los magistrados y jueces referidos, se hace una caracterización general del grupo.

Respecto a las generaciones a las que pertenecieron los magistrados y jueces federales, según los años de nacimiento, la realización de estudios o el ejercicio de empleos, todo indica que una buena parte vivió su juventud y

---

18 «Una edificación que urge», *Diario del Hogar,* 8 de enero, 1904. Disponible en: >https://hndm.iib.unam.mx/index.php/es/> [Consulta: 10/08/2022].

desarrolló su carrera profesional durante el porfiriato, aunque algunos lo hicierán una generación antes. Entre los primeros figuraban, por ejemplo, Cristóbal Cornelio Chapital Olivera, que nació en la capital del estado Oaxaca en 1856.[19] Daniel Antonio Zepeda nació en San Cristóbal de las Casas, Chiapas, en 1856; en 1876, a los 20 años, inició sus estudios en la Academia de Derecho Teórico-Práctico en la Universidad Literaria de Chiapas y en 1881 obtuvo el título de abogado.[20] Fernando Lachica Flores nació en Apodaca, Nuevo León, en 1859; se sabe que estudió Derecho en el Colegio Civil de Monterrey, aunque se desconoce el año en que se recibió como abogado.[21] Hilario C. Silva fue alumno de jurisprudencia práctica en el Instituto de Ciencias de Jalisco entre 1883-1884.[22] Gabriel G. Estrada ya se desempeñaba como promotor fiscal del Tribunal de Circuito de Querétaro desde 1883,[23] mientras que Jesús M. Cadena fungía como juez del Juzgado de Primera Instancia del Partido del Norte de Baja California desde 1886.[24] Entre los abogados pertenecientes a la generación anterior cabe mencionar a Ricardo Cicero Cámara, que nació en Mérida, Yucatán en 1832 y que en 1853 recibió el título de abogado,[25] y a José Francisco Brioso, que desde 1862 era juez de Tuxtepec en Oaxaca.[26]

Un rasgo importante que caracterizó al conjunto de magistrados y jueces federales que enviaron sus propuestas de reforma del Código Penal de 1871 es que la gran mayoría desarrolló una temprana carrera judicial, bien fuera en el ámbito local o federal. Adicionalmente, es perceptible la movilidad a la

---

19 Seminario de Genealogía Mexicana «Cristobal Conrelio Chapital Olivera», (s.f.). Disponible en: <https://gw.geneanet.org/sanchiz?lang=en&p=cristobal+cornelio&n=chapital+olivera> [Consulta: 10/08/2022].

20 Montesinos V., Christian J., María Elena Tovar González, Irasema A. Villanueva y José Guadalupe Sarmiento de la Cruz, «Los constituyentes de Chiapas en 1917 y su contexto», en M.E. Tovar González (coord.), *Chiapas en el Congreso Constituyente 1916-1917*. México: Secretaría de Cultura, Instituto Nacional de Estudios Históricos de las Revoluciones de México, Universidad Nacional Autónoma de México, 2018, pp. 67-72 y 75. Disponible en: <https://inehrm.gob.mx/recursos/Libros/ChiapasCongConst16-17.pdf> [Consulta: 10/08/2022].

21 Seminario de Genealogía Mexicana, *op. cit.*

22 «Gacetilla», *El Litigante*, 25 de octubre., 1884a. Disponible en: <https://hndm.iib.unam.mx/index.php/es/> [Consulta: 10/08/2022].

23 «Jurisprudencia federal», *El Foro*, 29 de marzo, 1883. Disponible en: <https://hndm.iib.unam.mx/index.php/es/> [Consulta: 10/08/2022].

24 Archivo Central de la Suprema Corte de Justicia de la Nación (ACSCJN). Fondo «México». Serie «Asuntos Económicos»: exp. MEX-3653-4-880610 y exp. MEX-3653-4-880611.

25 Seminario de Genealogía Mexicana, *op. cit.* Archivo Central de la Suprema Corte de Justicia de la Nación (ACSCJN), *op. cit.*, exp. MEX-3476-3-838043.

26 «Noticias nacionales», *El siglo diez y nueve*, 9 de marzo, 1862. Disponible en: <https://hndm.iib.unam.mx/index.php/es/> [Consulta: 10/08/2022].

que estuvieron dispuestos muchos abogados con el afán de proseguir su carrera judicial. Resulta claro que, durante el porfiriato, en momentos en que el país se encontraba relativamente pacificado y con un crecimiento económico sostenido que había posibilitado la creación de una importante burocracia a nivel federal, la carrera judicial representaba una opción de empleo atractiva para los abogados. Debe tomarse en consideración que, durante las primeras décadas tras la Independencia de México, las constantes luchas armadas, los cambios de régimen político y el déficit crónico de la hacienda pública habían dificultado a los abogados la posibilidad de proseguir una carrera judicial. Debido, especialmente, a la falta de pagos de sueldo, los letrados preferían desempeñarse como litigantes o apoderados legales en estudios particulares, e incluso dedicarse a otras actividades de carácter comercial o productivo. En este sentido, la mayoría de quienes optaban por el desempeño de las magistraturas o judicaturas contaban con un patrimonio que les permitía ejercer dichos empleos a pesar de la incertidumbre del pago, pero también lo hacían por el prestigio social que conllevaba el ejercicio de los cargos.

Por ejemplo, Ricardo Cicero, originario de Mérida, Yucatán, de la generación previa al porfiriato, se empeñó desde una edad temprana en proseguir una carrera judicial. Sin especificar las fechas precisas, pero antes de 1859, ya había ejercido los siguientes empleos: escribiente del Tribunal Superior de Yucatán, auditor de guerra de la Comandancia General del Territorio de Tehuantepec, juez de primera instancia del Partido de Minatitlán, secretario de gobierno del territorio de Tehuantepec, juez de primera instancia del Partido de la Paz en Baja California, secretario de gobierno del Territorio de Baja California, asesor de la Comandancia principal de Baja California, y promotor fiscal del entonces Tribunal de Circuito de Celaya. En 1859 Cicero residía en la Ciudad de México y solicitó que se le tuviera en cuenta en la designación de los juzgados menores de la capital, específicamente el juzgado del cuartel mayor número dos, donde estaba avecindado. En 1861 se desempeñó durante varios meses como juez letrado de Tlalpan y al año siguiente fungía como segundo promotor fiscal del Juzgado de Distrito del Distrito Federal.[27]

La supresión de la promotoría fiscal del Juzgado de Distrito del Distrito Federal, aunada probablemente a la dificultad de conseguir un empleo estable en el ramo judicial, llevaron a Ricardo Cicero a abrir su bufete particular en

27 «Avisos», *El Constitucional*, 24 de enero, 1862. Disponible en: <https://hndm.iib.unam.mx/index.php/es/> [Consulta: 09/08/2022]. Archivo Central de la Suprema Corte de Justicia de la Nación (ACSCJN), *op. cit.*, exp. MEX-3476-3-838043; exp. MEX-3514-6-853034; exp. MEX-3525-1-852295.

1862, ubicado en el predio número 3 de la calle Tacuba, una de las principales de la capital de México. En 1870 el estudio de Cicero se ubicaba en el número 9 de la primera calle de Santo Domingo y buena parte de su clientela la conformaban personas de origen francés. Durante las décadas siguientes, Cicero consolidó una robusta carrera como abogado litigante, y, en 1894, a la edad de 62 años, fue designado socio de la Academia Mexicana de Jurisprudencia y Legislación correspondiente de la Real de Madrid. Todo parece indicar que el prestigio que se había labrado a través de los años influyó para que, en 1900, al ser promovido Jesús Labastida al Ministerio Público General, fuera designado magistrado del Primer Tribunal de Circuito, indudablemente uno de los cargos judiciales federales más importantes. Aunque es probable que Cicero obtuviera mayores recursos económicos como abogado litigante, seguramente aceptó la designación de magistrado a sus 68 años como una suerte de coronación en la carrera judicial que tanto tiempo había anhelado.[28]

Las dificultades con las que tropezó Ricardo Cicero para proseguir una carrera judicial contrasta con lo sucedido con los abogados de la generación del porfiriato. Fernando Lachica Flores, originario de Nuevo León, quien, en 1892, con 33 años, comenzó a desempeñarse como magistrado de la Suprema Corte de Tamaulipas, cargo que ejerció hasta 1903, pues en agosto de ese año fue designado juez del Juzgado de Distrito de Hidalgo.[29] Gabriel G. Estrada, que en 1883 se desempeñaba como promotor fiscal del Tribunal de Circuito de Querétaro, fue nombrado magistrado de dicho tribunal en 1888; en octubre de 1896, Estrada fue nombrado juez del Juzgado de Distrito de Querétaro, empleo que desempeñó al menos hasta 1903.[30] Jesús M. Cadena, que en 1886 era juez del Juzgado de Primera instancia del Partido del Norte, en Ensenada de Todos Santos, Baja California, fue designado promotor fiscal del Juzgado de Distrito de Baja California en 1900, y ese mismo año fue nombrado juez de primera instancia del Partido del Norte, cargo en el que se desempeñó al

---

28 Avisos», *El Constitucional, op. cit.* «Faits divers mexicains», *Le Trait d'Union*, 2 de noviembre, 1870 Disponible en: <https://hndm.iib.unam.mx/index.php/es/> [Consulta: 10/08/2022]. «Hechos diversos», *El Foro*, 4 de octubre, 1894, Disponible en: <https://hndm.iib.unam.mx/index.php/es/> [Consulta: 10/08/2022]. «Nombramientos judiciales», *La Voz de México*, 20 de octubre, 1900. Disponible en: <https://hndm.iib.unam.mx/index.php/es/> [Consulta: 10/08/2022].

29 González Oropeza Manuel, *Digesto constitucional mexicano. Tamaulipas*, México: Suprema Corte de Justicia de la Nación, 2016, pp. 84, 99-100. Archivo Central de la Suprema Corte de Justicia de la Nación (ACSCJN), *op. cit.*, exp. MEX-3664-4-882-578.

30 Jurisprudencia federal», *El Foro, op. cit.* «Gacetilla» *Diario del Hogar*, 9 de marzo, 1888. Disponible en: <https://hndm.iib.unam.mx/index.php/es/> [Consulta: 10/08/2022]. Archivo Central de la Suprema Corte de Justicia de la Nación (ACSCJN), *op. cit.*, exp. MEX-3618-3-878975.

menos hasta 1903; no se tiene noticia exacta de cuándo fue designado juez del Juzgado de Distrito de Baja California, aunque es probable que fuera ese mismo año de 1903.[31]

Otros abogados que desarrollaron una temprana carrera judicial durante el porfiriato también es perceptible un factor adicional: su vinculación con las élites políticas gobernantes. Por ejemplo, Adalberto G. Andrade, quien en 1883 fue designado juez de primera instancia de Pachuca. Entre 1883-1885 se desempeñó como diputado del congreso de Hidalgo. En 1884 fungía como abogado litigante en la capital del estado y fue nombrado catedrático de segundo año de Derecho en el Instituto Literario y Escuela de Artes y Oficios de Pachuca. Andrade estuvo estrechamente relacionado con los círculos porfiristas locales. Así, en 1885 participó en la «Junta general de recepción» del gobernador de Hidalgo general, Francisco Cravioto, como parte de la comisión de educación «Preparatoria y Profesional». Un año después formó parte de un trío para violín, flauta y piano en un concierto ofrecido en celebración del cumpleaños del gobernador Cravioto. No hay duda de que los vínculos personales de Adalberto Andrade a nivel local le permitieron a proseguir una carrera judicial y política ascendentes. Entre 1885-1893 se desempeñó como diputado del Congreso de Hidalgo. En 1893 fue designado magistrado del Tribunal Superior de Hidalgo, cargo en el que fungió hasta 1897. En 1899 era promotor fiscal del Juzgado de Distrito de Morelos y en junio de 1902 fue designado juez del Juzgado de Distrito del Estado de México, cargo que ocupó al menos hasta 1903.[32]

---

31 «Jurado de responsabilidad», *El Tiempo,* 17 marzo, 1903. Disponible en: <https://hndm.iib.unam.mx/index.php/es/> [Consulta: 10/08/2022]. Archivo Central de la Suprema Corte de Justicia de la Nación (ACSCJN), *op. cit.*, exp. MEX-3653-4-880610 y exp. MEX-3653-4-880611.

32 «Gacetilla», *El Tiempo,* 11 de octubre, 1883. Disponible en: <https://hndm.iib.unam.mx/index.php/es/> [Consulta: 10/08/2022]. «Tribunales de los Estados», *El Foro,* 5 de septiembre, 1884. Disponible en <https://hndm.iib.unam.mx/index.php/es/> [Consulta: 10/08/2022]. «Gacetilla», *El Tiempo,* 31 de enero, 1884b. Disponible en: <https://hndm.iib.unam.mx/index.php/es/> [Consulta: 10/08/2022]. «Gacetilla», *El Monitor Republicano,* 13 de mayo, 1884c. Disponible en: <https://hndm.iib.unam.mx/index.php/es/> [Consulta: 10/08/2022]. «Asuntos del día», *Diario del Hogar,* 7 de abril, 1885. Disponible en: <https://hndm.iib.unam.mx/index.php/es/> [Consulta: 09/08/2022]. «Sucesos», *Periódico oficial del gobierno del Estado de Hidalgo,* 7 de octubre, 1886. Disponible en: <https://hndm.iib.unam.mx/index.php/es/> [Consulta: 10/08/2022]. «Noticias diversas», *El siglo diez y nueve,* 7 de septiembre, 1892. Disponible en: <https://hndm.iib.unam.mx/index.php/es> [Consulta: 10/08/2022]. «Poder legislativo», *Semanario Oficial del Gobierno de Morelos,* 24 de junio, 1899. Disponible en: <https://hndm.iib.unam.mx/index.php/es/> [Consulta: 10/08/2022]. González Oropeza Manuel y David Cienfuegos Salgado,

Daniel Antonio Zepeda se desempeñó como promotor fiscal del Juzgado de Distrito de Chiapas entre 1885 y 1891. En 1891 fungió como secretario general interino del despacho del gobernador del estado. Emilio Rabasa, y, entre 1891 y 1902 como diputado del Congreso de Chiapas. En 1901 era juez primero suplente del Juzgado de Distrito de Chiapas y en 1902 recibió la titularidad del juzgado. Del caso de Daniel Zepeda llama la atención que pudo combinar el temprano desarrollo de una carrera judicial con una sólida carrera en el ámbito político debido a su vinculación con los grupos porfiristas locales.[33]

José Francisco Brioso era juez de Tuxtepec, en Oaxaca, en 1862. Un año más tarde fue elegido juez de Ixtlán. En 1874 fue designado juez tercero de la capital de Oaxaca y en 1875 fue elegido diputado del Congreso de Oaxaca. En 1890 se desempeñaba como magistrado accidental de la Corte de Justicia de Oaxaca y en 1893 fue designado promotor fiscal del Juzgado de Distrito de Oaxaca. No se tiene noticia de la fecha en que fue designado agente del Ministerio Público adscrito a dicho juzgado, pero en 1901 fue designado juez del Juzgado de Distrito. Como otros de los abogados referidos, Brioso tuvo vínculos políticos estrechos con los gobernantes locales. Así, en 1902 era vocal del Club Democrático Electoral estatal, que apoyaba la candidatura del general Martín González para gobernador entre 1902-1906.[34]

Un último elemento importante que es preciso tomar en consideración respecto los magistrados y jueces de la federación que enviaron sus propuestas de reforma del Código Penal de 1871 es el relativo a su experiencia en el ám-

Digesto constitucional mexicano. Hidalgo, México: Suprema Corte de Justicia de la Nación, 2013, pp. 50-52.

33 Montesinos V., Christian J., María Elena Tovar González, Irasema A. Villanueva y José Guadalupe Sarmiento de la Cruz, «Los constituyentes de Chiapas en 1917 y su contexto», en M.E. Tovar González (coord.), *Chiapas en el Congreso Constituyente 1916-1917, op. cit.*, pp. 67-72. Archivo Central de la Suprema Corte de Justicia de la Nación (ACSCJN), *op. cit.*, exp. MEX-3607-3-876542 y exp. MEX-36631-1-882077.

34 Noticias nacionales», *El siglo diez y nueve, op. cit.* «Noticias nacionales», *El siglo diez y nueve* 16 de enero, 1863. Disponible en: <https://hndm.iib.unam.mx/index.php/es/> [Consulta: 10/08/2022]. «Gacetilla» *El Correo del Comercio,* 26 de noviembre, 1874. Disponible en: <https://hndm.iib.unam.mx/index.php/es/> [Consulta: 10/08/2022]. «Gacetilla» *El Correo del Comercio,* 30 de septiembre, 1875. Disponible en: <https://hndm.iib.unam.mx/index.php/es/> [Consulta: 10/08/2022]. «Gacetilla» *Diario del Hogar,* 26 de diciembre, 1890. Disponible en: <https://hndm.iib.unam.mx/index.php/es/> [Consulta: 10/08/2022]. «Sección de noticias» *El Municipio Libre,* 13 de julio, 1893. Disponible en: <https://hndm.iib.unam.mx/index.php/es/> [Consulta: 10/08/2022]. «Gacetilla» *La Patria de México,* 25 de agosto, 1901. Disponible en: <https://hndm.iib.unam.mx/index.php/es/> [Consulta: 10/08/2022]. «Oaxaca», *La Patria de México,* 15 de marzo, 1902. Disponible en: <https://hndm.iib.unam.mx/index.php/es/> [Consulta: 10/08/2022].

bito de la justicia federal, referida al final del presente ensayo (Tabla 1). Prácticamente, todos contaban con varios años en el ejercicio de magistraturas o judicaturas. Los magistrados Cristóbal Chapital y Agustín Moreno, y los jueces Gabriel Estrada, Daniel Zepeda, Francisco Guerrero, Hilario Silva, Francisco Brioso y Adalberto Andrade acumulaban cinco años o más de experiencia en empleos judiciales federales. El magistrado Ricardo Cicero y los jueces Tomás Ortiz, Juan Chávez, Alberto Morfin, y Jesús Cadena contaban con dos o tres años de experiencia, mientras que solamente el juez Fernando Lachica tenía apenas un año de experiencia en el ámbito judicial federal.

III. EL DEBATE PÚBLICO EN TORNO A LA REFORMA DEL CÓDIGO PENAL

En el presente apartado se analizan los principales temas que, a finales del siglo XIX y comienzos del siglo XX, se discutieron en el ámbito de la opinión pública respecto la reforma del Código Penal de 1871. Para ello, se revisan notas, ensayos y editoriales aparecidos en la prensa de la época. Dicho debate es importante, pues permite conocer cuáles fueron los principales problemas que preocupaban a la sociedad mexicana en relación con la criminalidad y la administración de justicia. Además, como se verá en el siguiente apartado, los magistrados y jueces federales propondrían reformas concretas para resolver tales problemas. Antes de abordar el referido debate, es preciso introducir una nota sobre el contexto en el que aquel estuvo enmarcado, a saber, la confrontación entre lo que algunos autores han identificado como las corrientes liberal clásica y positivista del derecho penal mexicano de la época.

A finales del siglo XIX y comienzos del siglo XX, especialmente en la capital del país, se produjo una amplia discusión en torno a la criminalidad. Como señala Pablo Piccato, en el trasfondo de dicha discusión se confrontaban las ideas positivistas que estaban en auge en México y las «premisas liberales» que inspiraban el contenido del Código Penal de 1871. De acuerdo con el autor, la criminología positivista «enfatizaba la importancia de generalizaciones biológicas y sociales para entender el crimen, sosteniendo la existencia de "criminales natos"», mientras que, de acuerdo con las premisas liberales, «todos los ciudadanos eran iguales ante la ley y el castigo debía ser decidido por la sociedad, de acuerdo con el daño causado por transgresiones individuales al bien público».[35] Por su parte, Elisa Speckman

---

35 Piccato, Pablo, «La construcción de una perspectiva científica: miradas porfirianas a la criminalidad», *Historia Mexicana* 47(1), 1997, pp. 137-138.

identifica la existencia de tres grandes escuelas del derecho penal durante la época: la «clásica o liberal», la «positivista» y una corriente «ecléctica». La autora destaca una diferencia importante que distinguiría a las dos primeras escuelas en términos de la administración de justicia y la eficacia del castigo. La escuela liberal, al «pensar que todos los individuos tenían la misma posibilidad de elegir entre el bien y el mal, llevaba al principio de la igualdad jurídica, o a la idea de que todos debían ser juzgados por las mismas leyes y tribunales», mientras que la escuela positivista, que sostenía que «los delincuentes eran diferentes entre sí y que algunos eran más peligrosos para la sociedad que otros, equivalía a pensar en una justicia diferenciada en razón de las características del delincuente».[36]

La confrontación entre las corrientes identificadas por los autores antes citados resulta importante, pues, como se verá a continuación, sus postulados son perceptibles en el debate público sobre la reforma del Código Penal de 1871. Respecto las opiniones expresadas durante el debate, es posible agruparlas en cuatro grandes ejes temáticos. Un grupo de opiniones hacía énfasis en la necesidad de una reforma completa o integral del código penal. Un segundo grupo se refería a la embriaguez como un mal social que cobraba fuerza en todo el país y que se relacionaba directamente con la criminalidad. Otro grupo trataba sobre el aumento de determinados delitos, particularmente el robo, la falsificación de moneda y el fraude. Finalmente, un último grupo de opiniones trataba sobre la necesidad de adecuar el código a las nuevas realidades del país mediante la inclusión de nuevos tipos delictivos, penas o precisiones terminológicas.

Durante el porfiriato existieron llamados sobre la necesidad de emprender una reforma completa o integral del Código Penal de 1871. A pocos años de expedido el código, el licenciado José Diego Fernández señalaba que los códigos civil y penal no habían experimentado ninguna reforma, y que «hasta hoy no se indica que se piense en ello; y, sin embargo, ya necesitan modificaciones. La práctica, ese crisol del progreso humano, señala vacíos, indica preceptos nocivos y demuestra la conveniencia de reformas». Por lo que respecta al código penal, Fernández identificaba varios puntos de mejora, pues, a su criterio, «no clasifica hechos punibles, no castiga algo que merece castigo, envuelve alguna antinomia y adolece de falta de proporción en muchas penas».[37] Un

---

36 Speckman Guerra, Elisa (2002) *Crimen y castigo. Legislación penal, interpretaciones de la criminalidad y administración de justicia (Ciudad de México, 1872-1910)*, México: El Colegio de México- Universidad Nacional Autónoma de México, pp. 111-112.

37 «El año de 1875», *El Foro*, 5 de enero, 1876 Disponible en: <https://hndm.iib.unam.mx/index.php/es/> [Consulta: 10/08/2022].

editorial coincidía con la opinión del licenciado Fernández y planteaba la necesidad de emprender la reforma completa del Código Penal de 1871:

> Pues gran parte de sus prescripciones hasta hoy son letra muerta en materias gravísimas, y con frecuencia se burlan de ellas los que más celosos debían mostrarse en su fiel observancia ¿Por qué gozan de plena libertad los juegos prohibidos? ¿Por qué los lances de honor están, digamos así, a la orden del día y se verifican casi públicamente, sin correctivo alguno de quien debiera impedirlos o castigarlos? ¿Por qué los evenenadores de bebidas y comestibles reinciden en su delito, a pesar de visitas, multas y cárcel? Claro es que todo ello necesita otro género de correctivos eficacísimos, como, tratándose de los falsificadores, el padrón público y oficial al frente de sus laboratorios químicos.[38]

El licenciado Adelaido Velázquez también hizo énfasis en la importancia de reformar el código penal vigente. Lamentaba que en esos momentos otros países, por ejemplo, Estados Unidos, emprendían grandes modificaciones a sus leyes penales, mientras que en el caso de México «nos cruzamos de brazos y contemplamos con indiferencia estoica los abusos más incalificables». Añadía que «hoy que las evoluciones del progreso y de la ilustración han cambiado la faz del mundo, es un crimen de lesa cultura gobernar con leyes anticuadas e inadaptables a la época en varios puntos esenciales». De acuerdo con el abogado, no cabía duda de que el código penal era «deficiente», pues, a su parecer: «En muchísimos casos, la ley deja al prudente arbitrio del juez la decisión de un caso o la resolución de un trámite. Si en lo civil esto es perjudicial, mucho más perjudicial lo es cuando va en ello de por medio la libertad, la vida y la honra de un hombre». En este sentido, uno de los puntos principales sobre los cuales debía centrarse la reforma era, para Velázquez, en evitar el denominado arbitrio judicial, es decir, el margen de interpretación con que los juzgadores decidían la aplicación de las normas.[39]

Considerando su contenido, en términos generales los textos comentados anteriormente pueden asociarse con lo que la historiografía ha denominado la escuela liberal. Sin embargo, también existieron planteamientos que, desde una perspectiva claramente positivista, llamaban a la reforma completa del Código Penal de 1871. Por ejemplo, en un ensayo, Jesús Urueta vertió una dura crítica al Código. Consideraba que:

---

38 «El poder legislativo», *La Voz de México,* 5 de septiembre, 1890. Disponible en: <https://hndm.iib.unam.mx/index.php/es/> [Consulta: 10/08/2022].

39 «La reforma de los códigos», *El Contemporáneo,* 10 de octubre, 1903. Disponible en: <https://hndm.iib.unam.mx/index.php/es/> [Consulta: 10/08/2022].

> La criminología es ya una ciencia definitiva, y las legislaciones penales deben buscar en ella sus fundamentos. El criterio de la culpabilidad moral en que nuestro Código se basa es un rezago de las viejas ideas que cederá ante el criterio positivo de la defensa social, de la conservación de la especie. Nuestro Código considera el delito en abstracto; la criminología moderna lo considera en concreto como un fenómeno natural, como un acto humano.[40]

Para Urueta, el código penal vigente estaba sustentado en idea metafísicas y consideraba a los hombres en igualdad de condiciones, naturalmente buenos y honrados, pero con libre albedrío para obrar bien o mal. Desde ese fundamento, podía afirmarse que, para el código, existían delitos y no delincuentes. Sin embargo, para el autor era fundamental analizar cuestiones como las costumbres, la etnia, la educación e incluso el clima para «hacer aplicaciones sociológicas prácticas para determinar las leyes de producción de los fenómenos antisociales en nuestro país, combatiéndolos con una penalidad adecuada». Así, las disposiciones contenidas en el código para el castigo de los delincuentes debían ser el resultado del análisis de los casos ocurridos en la práctica y no de principios apriorísticos.

En una nota sobre la obra del reconocido jurista francés Raymond Saleilles se reprodujo un escrito del licenciado Arturo Paz en el que también hacía referencia a la necesidad de emprender la reforma integral del código penal vigente desde una perspectiva positivista. De acuerdo con el autor, era necesario «ya que no destruir ese viejo monumento de 1870, desmodado aunque caro a muchos abogados, ineficaz aunque no lo creen todos a pesar de la experiencia diaria, será necesario reformarlo radicalmente en muchos puntos». Paz destacó que su ideal era que el código penal estuviera basado en «principios positivos», entre los cuales incluía los siguientes: no contemplar la idea de libre albedrío; reducir el número de hechos considerados como delitos («para evitar el roce de delincuentes primarios corregibles con verdaderos criminales»); aumentar las penas para ciertos delitos; e incluir la clasificación de criminales propuesta por el criminólogo Enrico Ferri en «natos, locos, pasionales, por costumbre y de ocasión».[41]

Si bien en los documentos anteriores pueden identificarse con relativa claridad las posturas liberales y positivistas, como se verá a continuación, en aquellos que se referían a reformas concretas del Código Penal de 1871 las

---

40 «Delito y delincuentes», *El Foro*, 25 de enero, 1898 Disponible en <https://hndm.iib.unam.mx/index.php/es/> [Consulta: 10/08/2022].

41 «La individualización de la pena», *La Patria de México*, 25 de agosto, 1900. Disponible en: <https://hndm.iib.unam.mx/index.php/es/> [Consulta: 10/08/2022].

posturas no siempre resultaban del todo definidas. Más bien parece que prevaleció lo que Elisa Speckman denomina la corriente «ecléctica», en la que el «discurso sobre derecho penal, la justicia y la criminalidad [...] se manifestaba en su deseo por estudiar el derecho desde una perspectiva científica, pero sin abandonar el espíritu de la escuela clásica». Como señala la autora, desde la postura ecléctica no se negaba el principio de libre albedrío ni se sostenía el determinismo, sino que se concebía el problema de la criminalidad como una cuestión individual y no como un producto del sistema social.[42]

En el debate público sobre la reforma del Código Penal de 1871 existieron ciertos temas que se caracterizaron como verdaderos males o «plagas» que azotaban al país. Uno de ellos era la embriaguez y los efectos que conllevaba respecto a la criminalidad. En una nota se comentaba que «es un hecho observado en todo el país que el vicio de la embriaguez cunde rápidamente en nuestro pueblo. Este desarrollo notable de la tendencia a embotarse las facultades intelectuales, que conducirá fatal y seguramente a la degeneración de la raza, ha llamado justamente la atención de los pensadores». En la nota se criticaba que el código penal vigente considerara la embriaguez incompleta como una atenuante de tercera clase en caso de ser accidental e involuntaria. «Ignoramos en qué sentido querrían emplear la palabra involuntaria los autores del Código Penal, pues a menos de que se ponga un dogal al cuello a aquel a quien se pretende hacer beber, se le amenace con un arma, o se ejerza sobre él violencia física, no se puede decir que su embriaguez fue involuntaria». Por tanto, los redactores proponían que en la reforma del código la embriaguez fuera considerada una agravante en vez de atenuante «para que no haya quien, como sucede actualmente, que, para darse valor, recurre al alcohol, comete la fechoría y luego resulta si no absuelto, condenado a una pena insignificante, porque militó en su favor la circunstancia de estar ebrio cuando cometió el delito».[43]

Otra nota coincidía en la idea de que en las reformas del código penal debía incluirse la embriaguez como agravante y no como atenuante, pues es «el recurso a que apelan casi siempre los acusados de un delito, con el objeto de excluir su responsabilidad en él, o con el de mitigar la pena que debía imponérseles por haberlo perpetrado». El texto calificaba a la ebriedad como «el origen de muchísimos males sociales [que] siembra la miseria, la ruina

---

42 Speckman Guerra, Elisa (2002) *Crimen y castigo. Legislación penal, interpretaciones de la criminalidad y administración de justicia (Ciudad de México, 1872-1910)*, *op. cit.*, pp. 85-86.

43 «Una plaga social», *La Voz de México*, 7 de noviembre, 1903. Disponible en: <https://hndm.iib.unam.mx/index.php/es/> [Consulta: 10/08/2022].

y el descontento en las familias; ella es el resorte que impulsa al ebrio a ser irrespetuoso, necio, hablador, descomedido, atrevido, audaz, flojo, inconsecuente, y, en una palabra, criminal» («La ebriedad y sus perniciosos efectos», 1904). En otra nota, los redactores no solo estaban de acuerdo con el hecho de que el código penal debía considerar la embriaguez como una circunstancia agravante, sino que incluso debía ser tipificada como delito en sí misma. Destacaron que así sucedía en Tlaxcala, en Suecia, en algunos cantones de Suiza y en ciertos países de América del Sur como Argentina. En dichos países y regiones, «el simple hecho de presentarse públicamente en estado de ebriedad, aunque esto no se haga de manera escandalosa ni habitual, es delito», en vista de lo cual los redactores concluían que «reúne, por tanto, la ebriedad ostentada en público, aunque sea sin escándalo, los principales caracteres que la filosofía del derecho penal exige para que una acción sea declarada delito».[44]

J.R. Bejarano planteaba en un ensayo que, tras más de seis años de observación y práctica como agente del Ministerio Público, se había convencido de que muchas de las disposiciones establecidas en el código penal no solamente eran ineficientes, sino también ineficaces. Cuestionaba, en particular, que se considerara a la embriaguez como atenuante y no como agravante en la comisión de los delitos, pues «en la práctica y respecto de las costumbres actuales, dado además el exceso escandaloso y repugnante a que ha llegado el vicio [...] resultan contraproducentes y altamente perjudiciales, por el abuso que se hace de ellas y a que se prestan». En este sentido, el código debía establecer al menos ciertas penalidades para la ebriedad habitual, pues «notoriamente aumenta la culpa o la responsabilidad y con toda justicia debe agravar el castigo».[45]

Otro de los grandes temas que apareció con frecuencia en el debate público sobre la reforma del Código Penal de 1871 fue el aumento de los delitos, particularmente el robo, la falsificación de moneda y el fraude. En un editorial, respecto los ladrones, se comentaba lo siguiente:

> Muy pocos han de ser los que se envanezcan con no haber sido víctimas de las rapacidades de esos delincuentes, y en cuanto a los monederos falsos, la importancia de esa industria se puede medir por la cantidad numerosa de moneda que han puesto en circulación al grado de que no se puede contar una

---

44 «Necesidad de reformas en la legislación sobre la embriaguez», *El Tiempo*, 6 de septiembre, 1907. Disponible en: <https://hndm.iib.unam.mx/index.php/es/> [Consulta: 10/08/2022].

45 «Proyecto de reformas a algunos artículos del Código Penal», *El Foro*, 18 de mayo, 1898. Disponible en: <https://hndm.iib.unam.mx/index.php/es/> [Consulta: 10/08/2022].

cantidad de numerario insignificante que sea en que no aparezca una moneda de cuño ilegal.[46]

Los redactores consideraban que el mejor remedio para los delitos referidos era aumentar las penas en el código penal, especialmente contra quienes se dedicaban a la falsificación de dinero, y abogaban por que se dispusiera la compurgación del castigo en zonas alejadas del país. Así podrían «hacer compañía a los rateros en aquellas regiones de Quintana Roo, donde hacen falta para el desenvolvimiento de sus riquezas, brazos útiles y actividades bien empleadas».

Algunos autores también plantearon modificaciones al código penal para combatir el robo. Emilio Monroy, por ejemplo, señaló que debía establecerse una nueva proporcionalidad en las penas, haciendo especial distinción entre los casos «que se ejecutan con violencia en las casas» y los que se realizaban «furtivamente». Sobre estos últimos apuntaba que:

> Robar cinco pesos, exponiéndose solo a pagar quince [pesos] o sufrir quince días de arresto... o robar cincuenta pesos por solo sujetarse cuando mucho a un mes de arresto en nuestras prisiones, de hecho no es otra cosa que encontrar un modo fácil de obtener comodidades mayores que las que puede gozarse por medio del trabajo útil y provechoso [...] Esto explica por qué nuestros rateros, que pululan más cada día, salen de la prisión de Belén por la mañana, al extinguir una ventajosa y lucrativa condena, hacen en el trayecto su provisión y antes de que pasen algunas horas, vuelven al descanso, que la mayor parte de nuestros jornaleros envidiarían si lo hubieran experimentado.[47]

En vista de lo anterior, Monroy consideraba que los castigos por robos furtivos debían incluir necesariamente la privación de la libertad. Por su parte, José Diego Fernández planteaba que el código debía establecer penas para quien elaborara, comprara, vendiera o portara «ganzúas, llaves maestras, ganchos y en general toda llave falsa».[48]

Junto con el problema de aumento de la criminalidad, otro tema importante en el debate público sobre la reforma del Código Penal de 1871 fue el de las penas que debían imponerse a los nuevos tipos o modalidades de de-

---

46 «Reformas necesarias», *La Patria de México*, 28 de junio, 1905. Disponible en: <https://hndm.iib.unam.mx/index.php/es/> [Consulta: 10/08/2022].

47 «Proyecto de reformas a la legislación penal vigente en el Distrito», *El Foro*, 15 de junio, 1881. Disponible en: <https://hndm.iib.unam.mx/index.php/es/> [Consulta: 10/08/2022].

48 Estudio sobre el Código Penal», *El Foro*, 16 y 18 de marzo, 1876. Disponible en: <https://hndm.iib.unam.mx/index.php/es/> [Consulta: 10/08/2022].

litos que habían surgido desde la expedición del código. Así, en una nota se señalaba que «las leyes deben siempre corresponder a los tiempos y al medio en que rigen. Las penas deben correr paralelamente a los delitos: cuando estos cambian de medios, debe modificarse también la pena». Como ejemplo se mencionaba que:

> Con la violación de domicilio o con allanamiento de morada, o con el hecho, no clasificado todavía en nuestras leyes, de introducirse a una casa vacía o a un departamento de ella, es claro que merece aumento de pena especial; y si para el caso de allanamiento puede encontrarse en nuestras instituciones penales, no se le encuentra para el de introducirse en una casa vacía, como medio de cometer un delito.[49]

Adicionalmente, de acuerdo con la nota, el código debía tomar en consideración cuestiones como los cambios tecnológicos y la utilización de nuevas herramientas y medios para cometer delitos, «ya se considere su empleo como circunstancia agravante, ya como atenuante, según dicte la razón, en la inmensa variedad de casos que pueden ocurrir».

Con respecto a la inclusión de penas en el código penal para los nuevos delitos que habían surgido en la práctica, una nota llamaba la atención sobre «una deficiencia reclamada imperiosamente por la sociedad, y en especial, por las instituciones bancarias; deficiencia que desde hace ocho o nueve años está poniendo en graves aprietos a la judicatura». Se trataban del delito de fraude por falsificación de cheques. El mecanismo era relativamente simple, pues algún empleado de un banco acordaba con un cómplice el cobro de un cheque; a tal efecto, se falsificaba la firma de un cliente con fondos suficientes y, mediante la colocación del visto bueno del empleado, la cantidad era entregada por el cajero. Los redactores consideraban que el castigo contemplado por el código penal vigente era demasiado leve y, a manera de ejemplo, plantearon un caso hipotético en que un empleado cometiera un fraude por 10 000 pesos. Si el responsable fuera descubierto, sería condenado a una pena de prisión de dos años, pero con la posibilidad de obtener libertad preparatoria en uno, «y aunque pagase la multa de mil pesos, le quedaría un lucro de nueve mil pesos, que trabajando solo podría conquistar en muchos años de asiduos trabajos y metódicos ahorros». Los redactores añadieron que, en la práctica, se habían producido casos en los que el fraude ascendía a cantidades que oscilaban entre los 20 000 y los 60 000 pesos. Por último, señalaban que, si bien el Código Penal de 1871 «no pudo legislar para un delito que en-

---

49 «La legislación penal y los inventos modernos», *La Opinión*, 2 de agosto, 1904. Disponible en: <https://hndm.iib.unam.mx/index.php/es/> [Consulta: 10/08/2022].

tonces era aún desconocido [...] en nuestros días estamos viendo el peligro, palpamos lo amagados que se hallan esos establecimientos de crédito por los astutos defraudadores, y se deja que el mal corra.[50]

Respecto a la cuestión de la adecuación del Código Penal de 1871 a las nuevas realidades sociales, un último tema mencionado frecuentemente en la opinión pública fue el de las heridas o lesiones. José Diego Fernández consideraba que el código dejaba impunes ciertos delitos, y, a modo de ejemplo, señaló que el conato, el delito intentado y el delito frustrado de heridas no eran castigados:

> ¿Por qué? Porque falta la base para la pena. Esta debe ser una parte proporcional de la del delito consumado, y la pena del delito de heridas no se puede fijar sino en vista del delito consumado. El carácter de la herida, las consecuencias realizadas, el término de su sanidad, son elementos indispensables para determinar la pena del heridor; y estos elementos faltan cuando se trata del conato, del delito intentado o del frustrado.[51]

El tema de las heridas fue tratado en un ensayo por el Dr. Porfirio Parra. El autor estaba de acuerdo en que, como contemplaba el Código Penal de 1871, las heridas o lesiones debían clasificarse en dos grandes grupos: las que causaban la muerte y las que no causaban muerte. Sin embargo, Parra criticaba que el código careciera de una correcta definición que permitiera distinguir el grupo al que debían pertenecer las heridas o lesiones que se presentaban en la práctica. «Nuestro código [...] hace valer circunstancias completamente extrañas a la gravedad de la herida, y abre la puerta a un sin fin de discusiones interminables, pues no suministra un criterio adecuado para resolverlas». En vista de ello, Parra proponía una clasificación médico-legal de las heridas basadas en dos grandes grupos, los «traumatismos mortales» y los «traumatismos que no causan la muerte», de los cuales derivaba hasta 11 distintos tipos de supuestos, así como una propuesta de reformulación del articulado del código de acuerdo con los mismos.[52]

Por su parte, Emilio Monroy consideraba que debían hacerse adecuaciones terminológicas en el Código Penal vigente, pues muchas de las expresiones en

---

50 «Adición indispensable al código penal», *Diario del Hogar* 8 de diciembre, 1903. Disponible en: <https://hndm.iib.unam.mx/index.php/es/> [Consulta: 09/08/2022].

51 Estudio sobre el Código Penal», *El Foro, op. cit.*

52 «Juicio crítico de la clasificación médico-legal de las heridas, tanto en lo que se refiere al Código penal, como en lo que respecta al Código de Procedimientos, y modo de remediar los inconvenientes que la clasificación presenta» *El Foro*, 14 y 18 de enero, 1898. Disponible en: <https://hndm.iib.unam.mx/index.php/es/> [Consulta: 10/08/2022].

él plasmadas podían tener varios sentidos que «se prestan a discusiones graves en la práctica que es necesario y posible evitar, porque la jurisprudencia no ha podido hasta hoy fijarse sobre el verdadero significado de ellas». Por ejemplo, mencionaba que los términos «lisiadura», así como «órgano» y «miembro» generaban discusiones «que se agitan diariamente en los tribunales y entre los médico-legistas y que resuelven de modos contrarios». En su proyecto, Monroy proponía que era preferible sustituir los términos más complejos por palabras utilizadas en el lenguaje ordinario, con lo cual «se obtendrán preceptos como deben ser los de las leyes penales, claros y al alcance de todos, porque a todos obligan, y porque todos se encuentran sometidos a su influencia». El proyecto de Monroy también contenía algunas consideraciones respecto al homicidio. A su juicio, debía distinguirse «si el homicidio se verifica fuera de riña o mediante ella, y en este último caso si el homicida fue el agresor o el agredido por la gran diferencia que existe entre esas dos culpabilidades». Además, proponía distintos tipos de penas para los «homicidios intencionales culpables [...] [y] los que por la jurisprudencia admitida se dice no están castigados en el código».[53]

IV. LAS PROPUESTAS DE LOS JUZGADORES FEDERALES

En la circular que el subsecretario de Justicia Eduardo Novoa envió a los funcionarios judiciales el 26 de septiembre de 1903 para solicitar que emitieran sus opiniones sobre la reforma del Código Penal de 1871 planteó que «bajo la forma del más sencillo memorándum» indicaran las modificaciones más convenientes al código. Por ello, muchos de los escritos remitidos por los magistrados y jueces federales fueron breves, aunque algunos resultaron más detallados en sus observaciones. En las propuestas emitidas por los juzgadores, las referencias a cuestiones de filosofía o teoría del derecho fueron mínimas. No obstante, aunque algunas sí hicieron consideraciones de carácter general respecto al código o las normas vigentes, la gran mayoría de las propuestas sugirieron modificaciones puntuales en el articulado del código que, según su criterio, podrían resultar provechosas para resolver distintos problemas observados en el ejercicio de la función jurisdiccional.

Al final del presente ensayo (tabla 2) se señalan las materias y artículos del código que, según los juzgadores federales, debían reformarse. Si bien es notorio el amplio abanico de materias que contenían las propuestas de los magistrados y jueces, contándose al menos 64, muchas materias únicamente fue-

---

53 «Proyecto de reformas a la legislación penal vigente en el Distrito», *El Foro*, *op. cit.*

ron señaladas por uno o dos juzgadores. Del total referido, solamente cinco materias fueron reiteradas por seis o más juzgadores federales: embriaguez, falsificación de moneda, robo, dolo y atenuantes o agravantes de los delitos. Como se vio en el apartado anterior, la gran mayoría de dichas cuestiones habían sido discutidas por la opinión pública a finales del siglo XIX y principios del siglo XX en el marco del debate sobre la reforma del código penal. A continuación, se propone un análisis del conjunto de propuestas remitidas por los juzgadores federales, entre las que se plantearon reformas concretas sobre las cuestiones referidas.

Agustín Moreno, magistrado del Tribunal del Segundo Circuito, fue el único de los juzgadores federales que, como algunas personas habían sostenido en el debate público, consideraba fundamental una reforma completa del Código Penal de 1871. Estimaba que lo más conveniente era adoptar algún modelo de otro país —en específico el francés, el italiano o el español, y, una vez elegido el modelo, reformar todos los artículos del código penal mexicano. Sin embargo, dado que tal empresa «no sería obra ni de un solo hombre, ni de unos cuantos días», advirtió que en su escrito se limitaría a señalar reformas de «artículos inaplicables en la práctica, o de muy difícil interpretación, cosa que da lugar a frecuentes amparos y a la inexacta aplicación de la ley». Además, destacó que sus observaciones se basaban en su desempeño en la magistratura, en la que contaba con al menos siete años de experiencia, y específicamente en las dificultades que planteaban los artículos del código que había «tenido que aplicar, y en los cuales ha tropezado con variedad de interpretaciones».[54]

Aunque otros juzgadores no plantearon la necesidad de una reforma completa del código, aprovecharon la oportunidad para manifestar algunas críticas sobre aspectos generales de las normas en materia penal. Francisco Brioso, juez del Juzgado de Distrito de Oaxaca, con 10 años de experiencia en el ramo judicial federal, planteó que, más allá de sus observaciones particulares sobre el articulado del código penal, existía una cuestión que a su parecer era de «importancia capital por su influencia en la Administración de Justicia federal». Dado que hasta ese momento los tribunales federales carecían de una legislación penal propia, en la práctica habían tenido que recurrir a la correspondiente a los delitos del orden común, lo cual implicaba juzgar por analogía «contra la expresa prohibición en materia penal». En este sentido, y

---

54 Secretaría de Justicia, *Trabajos de Revisión del Código Penal. Proyecto de Reformas y exposición de motivos, Tomo I. Primera parte Opiniones de Magistrados, Jueces, Agentes del Ministerio Público y Defensores de Oficio. Segunda Parte Estudios y Anteproyectos (Libros I y II del Código), op. cit.*, p. 5.

a diferencia de lo que había pretendido la comisión que elaboró el Código de Procedimientos Federales, a saber, que «el procedimiento federal se asimilará en cuanto fuere posible al del orden común, para unificar la legislación», para Brioso era preciso separar la penalidad federal de la común y así «evitar los obstáculos que de continuo se presentan en la práctica». El juez de Distrito del Estado de México Adalberto Andrade, con tres años de experiencia en el poder judicial, coincidía con Brioso. Consideraba que el código penal vigente de 1871 debía ser aplicado únicamente en el Distrito Federal y territorios, y que, por tanto, debía redactarse un código penal federal, dado que «así lo reclaman nuestros principios constitucionales y la recta y expedita Administración de Justicia». De acuerdo con Andrade, era «necesario determinar qué delitos son del orden federal, pues tratándose de robo u homicidio, por ejemplo, cometidos en un ferrocarril, ni el Código Penal, ni la ley sobre ferrocarriles, proporcionan a los jueces los datos necesarios para determinar su competencia».[55]

Los magistrados y jueces también realizaron las que se podrían caracterizar como consideraciones generales sobre la estructura normativa del Código Penal de 1871. Un asunto reiterado por varios juzgadores fue que las reformas debían incorporar una serie de disposiciones expedidas en años anteriores que habían modificado aspectos importantes del código. Por ejemplo, los decretos expedidos por el ejecutivo nacional mediante facultades especiales otorgadas por el legislativo. Francisco G. Moctezuma, juez de Distrito de Morelos, planteaba que:

> Merecen refundirse en el cuerpo de dicho código los decretos de 26 de mayo de 1884 y de 22 de mayo de 1894, que modifican aquél en materia de robo sin violencia, cuya consulta es frecuente en los varios casos que ocurren y se hace difícil por tener que recurrir a otras compilaciones de leyes en donde se encuentra publicados, atento a que además el decreto de 22 de mayo de 1894 contiene no solo la parte penal, sino de tramitación en esa clase de delitos, así como también adicionar aquél código en la parte correspondiente a la libertad de los procesados con la ley de 30 de noviembre de 1889.[56]

Por su parte, el magistrado Agustín Moreno señaló que el artículo 62 del código, que disponía que el reo debía cumplir la pena en el lugar señalado en su sentencia, era llanamente controvertido por una circular de la Secretaría de Justicia del 25 de abril de 1894 que atribuía facultades al Ejecutivo para designar los lugares donde los condenados compurgarían sus castigos. El ma-

---

55 *Ibídem*, pp. 33 y 41.

56 *Ibídem*, p. 35.

gistrado también indicó que el artículo 283 del código, que trataba sobre la rehabilitación de los derechos civiles, políticos o de familia al delincuente, era simplemente inaplicable en la práctica, dado que, como en el fuero federal no existía un código de procedimientos penales, «es claro que legalmente no se puede conceder rehabilitación, tanto más cuanto que el artículo citado no expresa ni la autoridad ante quien deba solicitarse la rehabilitación, ni los trámites de ella en el fuero federal». Por último, el juez de Distrito de Chiapas Daniel Zepeda sugirió que el nuevo código penal debía recoger los delitos incluidos en las distintas leyes especiales vigentes en el país, como la Ordenanza de Aduanas, el Código Sanitario, el código postal entre otras.[57]

Respecto a otras consideraciones de carácter general sobre el Código Penal de 1871, el juez Adalberto Andrade planteó algunas modificaciones importantes. Señaló que el capítulo IX, título V, libro I del código (relativo a la ejecución de las sentencias), el título VI del mismo libro (sobre la extinción de la acción penal) y el capítulo I, título III del libro III (sobre los delitos de injurias, difamación y calumnia) debían eliminarse, pues a su parecer correspondían al Código de Procedimientos Penales. También consideraba preciso suprimir el delito de duelo, pues cuando este ocurría, las disposiciones aplicables debían ser los delitos de lesiones u homicidio. De acuerdo con Andrade, también debían suprimirse los capítulos I, II y III, título VIII del libro III (sobre vagancia y mendicidad), así como el capítulo III, título IX del mismo libro (sobre armas prohibidas), pues no consideraba dichas situaciones propiamente delictivas y sostenía que debían estar normadas por reglamentos administrativos.[58]

Un tema que aparece en muchos de los escritos de los magistrados y jueces federales —que, como se vio en el apartado anterior, también fue recurrente en el debate público en torno al Código Penal de 1871— fue la embriaguez. Para el juez Cristóbal Chapital, juez segundo de Distrito del Distrito Federal, representaba «el vicio predominante en el país [...] y bajo su influencia se comete la mayoría de los delitos». Consideraba que por ninguna circunstancia debía ser reputada como exculpante (eximente) o atenuante de los delitos. Además, la práctica mostraba que, en muchas ocasiones, se abusaba de la embriaguez para obtener la exculpación o atenuación de las penas, «ya por testigos más o menos sospechosos, ya por dictámenes periciales más o menos escrupulosos, o ya por medio del criterio judicial». Por tanto, proponía que se la tuviera como una agravante de cuarta clase. El juez Hilario Silva, juez de

57 *Ibídem*, pp. 6-7 y 23.
58 *Ibídem*, pp. 23-24, 33-34.

Distrito de Aguascalientes, también sostuvo que la embriaguez no debía ser contemplada como exculpante de los delitos en ningún caso, «máxime cuando se trata de delitos graves como el homicidio, o cuando el estado en que se halla la sociedad lo reclama por el número exorbitante de delitos como pasa en algunas partes del país». Silva se refirió en particular a un cuadro general de consignaciones realizado por el Ministerio Público a los juzgados del orden penal en el Distrito Federal durante 1899 que mostraba que de 587 consignaciones realizadas, 5981 habían sido de personas en estado de ebriedad. Por tanto, en su opinión, la ebriedad siempre debía conllevar la responsabilidad criminal del delito de culpa.[59]

Respecto la embriaguez, el juez de Distrito de Guerrero Alberto Morfín señaló que, si bien el código penal vigente tipificaba la embriaguez habitual y escandalosa como un delito, al mismo tiempo contemplaba la ebriedad eventual, accidental o involuntaria como exculpante o atenuante de responsabilidad criminal. Morfín consideraba que, si ello no era una «antinomia, sí constituye falta de lógica». El juez citó las obras *Fundamentos de la Moral,* de Herbert Spencer, y *El delito. Sus causas y remedios* de Cesare Lombroso, para afirmar que «la alteración fisiológica causada por la embriaguez pone al individuo, por regla general, en condiciones favorables para ejecutar hechos punibles en sus relaciones sociales, es decir, es de resultados malos». También observó que las campañas antialcohólicas emprendidas por el gobierno del Distrito Federal habían provocado una disminución de la criminalidad. En vista de todo ello, planteaba que la embriaguez no debía ser considerada una atenuante o eximente de responsabilidad criminal. Sobre la embriaguez, el juez Adalberto Andrade opinó que «solo deberá considerarse como falta o como delito y no como circunstancia atenuante ni como agravante. Sería falta el simple hecho de embriagarse sin causar escándalo, y delito cuando haya el escándalo o el agente reincida en embriagarse».[60]

Otro tema reiterado en los escritos de los magistrados y jueces federales, que también coincidía con las opiniones manifestadas en el debate público sobre la reforma del código penal, era el aumento de cierto tipo de delitos. Como se comentó en el apartado anterior, uno de los delitos referidos con mayor frecuencia era el robo. De acuerdo con el magistrado Agustín Moreno, «está generalizándose de una manera alarmante, ya sea el raterismo o ya el asalto a individuos y domicilios», por lo que era «necesario fijar toda la atención para determinar las penas conducentes para remediar esta plaga».

---

59 *Ibídem*, pp. 10 y 15-16.
60 *Ibídem*, pp. 28 y 34-35.

Mencionó específicamente el artículo 376, precepto que establecía la penalidad para el robo sin violencia, y señaló que esta debía aumentarse. El juez de Distrito de Durango Juan Chávez González coincidía con el magistrado Moreno respecto la elevación de la duración de las penas para el robo sin violencia, debido a «la frecuencia de la comisión de ese delito, frecuencia que conmueve tanto más el orden social, cuanto que la riqueza pública ha aumentado y exige un cuidado más celoso de la autoridad judicial». Proponía, en este sentido, que se adoptaran las penas que el Código Penal del Estado de Durango contemplaba para dicho delito.[61]

Otros magistrados y jueces también plantearon la necesidad de endurecer las penas contra los delitos de robo. De acuerdo con el juez Cristóbal Chapital:

> La larga práctica de veinte años de juez y el contacto íntimo con nuestro pueblo por virtud de mis funciones judiciales, me ha evidenciado, que en nuestras ínfimas clases sociales y aun en la media, se ve al ratero, al fabricante y al circulador de moneda falsa como a individuos dedicados al ejercicio de una profesión útil que les proporciona el sustento para sí y sus familias [...] Y cuando en una sociedad el criterio moral se pervierte a ese extremo, el delito que antes fue aislado se convierte en una gangrena que solo puede cortarse por medios enérgicos, que en el presente caso serían, aumento de pena y confinación de los culpables a colonias penales, establecidas ya en nuestras islas, ya en los confines del país.[62]

Para el juez Alberto Morfín, el código penal vigente castigaba con demasiada suavidad el robo simple y su reincidencia; por tanto, debían aumentarse significativamente las penas, especialmente para aquel que no excediera de 100 pesos. El juez añadió que, para «el ratero habitual está indicada, por notables observadores, su separación del teatro de sus delitos, para esos que su delincuencia es ya una costumbre, lo más eficaz es deportarlos a las regiones más lejanas y despobladas de la República».[63]

Otro delito que se mencionó frecuentemente en el debate público en torno la reforma del código penal, y que también figuraba en la mayoría de las propuestas remitidas por los juzgadores federales era la falsificación de moneda. De acuerdo con el juez Juan Chávez, era de «notarse también la frecuencia de procesos motivados por el delito de circulación de moneda falsa. Este delito es una especialidad del fraude: aumentada la penalidad del robo sin violencia, debe aplicarse la misma al circulador de moneda falsa». El magistrado Agustín

---

61 *Ibídem*, pp. 7 y 24.

62 *Ibídem*, p. 12.

63 *Ibídem*, p. 28.

Moreno apuntaba que, «como puede verse en cualquier juzgado de distrito [...] en la actualidad la falsificación de moneda ha aumentado cuatro o cinco tantos más de la que se penaba en los primeros años del establecimiento del código». Consideraba que debía reformase completamente el capítulo I, título IV, libro II del código, sobre la «Falsificación de moneda y alteración de ella». En primer lugar, debían aumentarse las penas establecidas en los artículos 670 y 671. En segundo lugar, no debía contemplarse una reducción de las penas a quienes solamente fabricaran y no circularan la moneda, pues «basta que se haya fabricado para que el fabricante reciba toda la pena del falsificador». En tercer lugar, sostenía que el código debía establecer penas para quienes portaran o almacenaran moneda falsa, pues:

> En los frecuentísimos delitos de falsificación de moneda, la autoridad procede al registro del individuo en su persona y al cateo de su domicilio, y al registrar al individuo casi siempre se le encuentran muchas más monedas falsas de las que pretendía circular; y al catear su domicilio se encuentran siempre bolsitas con monedas falsas guardadas, ¿para qué anda un individuo cargando monedas falsas, o para qué las tiene guardadas en su casa?".[64]

En relación con la falsificación de moneda, el juez de Distrito de Querétaro Gabriel G. Estrada señalaba que, según el código penal, la circulación de moneda falsa era punible cuando el circulador actuaba de común acuerdo con el fabricante, pero que, si no existía tal acuerdo, para que se impusiera el castigo al circulador debía probarse que realizó la circulación con conocimiento de que las monedas eran alteradas, o al menos que se acreditaran ciertos indicios que hacían presumible dicho conocimiento; por ejemplo, que en la transacción se utilizaran seis o más monedas del mismo cuño. Sin embargo, de acuerdo con el juez Estrada, el delito de falsificación de moneda se había vuelto tan frecuente que «los que son aprehendidos por ese delito, adoptan como defensa unos de estos dos medios: el hallazgo casual de las monedas o presentarse como víctimas de una tercera persona, que jamás designan porque aseguran no haberla conocido». Además, los delincuentes tomaban la precaución de no utilizar más de seis monedas falsas en cada transacción. Todo ello ocasionaba que «en muchos casos hay necesidad de sobreseer o de absolver del cargo al acusado, no obstante la convicción moral que el juez pueda tener de su culpabilidad». En vista de ello, el juez proponía que debía reducirse la cantidad de monedas falsas utilizadas en la transacción para presumir la existencia de delito, de seis a dos, además de asumirse que el acusado

---

64 *Ibídem*, pp. 8-9 y 26.

obró a sabiendas si en alguna ocasión hubiera portado monedas falsas (Secretaría de Justicia, 1912: 40-42).[65]

Otro aspecto en el que coincidieron las propuestas de los magistrados y jueces federales con las opiniones manifestadas en el debate público fue la inclusión en el código penal de actividades o circunstancias criminales que, a pesar de ser reiteradas en la práctica, no habían sido clasificadas como delitos. Por ejemplo, el magistrado Agustín Moreno señaló que, si bien el artículo 701 del código castigaba al falsificador de sellos, contraseñas, y estampillas de casa comercial, bancaria o industria, cuando se expidió el código aún no existía la ley de marcas de fábrica, promulgada en 1889. Ello explicaba que, en la aplicación del artículo 701, en la práctica, «se despega y muchísimo [...] a la falsificación de marcas registrada en la Secretaría de Fomento, y muchas veces la tal aplicación resulta anticonstitucional. Es necesario, pues, adaptar la penalidad de las marcas de fábrica a la legislación vigente en la actualidad».[66]

El juez Cristóbal Chapital mencionó que un fenómeno que se consolidó con el desarrollo de las líneas de ferrocarril era que las empresas, con el ánimo de aumentar sus ganancias, solían contratar «empleados ignorantes y con escasos sueldos, e imponiéndoles fuertes multas cuando se retrasan en la conducción de sus máquinas y motores». Para evitar las multas, era frecuente que los conductores se dirigieran a «velocidades extraordinarias, abandonando al público en las estaciones y atropellándole en las distancias que recorren». Para dar respuesta a esta situación, en el código debía establecerse una pena corporal elevada a los maquinistas, conductores y motoristas que dañaran a los pasajeros, además de introducir la previsión de que, en toda sentencia dictada por accidente ferroviario, los jueces respectivos resolverían de oficio sobre la responsabilidad civil a que se hacían acreedoras las empresas para fijar la indemnización que debían pagar a los perjudicados. Chapital era consciente de que:

> Esta innovación lastima intereses cuantiosos de las empresas, pero también tiene que producir inmensos bienes para el público, especialmente para la clase desvalida de la sociedad, que no tiene elementos ni pecuniarios ni de defensa para llegar a obtener una justa indemnización de los males que sufre y que en infinidad de casos producen la miseria de sus familias y las conduce a la inmoralidad y al delito.[67]

Respecto a otros delitos cometidos en el marco del desarrollo de la industria ferrocarrilera, el juez de Distrito de Hidalgo Fernando Lachica y Flores

---

65 *Ibídem*, pp. 40-42.
66 *Ibídem*, p. 9.
67 *Ibídem*, p. 12.

apuntaba que eran muy comunes los robos «en ferrocarriles, ya en furgones cerrados, ya en Pullman o ya en coches especiales que se encuentren en una estación no cerrada, como las hay muchas en nuestros ferrocarriles —¿Puede esa especie de robo comprenderse en alguna de las disposiciones vigentes del Código Penal, que son al caso».[68]

El juez Chapital también señaló que en el artículo 381 del código, que regulaba la imposición de penas a distintos delitos, debía añadirse el tipo penal del robo de cables, alambres, postes de las empresas eléctricas, industriales, de luz, ferrocarriles «o cualquiera otra que se creare [...] dado que los grandes perjuicios individuales y sociales que produce la comisión de estos delitos». Asimismo, consideraba que debía reformarse el artículo 1030 del código, que, en los delitos de peculado, contemplaba la posibilidad de la reducción de la pena en caso de que hubiera mediado la devolución de lo robado. El juez sostenía que no debía aplicarse tal beneficio a las personas amparadas por compañías de fianzas, que no existían antes de la promulgación del código, pues en la mayoría de los casos las referidas compañías no cubrían el monto total desfalcado, además de que aquel supuesto no constituía realmente una devolución voluntaria de parte del acusado. En términos similares, el magistrado Agustín Moreno consideraba que debía reformase el artículo 1030 para establecer que el beneficio de reducción de la pena únicamente se aplicaría si el reo o procesado —y no su fiador o compañía de fianzas— devolvía directamente lo sustraído.[69] Por su parte, el juez de Distrito de Ensenada, Jesús Cadena, planteó que, en el proceso de construcción e instalación de empresas de luz eléctrica y fuerza motriz, muchos ladrones habían aprovechado para sustraer la energía eléctrica. Sin embargo, cuando eran aprehendidos, los defensores hacían lectura especiosa del artículo 368 del código penal de la definición del robo y argumentaban que la sustracción de corriente eléctrica no estaba comprendida en los supuestos del artículo. De acuerdo con el juez Cadena, ello obligaba a los juzgadores a «formular verdaderas exposiciones de motivos para decidir esos casos», que podrían ser fácilmente resueltos si se reformaba el artículo 368.[70]

Para el juez Fernando Lachica, en la práctica cotidiana acaecían muchos hechos que eran constitutivos de verdaderos delitos, pero no eran reputados como tales en el código penal vigente. Uno de ellos era la agresión a mano armada. Por ejemplo, existían casos en que una persona atacaba a otra, sin reflexión y sin causar daño material, y que «no puede ajustarse a los caracteres

---

68 *Ídem.*

69 *Ibídem*, pp. 12-13.

70 *Ibídem*, p. 260.

de un delito frustrado [...] y ese hecho, que reúne los elementos esenciales de un delito, no está expresamente calificado en el código». Otra situación problemática era el incesto entre padres e hijos y entre hermanos. Lachica refería que, en su práctica de juez, había sido testigo de que:

> Una hija corrompida por su padre, por más que haya sido violentada por este, cuando menos moralmente, por salvar del castigo al autor de sus días, se resuelve a pasar ante la autoridad por víctima voluntaria de su desdicha, y presentado así el hecho jurídico no hay delito que perseguir, ni privado si la ofendida pasa de la edad establecida por la ley, conforme al código. En este caso se queda impune uno de los delitos más repugnantes y horrorosos en la naturaleza del ser racional.[71]

Lo mismo ocurría respecto al incesto entre hermanos. El juez consideraba que tales casos, aunque ocurrieran sin violencia e incluso con el consentimiento de la mujer, debían ser castigados de oficio por los tribunales porque «tal hecho perjudica inmediatamente al cuerpo social». Como el supuesto que denominaba «incesto voluntario», el juez Lachica señaló que la pederastia era otro «hecho nefario por esencia y que no está clasificado como delito por la ley, tratándose de conexiones voluntarias». El juez consideraba que, aunque fuera voluntaria, la pederastia debía ser incluida en el Código Penal como delito perseguible de oficio, pues «es de fatales y funestas trascendencias, que ofende y tiende a destruir a la especie humana en su misma esencia».[72]

El juez Lachica también señaló que el hecho de que una persona se introdujera de día en un domicilio sin consentimiento del dueño, pero sin violencia, no estaba tipificado expresamente en el código como un delito. De acuerdo con el juez, esta laguna había generado alguna dificultades, pues ciertos tribunales «juzgando punible el hecho y no encontrándolo especialmente penado, lo han comprendido entre los actos arbitrarios y atentatorios a los derechos garantidos por la Constitución, que no tienen pena señalada en el código». Por tanto, proponía que se incluyera entre las disposiciones relativas al allanamiento de morada cometido por particulares.[73]

Una última cuestión a la que aludieron varios juzgadores federales, también comentada en el debate público, era la pertinencia de reducir el arbitrio judicial en la mayor medida posible, especialmente a la hora de imponer las penas. Varios de los magistrados y jueces sugirieron que debían precisarse las circunstancias para aplicar las atenuantes o agravantes de los

---

71 *Ibídem*, p. 30.

72 *Ibídem*, pp. 31-32.

73 *Ibídem*, p. 29.

delitos, pues su regulación en el código penal propiciaba un excesivo margen de discrecionalidad para los juzgadores. El juez José Francisco Brioso señalaba que «para evitar aplicaciones excesivas o defectuosas de la pena» era necesario que el código señalara la «forma en que debe hacerse la computación de las circunstancias atenuantes y agravantes, relacionando la pena con el tiempo y el valor representativo de dichas circunstancias en su valor numérico». Por su parte, el juez Hilario Silva apuntaba que, si bien el código marcaba cuatro valores en forma de unidades para las atenuantes y agravantes, «no determina cómo debe ser apreciado ese valor [...] para que el juez disminuya o agrave la pena que ha de imponer no a su arbitrio, sino conforme a la regla que establece la ley». Silva sugería que podía adoptarse un sistema en el que «una atenuante de primera clase que disminuya [...] en una décima parte la pena que la ley impone al delito; una segunda atenuante que disminuya en dos décimas partes la pena; una de tercera en tres décimas partes y una de cuarta clase en cuatro décimas partes». Idéntica escala podría aplicarse a las agravantes en sentido contrario. El magistrado Agustín Moreno propuso que, con el fin de «no dejar con amplia extensión al arbitrio judicial», se aplicara la «aritmética a la pena, esto es, que cada circunstancia agravante equivalga en aumento a la 10.ª, 20.ª o 50.ª parte de la pena que se impusiera al reo sin esa circunstancia, y cada atenuante equivalga a la 10.ª, 20.ª o 50.ª parte en diminución». Por su parte, el juez Daniel Zepeda planteó simplemente que debía suprimirse el método de valores contemplado en el código, pues «no teniendo un valor real la unidad [...] todo cálculo resulta arbitrario fundado en base tan insegura».[74]

V. CONCLUSIÓN

Como se ha visto lo largo de este ensayo, a finales del porfiriato tuvo lugar un importante debate público sobre la necesidad de reformar el Código Penal de 1871. Algunos planteamientos consideraban que lo más conveniente era una reforma completa o integral del código. En este sentido, las propuestas más llamativas fueron las que, desde una perspectiva claramente positivista, creían necesario acompasar el código a las nuevas tendencias a nivel mundial, caracterizadas por la voluntad de emprender un análisis científico del fenómeno social. Sin embargo, los planteamientos que abogaban por una reforma completa del cuerpo legal no solamente fueron minoritarios, sino que, los que estaban basados en un enfoque positivista, se limitaron sobre todo a la dimensión discursiva.

---

[74] *Ibídem*, pp. 6, 16-17, 21 y 38.

Es decir, no plantearon propuestas que ejemplificaran cómo materializar los nuevos preceptos cientificistas que, desde su óptica, debía seguir el código.

En realidad, los planteamientos más numerosos planteaban propuestas concretas de reforma al código penal. Aquellas que partieron desde una perspectiva positivista fueron mínimas, pues, salvo los textos del licenciado Arturo Paz y del Dr. Porfirio Parra, que defendían la adopción de la clasificación de los criminales propuesta por Enrico Ferri y una nueva clasificación médico legal de las heridas, prácticamente no existieron otras. Incluso, aunque el juez de Distrito de Guerrero Alberto Morfín citó en su escrito obras de Herbert Spencer y Cesare Lombroso para referirse al problema de la embriaguez, su propuesta se redujo a que esta no debía ser considerada una atenuante o exculpante (eximente) de la responsabilidad criminal. Resulta, pues, claro que el debate público en torno a la reforma del Código Penal de 1871 se centró en un conjunto muy concreto de temas o problemáticas que, desde la perspectiva de ciertos sectores de la sociedad mexicana, aquejaban al país en ese momento: la embriaguez, el aumento de los delitos —particularmente el robo, la falsificación de moneda y el fraude—, y la necesidad de incluir nuevos tipos de delitos, penas o precisiones terminológicas. Llama mucho la atención la coincidencia entre las problemáticas referidas anteriormente y las cinco materias más reiteradas por los magistrados y jueces federales en sus propuestas sobre la reforma del código penal: embriaguez, falsificación de moneda, robo, dolo y atenuantes o agravantes de los delitos.

Pero no solamente llama la atención la coincidencia en los temas manifestados en el debate público y las materias contenidas en las propuestas de los juzgadores federales, sino también la sincronía en las medidas que desde ambos ámbitos se propusieron para resolver aquellos problemas. Aunque elaboradas con un carácter técnico, con referencias más específicas al articulado del código penal, muchas de las propuestas de los juzgadores coincidieron ampliamente con las de los textos publicados en los medios de comunicación. Respecto a la embriaguez, existía un amplio consenso alrededor de la tesis de que no debía ser considerada como exculpante o atenuante de los delitos, sino una agravante. Por lo que hace al aumento de los delitos, también había un amplio acuerdo respecto a que, por un lado, debían incrementarse las penas, y por otro, tipificarse como delictivas una serie de actividades no contempladas como tales en la ley vigente. De igual manera, la mayoría de los participantes subrayaron la necesidad de introducir cambios en el código penal para evitar el denominado arbitrio judicial, especialmente en la imposición de las penas. Resulta, pues, patente la convicción común de que, en el caso de incluirse ciertos cambios limitados al código, la reforma produciría buenos frutos. En vista de ello, puede afirmarse que, en términos generales, la idea que prevaleció en torno a la necesidad de la reforma del Código Penal de 187, tanto en el debate público como en los escritos enviados por los magistrados y jueces federales fue que, debido a los numerosos cambios económicos, políticos y sociales de la época, habían surgido una serie de problemas que influían en la criminalidad y la administración de justicia y a los que resultaba posible (y necesario) dar respuesta mediante adaptaciones puntuales del código.

En el caso revisado de los magistrados y jueces federales, también cabe señalar que su amplia experiencia en el ejercicio de funciones judiciales no solo les permitió proponer reformas concretas del Código Penal de 1871 con el propósito de «actualizarlo» a las realidades y necesidades del país al principiar el siglo XX, sino incluso advertir inconsistencias que podían traducirse en controversias graves de naturaleza constitucional. Aunque seguramente por prudencia los juzgadores no abundaron en estos aspectos, algunos señalaron —tal fue el caso del magistrado Agustín Moreno— que el artículo 62 del Código Penal, que disponía que los reos debían cumplir condena en el lugar señalado en sus sentencias era controvertido llanamente por la circular de la Secretaría de Justicia del 25 de abril de 1894, que atribuía facultades al ejecutivo para designar los lugares donde los condenados compurgarían sus castigos. Moreno también indicó que el artículo 283 del código, que regulaba la rehabilitación de los derechos civiles, políticos o de familia al delincuente, era simplemente inaplicable en la práctica, pues en el fuero federal no existía un código de procedimientos penales, mientras que la aplicación del artículo 701 resultaba en muchos casos inconstitucional en los casos de falsificación marcas de fábrica. De igual manera, como señaló el juez Francisco Brioso, ante la falta de legislación penal propia, los órganos jurisdiccionales habían tenido que recurrir a la legislación común, lo cual implicaba juzgar por analogía «contra la expresa prohibición en materia penal».

Finalmente, es preciso destacar las posibilidades que fuentes como las opiniones y propuestas de los funcionarios judiciales ofrecen para la investigación de distintos temas relacionados con la historia del derecho. Testimonios como los escritos que enviaron los magistrados y jueces federales respecto la reforma del Código Penal de 1871 constituyen miradores privilegiados para analizar las normas jurídicas desde un campo concreto: el de su aplicación práctica.

VI. REFERENCIAS

Archivo Central de la Suprema Corte de Justicia de la Nación (ACSCJN). Fondo «México». Serie «Asuntos Económicos»: exp. MEX-3653-4-880610; exp.

MEX-3653-4-880611; exp. MEX-3476-3-838043; exp. MEX-3476-3-838043; exp. MEX-3514-6-853034; exp. MEX-3525-1-852295; exp. MEX-3664-4-882-578; exp. MEX-3618-3-878975; exp. MEX-3653-4-880610; exp. MEX-3653-4-880611; exp. MEX-3607-3-876542; exp. MEX-36631-1-882077.

«Adición indispensable al código penal», *Diario del Hogar* 8 de diciembre, 1903. Disponible en: <https://hndm.iib.unam.mx/index.php/es/> [Consulta: 09/08/2022].

Arena, José E., *El procedimiento penal en el fuero federal. O resumen de las principales disposiciones aplicables a los procedimientos penales ante los jueces de distrito y tribunales de circuito,* Toluca: Oficina Tipográfica del Gobierno, 1987.

«Asuntos del día», *Diario del Hogar,* 7 de abril, 1885. Disponible en: <https://hndm.iib.unam.mx/index.php/es/> [Consulta: 09/08/2022].

«Avisos», *El Constitucional,* 24 de enero, 1862. Disponible en: <https://hndm.iib.unam.mx/index.php/es/> [Consulta: 09/08/2022].

«Boletín del Diario del Hogar», *Diario del Hogar.* 9 de diciembre, 1903. Disponible en: <https://hndm.iib.unam.mx/index.php/es/> [Consulta: 09/08/2022].

Buffington, Robert, *Criminales y ciudadanos en el México moderno,* México: Siglo XXI, 2001.

Cabrera Acevedo, Lucio, *La Suprema Corte de Justicia a fines del siglo XIX 1888-1900.* México: Suprema Corte de Justicia de la Nación, 1992.

Código Penal. Edición oficial. (1872). Disponible en: <http://cdigital.dgb.uanl.mx/la/1020013096/1020013096.PDF.> [Consulta: 09/08/2022].

Cossío Díaz José Ramón, *La justicia prometida. El Poder Judicial de la federación de 1900 a 1910.* México: Fondo de Cultura Económica, 2014.

Cruz Barney, Óscar, *La codificación en México,* México: Porrúa, 2010.

«Delito y delincuentes», *El Foro,* 25 de enero, 1898 Disponible en <https://hndm.iib.unam.mx/index.php/es/> [Consulta: 10/08/2022].

Directorio general de la república mexicana, 1903-1904, México: Ed. por Ruhland y Ahlschier, 1903.

«El año de 1875», *El Foro,* 5 de enero, 1876 Disponible en: <https://hndm.iib.unam.mx/index.php/es/> [Consulta: 10/08/2022].

«El poder legislativo», *La Voz de México,* 5 de septiembre, 1890. Disponible en: <https://hndm.iib.unam.mx/index.php/es/> [Consulta: 10/08/2022].

«Estudio sobre el Código Penal», *El Foro*, 16 y 18 de marzo. Disponible en: <https://hndm.iib.unam.mx/index.php/es/> [Consulta: 10/08/2022].

«Faits divers mexicains», *Le Trait d'Union*, 2 de noviembre, 1870 Disponible en: <https://hndm.iib.unam.mx/index.php/es/> [Consulta: 10/08/2022].

«Gacetilla» *El Correo del Comercio*, 26 de noviembre, 1874. Disponible en: <https://hndm.iib.unam.mx/index.php/es/> [Consulta: 10/08/2022].

— *El Correo del Comercio*, 30 de septiembre, 1875. Disponible en: <https://hndm.iib.unam.mx/index.php/es/> [Consulta: 10/08/2022].

«Gacetilla», *El Tiempo*, 11 de octubre, 1883. Disponible en: <https://hndm.iib.unam.mx/index.php/es/> [Consulta: 10/08/2022].

«Gacetilla», *El Litigante*, 25 de octubre., 1884a. Disponible en: <https://hndm.iib.unam.mx/index.php/es/> [Consulta: 10/08/2022].

«Gacetilla», *El Tiempo*, 31 de enero, 1884b. Disponible en: <https://hndm.iib.unam.mx/index.php/es/> [Consulta: 10/08/2022].

«Gacetilla», *El Monitor Republicano*, 13 de mayo, 1884c. Disponible en: <https://hndm.iib.unam.mx/index.php/es/> [Consulta: 10/08/2022].

«Gacetilla» *Diario del Hogar*, 9 de marzo, 1888. Disponible en: <https://hndm.iib.unam.mx/index.php/es/> [Consulta: 10/08/2022].

«Gacetilla» *Diario del Hogar*, 26 de diciembre, 1890. Disponible en: <https://hndm.iib.unam.mx/index.php/es/> [Consulta: 10/08/2022].

«Gacetilla» *La Patria de México*, 25 de agosto, 1901. Disponible en: <https://hndm.iib.unam.mx/index.php/es/> [Consulta: 10/08/2022].

García Ramírez, Sergio, «El sistema penal en el porfiriato (1877-1911). Delincuencia, proceso y sanción», *Revista de la Facultad de Derecho de México*, 65(264), 2015, pp. 165-212. Disponible en: <http://www.revistas.unam.mx/index.php/rfdm/article/view/60308/53196> [Consulta: 09/08/2022].

González Oropeza Manuel, *Digesto constitucional mexicano. Tamaulipas*, México: Suprema Corte de Justicia de la Nación, 2016.

González Oropeza Manuel y David Cienfuegos Salgado, *Digesto constitucional mexicano. Hidalgo*, México: Suprema Corte de Justicia de la Nación, 2013.

«Hechos diversos», *El Foro*, 4 de octubre, 1894, Disponible en: <https://hndm.iib.unam.mx/index.php/es/> [Consulta: 10/08/2022].

«Juicio crítico de la clasificación médico-legal de las heridas, tanto en lo que se refiere al Código penal, como en lo que respecta al Código de Procedimientos, y modo de remediar los inconvenientes que la clasificación presenta» *El Foro*, 14 y 18 de enero, 1898. Disponible en: <https://hndm.iib.unam.mx/index.php/es/> [Consulta: 10/08/2022].

«Jurado de responsabilidad», *El Tiempo*, 17 marzo, 1903. Disponible en: <https://hndm.iib.unam.mx/index.php/es/> [Consulta: 10/08/2022].

«Jurisprudencia federal», *El Foro*, 29 de marzo, 1883. Disponible en: <https://hndm.iib.unam.mx/index.php/es/> [Consulta: 10/08/2022].

«La individualización de la pena», *La Patria de México*, 25 de agosto, 1900. Disponible en: <https://hndm.iib.unam.mx/index.php/es/> [Consulta: 10/08/2022].

«La ebriedad y sus perniciosos efectos», *El Contemporáneo*. 12 de abril, 1904. Disponible en: <https://hndm.iib.unam.mx/index.php/es/> [Consulta: 10/08/2022].

«La legislación penal y los inventos modernos», *La Opinión*, 2 de agosto, 1904. Disponible en: <https://hndm.iib.unam.mx/index.php/es/> [Consulta: 10/08/2022].

«La reforma de los códigos», *El Contemporáneo*, 10 de octubre, 1903. Disponible en: <https://hndm.iib.unam.mx/index.php/es/> [Consulta: 10/08/2022].

Lozano, Antonio de J., *Código de Procedimientos Civiles Federales. Expedido en uso de la autorización que concedió al ejecutivo la ley de 2 de junio de 1892 aumentado con sus últimas reformas*. México: Herrero Hermanos Editores, 1904.

Montesinos V., Christian J., María Elena Tovar González, Irasema A. Villanueva y José Guadalupe Sarmiento de la Cruz, «Los constituyentes de Chiapas en 1917 y su contexto», en M.E. Tovar González (coord.), *Chiapas en el Congreso Constituyente 1916-1917*. México: Secretaría de Cultura, Instituto Nacional de Estudios Históricos de las Revoluciones de México, Universidad Nacional Autónoma de México, 2018, pp. 67-76. Disponible en: <https://inehrm.gob.mx/recursos/Libros/ChiapasCongConst16-17.pdf> [Consulta: 10/08/2022].

«Necesidad de reformas en la legislación sobre la embriaguez», *El Tiempo*, 6 de septiembre. Disponible en: <https://hndm.iib.unam.mx/index.php/es/> [Consulta: 10/08/2022].

«Noticias diversas», *El siglo diez y nueve*, 7 de septiembre, 1892. Disponible en: <https://hndm.iib.unam.mx/index.php/es> [Consulta: 10/08/2022].

«Noticias nacionales», *El siglo diez y nueve,* 9 de marzo, 1862. Disponible en: <https://hndm.iib.unam.mx/index.php/es/> [Consulta: 10/08/2022].

«Noticias nacionales», *El siglo diez y nueve* 16 de enero, 1863. Disponible en: <https://hndm.iib.unam.mx/index.php/es/> [Consulta: 10/08/2022].

«Nombramientos judiciales», *La Voz de México,* 20 de octubre, 1900. Disponible en: <https://hndm.iib.unam.mx/index.php/es/> [Consulta: 10/08/2022].

«Oaxaca», *La Patria de México,* 15 de marzo, 1902. Disponible en: <https://hndm.iib.unam.mx/index.php/es/> [Consulta: 10/08/2022].

Piccato, Pablo, «La construcción de una perspectiva científica: miradas porfirianas a la criminalidad», *Historia Mexicana* 47(1), 1997, pp. 133-181.

— (2001) *City of Suspects. Crime in Mexico City, 1900-1931.* Durham and London: Duke University Press, 2001.

Pulido Esteva, Diego (2013) «Los trabajos y los miembros de la comisión revisora del Código Penal del Distrito Federal, 1903-1912», en O. Cruz Barney, H. Fix-Fierro, E. y Speckman (coords.), *Los abogados y la formación del Estado Mexicano,* México: Universidad Nacional Autónoma de México, Ilustre y Nacional Colegio de Abogados de México, Instituto de Investigaciones Históricas, pp. 391-416.

«Poder legislativo», *Semanario Oficial del Gobierno de Morelos,* 24 de junio, 1899. Disponible en: <https://hndm.iib.unam.mx/index.php/es/> [Consulta: 10/08/2022].

«Proyecto de reformas a algunos artículos del Código Penal», *El Foro,* 18 de mayo. Disponible en: <https://hndm.iib.unam.mx/index.php/es/> [Consulta: 10/08/2022].

«Proyecto de reformas a la legislación penal vigente en el Distrito», *El Foro,* 15 de junio, 1881. Disponible en: <https://hndm.iib.unam.mx/index.php/es/> [Consulta: 10/08/2022].

«Reformas necesarias», *La Patria de México,* 28 de junio, 1905. Disponible en: <https://hndm.iib.unam.mx/index.php/es/> [Consulta: 10/08/2022].

Secretaría de Justicia, *Trabajos de Revisión del Código Penal. Proyecto de Reformas y exposición de motivos, Tomo I. Primera parte Opiniones de Magistrados, Jueces, Agentes del Ministerio Público y Defensores de Oficio. Segunda Parte Estudios y Anteproyectos (Libros I y II del Código),* México: Tipografía de la Oficina Impresora de Estampillas, 1912.

«Sección de noticias» *El Municipio Libre*, 13 de julio, 1893. Disponible en: <https://hndm.iib.unam.mx/index.php/es/> [Consulta: 10/08/2022].

Seminario de Genealogía Mexicana «Cristobal Conrelio Chapital Olivera», (s.f.). Disponible en: <https://gw.geneanet.org/sanchiz?lang=en&p=cristobal+cornelio&n=chapital+olivera> [Consulta: 10/08/2022].

Seminario de Genealogía Mexicana «Fernando Lachica Flores» (s.f.). Disponible en: <https://gw.geneanet.org/sanchiz?lang=en&p=fernando&n=lachica+flores> [Consulta: 10/08/2022].

Seminario de Genealogía Mexicana «Ricardo Cicero Cámara», (s.f.=. Disponible en: <https://gw.geneanet.org/sanchiz?lang=es&n=cicero+camara&oc=0&p=ricardo> [Consulta: 10/08/ 2022].

Speckman Guerra, Elisa (2002) *Crimen y castigo. Legislación penal, interpretaciones de la criminalidad y administración de justicia (Ciudad de México, 1872-1910)*, México: El Colegio de México- Universidad Nacional Autónoma de México.

— (2003) «El derecho penal en el porfiriato: un acercamiento a la legislación, los discursos y las prácticas» en S. García Ramírez y L.A. Vargas Casillas Leticia (coords.). *Proyectos legislativos y otros temas penales. Segundas Jornadas sobre Justicia Penal*, México: Universidad Nacional Autónoma de México, pp. 201-212. Disponible en: <http://ru.juridicas.unam.mx/xmlui/handle/123456789/9447> [Consulta: 09/08/2022].

«Sucesos», *Periódico oficial del gobierno del Estado de Hidalgo*, 7 de octubre, 1886. Disponible en: <https://hndm.iib.unam.mx/index.php/es/> [Consulta: 10/08/2022].

«Tribunales de los Estados», *El Foro*, 5 de septiembre, 1884. Disponible en <https://hndm.iib.unam.mx/index.php/es/> [Consulta: 10/08/2022].

«Una edificación que urge», *Diario del Hogar*, 8 de enero, 1904. Disponible en: >https://hndm.iib.unam.mx/index.php/es/> [Consulta: 10/08/2022].

«Una plaga social», *La Voz de México*, 7 de noviembre, 1903. Disponible en: <https://hndm.iib.unam.mx/index.php/es/> [Consulta: 10/08/2022].

Tabla 1. Carrera de los magistrados y jueces en el Poder Judicial de la Federación al momento de emitir sus propuestas sobre reforma al Código Penal de 1871

Cristóbal Chapital	Juez del Juzgado Segundo de Distrito del Distrito Federal (1895-1903). Magistrado del Tribunal de Circuito de Tehuantepec (1891-1895).
Gabriel Estrada	Juez del Juzgado de Distrito de Querétaro (1896-1903). Magistrado del Tribunal de Circuito de Querétaro (1888-¿1896?). Promotor fiscal del Tribunal de Circuito de Querétaro (1883-¿?).
Daniel Zepeda	Juez del Juzgado de Distrito de Chiapas (1901-1903). Promotor fiscal del Juzgado de Distrito de Chiapas (1885-1891).
Agustín Moreno	Magistrado del Tribunal del Segundo Circuito (1896-1903).
Francisco Guerrero	Juez del Juzgado de Distrito de Morelos (1897-1903).
Hilario Silva	Juez del Juzgado de Distrito de Aguascalientes (1898-1903). Promotor fiscal del Juzgado de Distrito de Durango (1896-¿1898?).
Adalberto Andrade	Juez del juzgado de Distrito del Estado de México (1902-1903). Promotor fiscal del Juzgado de Distrito de Morelos (1899-¿1902?).
Francisco Brioso	Juez del Juzgado de Distrito de Oaxaca (1901-1903). Promotor fiscal del Juzgado de Distrito de Oaxaca (1893-¿?).
Ricardo Cicero	Magistrado del Tribunal del Primer Circuito (1900-1903).
Tomás Ortiz	Juez del Juzgado de Distrito de San Luis Potosí (1901-1903).
Juan Chávez	Juez del Juzgado de Distrito de Durango (1902-1903).
Alberto Morfín	Juez del Juzgado de Distrito de Guerrero (1902-1903).
Jesús Cadena	Juez del Juzgado de Distrito de Baja California (¿1903?). Promotor fiscal del Juzgado de Distrito de Baja California (1900).
Fernando Lachica	Juez del Juzgado de Distrito de Hidalgo (1903).

Tabla 2. Materias y artículos del Código Penal de 1871 que debían reformarse de acuerdo con las propuestas de los juzgadores federales

Materia	Artículos	Juzgadores
Embriaguez	34, 41, 45, 46, 47, 923, 924	Chapital, Silva, Zepeda, Morfín, Andrade, Brioso, Ortiz, Cadena, Chávez, Cadena
Atenuantes y agravantes de los delitos	37, 42, 44, 46, 231	Silva, Morfín, Brioso, Ortiz, Silva, Andrade, Moreno, Brioso, Cicero, Zepeda
Robo	368, 372, 376, 380, 381, 402, 403	Ortiz, Moreno, Chapital, Chávez, Silva, Cicero, Morfín, Lachica, Cadena
Falsificación de moneda	670, 672, 674, 675, 701, 732, 681, 682	Moreno, Chapital, Andrade, Estrada, Ortiz, Zepeda, Cicero, Chávez
Dolo	9, 642, 1026, 1028, 1030	Moreno, Chapital, Moreno, Chávez, Brioso, Cicero
Homicidio	544, 552, 553, 558	Ortiz, Cicero, Zepeda, Lachica, Cadena
Lesiones o heridas	517, 527, 528, 530	Zepeda, Ortiz, Cicero, Lachica
Duelo	595, 596, 611, 614, libro II, título II, capítulo XI	Brioso, Cicero, Zepeda, Andrade
Libertad preparatoria	74, 104 105	Moreno, Brioso, Cicero
Reincidencia	29, 101	Moreno, Chapital, Chávez
Infanticidio	584	Ortiz, Zepeda, Lachica
Atenuantes y agravantes de las penas	95, 97	Silva, Cicero, Zepeda
Ejercer profesión sin título	759, 760	Zepeda, Andrade
Pena de muerte	144, 238, 239	Silva, Brioso
Penas de prisión	61, 62	Brioso, Moreno

Materia	Artículos	Juzgadores
Tiempo de compurgación de pena	192, 193	Chapital, Silva
Sustitución, reducción y conmutación de penas	241	Silva, Ortiz
Violación	796	Brioso, Zepeda
Adulterio	816, 819	Brioso, Cicero
Armas prohibidas	947	Brioso, Cicero
Acumulación de penas	208, 210	Moreno, Zepeda
Ejecución de las sentencias	246, libro I, título V, capítulo IX	Silva, Andrade
Fraude	432	Moreno, Zepeda
Abuso de confianza	407	Brioso, Cicero
Despojo de cosa inmueble o aguas	445	Brioso, Zepeda
Prisión, reclusión, retención, trabajo del reo	71, 72, 74, 77, 79, 85, 86, 88, 130, 133, 136, 137	Cicero, Zepeda
Aplicación de las penas	180, 199	Cicero, Zepeda
Falsificación de sellos, cuños o troqueles	694, 699, libro III, título IV, capítulo III	Cicero, Zepeda
Falsificación de llaves	732	Cicero, Zepeda
Allanamiento	—	Zepeda, Lachica
Delitos que debían ser faltas	libro III, título VIII, capítulos I, II y III; libro III, título IX, capítulo III	Zepeda, Andrade
Plagio	626	Brioso
Delitos contra la salud	846	Ortiz
Aborto	579	Brioso

Materia	Artículos	Juzgadores
Abandono empleo, comisión o cargo	998	Andrade
Delitos de abogados, procuradores o síndicos	1061	Brioso
Rebelión	1115	Moreno
Delito de culpa	11	Ortiz
Acumulación de delitos	28	Moreno
Responsabilidad criminal	33	Silva
Complicidad	50	Zepeda
Curación de presos enfermos	63	Silva
Traslado a otro centro de reclusión	136	Brioso
Penas de delitos de culpa	199, 200, 201	Chapital
Penas a cómplices y encubridores	219, 220, 221, 222, 223	Silva
Rehabilitación del delincuente	283	Moreno
Quiebra fraudulenta	441	Brioso
Destrucción, deterioro y daños en propiedad ajena	466, 487, 494	Brioso
Indulto	287	Cicero
Ultrajes y atentados contra los funcionarios públicos	912	Cicero
Delitos de magistrados y jueces	1042	Cicero
Delitos de altos funcionarios	1059	Cicero

Materia	Artículos	Juzgadores
Vigencia ley penal	183	Andrade
Multa	capítulo III, libro I	Moreno
Extinción de la acción penal	libro I, título VI	Andrade
División de las infracciones	—	Zepeda
Delito intentado	—	Zepeda
Extrañamiento y apercibimiento	—	Zepeda
Estafa	—	Zepeda
Delitos de asentistas y proveedores	—	Zepeda
Violación de correspondencia	—	Chávez
Incesto	—	Lachica
Corrupción de menores	—	Lachica
Pederastia	—	Lachica

SISTEMA PROCESAL Y CODIFICACIÓN SUSTANTIVA: LA EQUÍVOCA AUTONOMÍA DEL MINISTERIO PÚBLICO

Rafael Estrada Michel*

Poder Judicial del Estado de México

SUMARIO: I. INTRODUCCIÓN. II. EL MINISTERIO PÚBLICO A PRINCIPIOS DEL SIGLO XX: ¿CODIFICACIÓN O CONSTITUCIONALIZACIÓN? III. ¿POR QUÉ ENTONCES NO HA FUNCIONADO EL MODELO MINISTERIAL?

I. INTRODUCCIÓN

Resulta curioso que las sucesivas tentativas codificadoras de regulación del ámbito criminal hayan hecho hincapié, cuando menos en nuestro país, en las cuestiones de dogmática «sustantiva» y no en aquellas relacionadas con la parte procesal encargada de probar la causa del Estado ante los tribunales.

En efecto, aunque desde luego han existido codificaciones procesales (la última, el célebre y vigente Código Nacional de Procedimientos Penales de 2014), no deja de inquietar que al modelo procesal no se le relacione mayormente con la planta orgánica de lo que hoy llamamos «fiscales» y que la recientísima autonomía del Ministerio Público no se predique de las agencias encargadas de su ejercicio concreto, sino de una institución (la Fiscalía General) que interviene en la determinación de estrategias procesales, las actividades (u omisiones) de investigación, los criterios de oportunidad y las argumentaciones jurídicas concretas. Por supuesto, de este modo no puede aspirar a lograr una elevada eficacia en las labores de procuración de justicia ni a asegurar la independencia o autonomía *interna* que cualquier profesional del derecho requiere para sacar adelante sus casos con éxito.

* Coordinador General de Acceso a la Justicia, Poder Judicial del Estado de México. Director general de *Tiempo de derechos*. Sistema Nacional de Investigadores, nivel 2, adscrito a la Facultad de Derecho de la UNAM.

Doblemente curioso resulta que, a pesar de que en el constituyente de 1857 la preocupación en torno al Ministerio Público fue expresada por algunos de los diputados más destacados,[1] a lo largo de la febril actividad de la comisión que entre 1903 y 1912 revisó el Código Penal Martínez de Castro[2] de 1871 se haya tratado tan solo de manera tangencial el tema orgánico de la parte acusadora y se haya patentado la conformidad con el funcionamiento —porfiriano donde los haya habido— de la recién estrenada Procuraduría General de la República. Aunque es cierto que los *Apuntes para la historia del Derecho Penal mexicano*, obra del presidente y gran promotor de la comisión, el jurista Miguel S. Macedo, no alcanzaron a analizar más allá del derecho propio de la «primera federación» (1824-1835), no deja de llamar la atención que prácticamente no exista mención alguna a los fiscales y los órganos acusadores incluso en las páginas dedicadas al análisis de los procedimientos penales.[3] Quizá la habría habido de no haber sorprendido la muerte al autor en 1929, antes de que concluyera una reseña histórica que no dejó de elogiar «al espléndido triunfo de la segunda federación y la Reforma, en las que se fijaron las bases del derecho nacional»,[4] entre las que acaso contara Macedo la planta orgánica de un ministerio auténticamente público.

Como podremos apreciar, el manejo de lo «sustantivo» frente a lo «adjetivo» como si de compartimentos estancos se tratara no ha hecho más que reproducir las características generales del movimiento codificador de occidente que, desde inicios del siglo XIX, pretendió desmontar una cultura jurídica ocho veces secular: la del *Ius Commune*, cuyos principios y valores habían de irradiarse sobre todos los ordenamientos particulares para que estos pudieran considerarse legítima y adecuadamente integrados a la noción de *Ordo*

1 «El señor (Ponciano) Arriaga entiende por causa de la acusación la personalidad legítima del acusador, pues según el sistema de la Comisión, solo pueden acusar los agraviados, los parientes de éstos o *el Agente del Ministerio público*». Sesión del 18 de agosto de 1856 en Zarco, Francisco, *Historia del Constituyente de 1857*, (Senado de la República / Ediciones Mesa Directiva, México, 2007), p. 207. No fue sino hasta el 22 de mayo de 1900 cuando una reforma al artículo 96 de la Constitución de 1857 estableció la siguiente previsión: «Los *funcionarios del Ministerio Público* y el Procurador General de la República que ha de *presidirlo*, serán nombrados por el Ejecutivo». En esa misma fecha, correspondiente a una de las administraciones del presidente Porfirio Díaz, se eliminaron las figuras del fiscal y del procurador general como «individuos» de la Suprema Corte de Justicia. *Ídem*, pp. 765, 956. Las cursivas son mías.

2 Antonio Martínez de Castro fue electo diputado por Sinaloa al Constituyente de 1857.

3 Macedo, Miguel S., *Apuntes para la historia del Derecho Penal mexicano*, México: INACIPE, 1931, pp. 258-273.

4 *Ibídem*, p. 273.

iuris, sin renunciar a la complejidad ni al análisis integral de lo jurídico. Así, aunque a efectos prácticos pudiera dividirse su análisis y estudio, el derecho procesal y el sustantivo abrevaban de una misma fuente y debían optimizar los mismos valores superlativos intrincados en una compleja red de ordenamientos plurales.

La experiencia de la codificación ha venido a sustituir, con enorme éxito, la cultura de la *Iurisdictio*. En lo tocante a nuestro tema, la institución de un ministerio acusador parecía hallarse en la lógica codificadora, puesto que el modelo procesal inquisitivo imperante en occidente desde el siglo XVI atribuía las facultades de indagación a un juez que era, al alimón, fiscal, instructor, director del proceso y decisor de la causa. En la lógica de aquello que hemos llamado apresuradamente antiguo régimen, «decir el derecho» (*iuris dicere*) implicaba allegarse mecanismos de convicción (algunos, como el tormento, muy incisivos, cuando no francamente irresistibles) para poder resolver las cuestiones con la tranquila conciencia de haber hallado la definitiva verdad de los hechos.

Aunque parece exagerado decir que el magistrado pesquisidor aparecía como juez y parte en aquellos procesos, no cabe duda de que la imparcialidad del fiscal preocupaba poco antes de la llegada del paradigma ilustrado-constitucional en aquellos tiempos de «justicia penal hegemónica», como la ha llamado Sbriccoli, con lo que el espacio para la mediación y negociación de tal cosa como un «Ministerio público acusador» se veía francamente marginado,[5] al igual que la defensa adecuada del procesado, que desde tiempos beccarianos comenzó a parecer francamente incompatible con el Estado constitucional próximo a nacer.

Sin embargo, no hay que caer en la tentación apologética. Para poder comprender las líneas maestras del tema (y, acaso, el fracaso en los diseños orgánicos y procesales), es necesario que nos hagamos cargo críticamente —esto es, sin ánimo hagiográfico— de algunas características de la codificación. Para ello, hemos de valernos de las reflexiones «entre dos milenios» del recientemente fallecido iushistoriador Paolo Grossi, que fue juez presidente de la Corte constitucional italiana y, sin lugar a duda, una autoridad ya clásica en los estudios en torno a las labores codificadoras.[6]

---

[5] *Cfr.* Sbriccoli, Mario, «Justicia criminal», en M. Fioravanti (coord.), *El Estado moderno en Europa: Instituciones y derecho*, trad. Manuel Martínez Neira, Madrid: Trotta, Madrid, 2004, pp. 159-196.

[6] Grossi, Paolo, «Códigos: algunas conclusiones entre dos milenios», en *Mitología Jurídica de la modernidad*, trad. Manuel Martínez Neira, Madrid: Trotta, 2003, pp. 67-93.

Para Grossi, el término «código» se halla marcado por una intrínseca polisemia y puede aplicarse, por lo tanto, a realidades muy diversas. La primera obligación del historiador del derecho es, pues, comparar, relativizar y diferenciar: es imprescindible distinguir entre las «codificaciones» o recopilaciones de la antigüedad (como el Código Hermogeniano o el *Codex* de Justiniano) y la codificación moderna, cuyo arquetipo es, por supuesto, la codificación napoleónica. Para el caso, la diferencia esencial radica en la obsesión del poder político contemporáneo por romper con el pasado, de la que Bonaparte fue también arquetipo y *factótum*.

La no codificada experiencia bajomedieval del derecho, por contraste, se caracterizó por una producción jurídica que: a) era aluvional (seguía el devenir de la sociedad); b) era pluralista (estaba en conexión con la sociedad y con sus fuerzas plurales); y c) era extraestatal (no se hallaba condicionada por el poder político). Fue el «puntilloso codificador» moderno, horrorizado ante el aluvión y el «desorden»[7] del *Ius Commune*, quien canceló esos caracteres. A partir del racionalismo ilustrado, quedará legitimado para leer en la naturaleza de las cosas y para extraer de ella reglas normativas únicamente el príncipe, personaje que está más allá de las pasiones y de la mezquindad de los casos particulares, que supuestamente no se deja llevar por los prejuicios de estamento alguno (incluyendo el de los juristas) y que media con pretensa imparcialidad entre los intereses de una sociedad que, en el imaginario de las Luces, tenderá a hacerse menos compleja conforme los avances extingan la obscuridad propia del antiguo régimen.

En el terreno de la terca realidad, el código termina reduciéndose a la voz del soberano nacional, a ley positiva. No en balde, fue Juan Bodino el primero en denunciar la diferencia fundamental que existe entre los vocablos *droit* y *loi*. Dos siglos después de Bodino, habiendo pasado por un Hobbes que también distinguió entre *Ius* y *Lex* y por un Rousseau que se obsesionó con la idea de una voluntad predicable de toda una comunidad y ajena a cualquier tipo de hipoteca particularista, la única fuente jurídica capaz de expresar tal *voluntad general* sería, como se sabe, la ley. El monopolio de la creación jurídica será ahora ostentado por el legislador, titular de la soberanía.

Como fuente del derecho, el código moderno se caracteriza por ser una fuente unitaria, completa y exclusiva, «espejo y cimiento de la unidad estatal». Deviene en instrumento de un «riguroso absolutismo jurídico» y tiene como protagonistas a sujetos abstractos que ordenan relaciones igualmente abstrac-

---

7 Como muestran, en el ámbito penal, las páginas introductorias al célebre opúsculo *De los delitos y de las penas* del marqués de Beccaria (1764).

tas, ajenas al contexto estamental, familiar y aún social del único sujeto real de derechos: el individuo.

El código se torna incomunicable en el sentido de que es el instrumento de un Estado centralista que se expresa en una lengua nacional «voluntariamente lejana de los mil dialectos locales, los únicos verdaderamente gratos y comprensibles para la masa popular». Considera derecho solo aquello que supere la criba de Napoleón, por poner el ejemplo más plástico. De hecho, si algún rasgo común podemos encontrar entre Justiniano y Bonaparte, lo hallaremos en la actitud de «agria hostilidad hacia la interpretación». En el fondo, tal acrimonia generó las apelaciones decimonónicas a una «exacta aplicación de la ley», sobre todo en materia criminal, que no por ser imposible se privó de dejar su estela en relación con una dogmática penal aplicable *in genere* a todo individuo, independientemente de sus circunstancias, educación, modo de vida, situación socio-económica o sitial de poder.

II. EL MINISTERIO PÚBLICO A PRINCIPIOS DEL SIGLO XX: ¿CODIFICACIÓN O CONSTITUCIONALIZACIÓN?

Así las cosas, las revisiones mexicanas de principios del novecientos solo pueden considerarse «codificación» forzando extremamente el polisémico concepto. Por casi una década fueron, más bien, discusiones de juristas y letrados en torno a una aparentemente imposible sistematización de lo penal, e invaluables recopilaciones del sentir y el pensar jurídico de la época. Con todo, el fracaso de los trabajos revisores de 1903-1912 es solo aparente, pues no cabe duda de que los cinco amplios tomos en los que se publicaron sus trabajos influyeron notablemente en los constituyentes que, en 1917, trataron de poner en práctica, con eficacia, los ideales de 1857. Si en lo sustantivo fueron el punto de partida para la redacción del postrevolucionario Código Penal de 1929, en los aspectos orgánico y procesal, así se hayan derivado de pláticas informales que no terminaron por plasmarse en actas, sin duda alguna influyeron en lo que «don Nati y compañía» —es decir, el diputado José Natividad Macías y su grupo parlamentario renovador— legislaron en Querétaro entre diciembre de 1916 y febrero de 1917. De esta manera, más bien terminaron refiriéndose a trabajos de constitucionalización, por lo menos en lo que a nuestra materia concierne: no debe olvidarse que la Comisión comenzó a trabajar en 1903, a buen seguro acicateada por la enmienda de 1900 a la Constitución general de la república que, como hemos señalado, dio vida a un Ministerio Público que dependería orgánica y funcionalmente del Poder Ejecutivo.

Como es bien sabido, el Plan de Guadalupe del gobernador de Coahuila, Venustiano Carranza, llamó en 1913 a los mexicanos a cumplir con su deber político «sin ofertas y sin demandas al mejor postor».[8] El movimiento carrancista desconocía al Gobierno golpista de Victoriano Huerta y llamaba a «crear una nueva constitución cuya acción benéfica sobre las masas nada, ni nadie, pueda evitar».[9]

Desde Veracruz, el 12 de diciembre de 1914, Carranza incorporó las demandas sociales del movimiento revolucionario al Plan de Guadalupe (que era del 26 de marzo de 1913) para contrarrestar la fama del comandante de la División del Norte, Francisco Villa, a quien el ya por entonces primer jefe de la revolución constitucionalista acusaba de insubordinación. Ello no impidió que Villa resultara triunfante en el empeño de mudar la convención de jefes militares revolucionarios a la ciudad de Aguascalientes,[10] convención que desconoció a Carranza y que comenzó a discutir un modelo constitucional alternativo al de don Venustiano.

Para abril de 1915, Félix Palavicini, periodista afín al régimen carrancista, aseguraba que era necesario convocar a una asamblea constituyente para que «antes de que exista funcionamiento orgánico de Poderes Federales, estudie, ratifique o enmiende las reformas sociales conquistadas por el pueblo en armas... Revisemos la Constitución de 1857, corrijamos sus defectos, incrustemos en ella las reformas conquistadas en la Revolución»,[11] solicitaba el futuro diputado constituyente.

El artículo 2º de las adiciones al Plan de Guadalupe había dispuesto que el primer jefe, encargado del Poder Ejecutivo de la república, debía expedir «todas las leyes, disposiciones y medidas encaminadas a dar satisfacción a las necesidades económicas, sociales y políticas del país, efectuando las reformas que la opinión exige como indispensables para restablecer el régimen que

8 Véase. Ferrer Mendiolea, Gabriel, *Historia del Congreso Constituyente de 1916-1917*, México: Secretaría de Educación Pública / Instituto Nacional de Estudios Históricos de las Revoluciones de México, 2014, p. 3.

9 Véase Carrillo Castro, Alejandro, *Conversaciones con Carranza*, México: Fundación Miguel Alemán, 2011, p. 178.

10 Véase Bórquez, Djed, *Crónica del Constituyente*, México: Secretaría de Educación Pública / Instituto de Investigaciones Jurídicas Universidad Nacional / Instituto Nacional de Estudios Históricos de las Revoluciones de México, 2014, pp. 55-63.

11 En: Galeana, Patricia, «Prólogo», *Diario de los debates del Congreso Constituyente 1916-1917*, México: Secretaría de Educación Pública / Instituto de Investigaciones Jurídicas Universidad Nacional / Instituto Nacional de Estudios Históricos de las Revoluciones de México, 2014, tomo I, pp. xiv-xv.

garantice la igualdad de los mexicanos entre sí». Entre tales reformas destacaban las correspondientes a la «revisión de los códigos civil, penal y de comercio», así como las reformas «del procedimiento judicial, con el propósito de hacer expedita y efectiva la Administración de Justicia».[12] Se preveía que, cuando años después se instalara formalmente el Congreso de la Unión, el primer jefe diese cuenta al Parlamento de la utilización de sus facultades extraordinarias, quedando el Congreso en facultad de ratificar, enmendar o complementar las reformas y, posteriormente, de elevar al texto constitucional aquellas que debieran «tener dicho carácter, antes de que se restablezca el orden constitucional» (art. 5°). Ignacio Burgoa aseguraba, décadas después de la promulgación de la Constitución de 1917, que «no es que Carranza quisiera restituir intactamente la Constitución de 57, pues de haberlo hecho así, hubiera resultado nugatoria e inútil la Revolución de 1910».[13]

Al inaugurar finalmente el Congreso constituyente, Carranza reconoció que su proyecto retomaba varias disposiciones de la Constitución de 1857, a la que se reconoció como «legado precioso» de nuestros padres bajo cuya sombra «se ha consolidado la nacionalidad mexicana» consagrando «los más altos principios reconocidos al fulgor del incendio que produjo la revolución más grande que presenció el mundo en las postrimerías del siglo XVIII». Sin embargo, dado que «desgraciadamente, los legisladores de 1857 se conformaron con la proclamación de principios generales que no procuraron llevar a la práctica, acomodándolos a las necesidades del pueblo mexicano; de manera que nuestro código político tiene en general el aspecto de fórmulas abstractas en que se han condensado conclusiones científicas de gran valor especulativo, pero de las que no ha podido derivarse sino poca o ninguna utilidad positiva», era necesario proceder a generar un renovado —quizá sea más preciso decir «nuevo»— orden fundamental para la república.

Un poco antes de inaugurar el Congreso, don Venustiano había emitido la convocatoria a elecciones para legisladores constituyentes y había presentado el proyecto de enmiendas y adiciones a la Constitución decimonónica, obra del ya mencionado Macías y de Luis Manuel Rojas.[14] No se crea, sin embargo, que por provenir del Ejecutivo y del jefe mejor considerado dentro de la Revolución, el proyecto pasó sin mayor discusión ni enmienda.

Todo lo contrario. Acicateada por la radicalidad de las medidas que villistas y zapatistas habían propuesto desde la Convención de Aguascalientes, la no-

---

12 Carrillo, *Conversaciones...*, pp. 186-187.

13 Burgoa Orihuela, Ignacio. *Derecho Constitucional Mexicano*, México: Porrúa, 2006, p. 339.

14 Galeana, Patricia, «Prólogo», *Diario...* p. xv.

table labor del Constituyente de 1917 se caracterizó por «otorgar medidas de protección en favor de los campesinos y de los obreros (en) los artículos 27 y 123, que buscaron rectificar la gran injusticia social que se cometió en perjuicio de dichas clases, a partir de las Leyes de Reforma y durante todo el tiempo que medró en México el individualismo rampante de la Constitución de 1857. Al restringir en el artículo 28 la libertad de comercio de la escuela liberal trató de impedirse que, al amparo de esa libertad, los grandes monopolios la extirparan. Si la técnica fue defectuosa, si las leyes secundarias interpretaron mal los textos constitucionales y si los ejecutores pervirtieron el sistema, a pesar de todo eso queda a salvo el propósito generoso de los artículos 27, 28 y 123, al reproducir en nuestro tiempo el mismo espíritu humanitario que resplandeció en la legislación de Indias».[15]

Con todo, junto a las reivindicaciones colectivas, un dejo de individualismo prometido e incumplido aparece como constitutivo de la revolucionada nación a través de la codificación y del procedimiento judicial, de manera que en la nueva Constitución se incluyeron ciertos principios liberales como el ideal de justicia procesal, de justicia para el caso concreto y de justicia no vinculada, al menos directamente, con lo social o con la justicia de clase. Se trata de principios destinados a proteger la realización de la libertad y de la igualdad, sobre todo en el ámbito individual.

Se rescató, por tanto, la importancia del proceso penal como el que mayor potencial constitutivo y generador de libertad e igualdad posee. En palabras del primer jefe, «el primer requisito que debe llenar la Constitución Política tiene que ser la protección otorgada, con cuanta precisión y claridad sea dable, a la libertad humana, en todas las manifestaciones que de ella derivan de una manera directa y necesaria, como constitutivas de la personalidad del hombre».

Carranza concibió al proceso criminal como el mayor generador de libertad en un sentido no estamental. El artículo 16 de la Constitución siguió las líneas fijadas en su proyecto con adecuaciones derivadas de la «larga y preferente atención [que] dieron los diputados constituyentes a este artículo, que más tarde será constantemente invocado en los juicios de amparo»[16]

---

15 Tena Ramírez, Felipe, «Derecho Constitucional», en *Evolución del Derecho Mexicano 1921-1942,* México: Jus, 1943; ahora en J. R. Cossío Díaz y R. Estrada Michel, comps., *Obras completas. Felipe Tena Ramírez. Obras ordenadas por tema y orden cronológico,* México: Facultad de Derecho UNAM-Porrúa-Escuela Libre de Derecho, 2015 p. 166.

16 Palavicini, Felix F., *Historia de la Constitución de 1917,* México: Secretaría de Educación Pública-Instituto de Investigaciones Jurídicas Universidad Nacional-Instituto Nacional de Estudios Históricos de las Revoluciones de México, 2014, p. 393.

al referirse a los requisitos para expedir órdenes de aprehensión y a la detención por flagrancia y caso urgente que ya se habían discutido, con poco éxito, en 1856-57.

El artículo 19 delimitó la labor de un ministerio acusador genuinamente público, de tal manera que el auto de formal prisión tendría que expresar el delito «que se impute al acusado», así como los elementos típicos del mismo, «lugar tiempo y circunstancias de ejecución» del hecho «y los datos que arroje la averiguación previa, los que deben ser bastantes para comprobar el cuerpo del delito y hacer probable la responsabilidad del acusado». Solo con el dictado de tal auto la detención podría exceder el término de tres días. El proceso se seguiría forzosamente por las conductas señaladas en el auto: todo delito que surgiera en la convicción acusadora con posterioridad tendría que desahogarse a través de «acusación separada». Y tras semejantes preceptos en todo tendentes a una defensa equitativa frente a las armas del ministerio acusador, la Constitución de 1917 redoblaría el garantismo: «Todo maltratamiento en la aprehensión o en las prisiones; toda molestia que se infiera sin motivo legal; toda gabela o contribución en las cárceles, son abusos que serán corregidos por las leyes y reprimidos por las autoridades».

Como también había sucedido en 1857, el artículo 14 fue un compendio de varios principios jurídicos. En su versión final contendría dos preceptos claves: la prohibición de leyes retroactivas en perjuicio del inculpado y la garantía de exacta aplicación de la ley, tan criticada por Emilio Rabasa por abrir las puertas indiscriminadamente al amparo en formato de juicio de casación. Carranza, que coincidió con Rabasa en el Senado porfiriano, criticó duramente el juicio de amparo que, en manos de jueces incondicionales del Ejecutivo federal, se había convertido, a su juicio, en legitimador de abusos, en embrollador de asuntos judiciales y en invasor de las competencias locales: «El recurso de amparo, establecido con un alto fin social, pronto se desnaturalizó hasta quedar primero convertido en arma política; y, después, en medio apropiado para acabar con la soberanía de los estados; pues de hecho quedaron sujetos de la revisión de la Suprema Corte hasta los actos más insignificantes de sus miembros... [por ello, estando] completamente a disposición del jefe del poder ejecutivo, se llegó a palpar que la declaración de los derechos del hombre al frente de la constitución federal de 1857 no había tenido la importancia práctica que de ella se esperaba».

Parecía que hablaba Rabasa, el espectral proscrito que tan grande e inconfesada influencia tuvo en los trabajos del Congreso de Querétaro: por la vía del artículo 14 constitucional, y de la extensión de la garantía de exacta aplicación de la ley a los juicios civiles, los tribunales federales terminaron por convertirse en revisores de todos los actos de las autoridades judiciales de los estados.[17]

En *El artículo 14*, su inquietante obra de 1906, Rabasa alegaba que el amparo, al extenderse en su tutela a la garantía de «exacta aplicación de la ley», había tornado derecho fundamental hasta el último precepto del más alejado reglamento local: independientemente de la materia normativa, los tribunales federales poseían la capacidad para intervenir y asegurarse de que las autoridades locales no inaplicasen ni aún flexibilizaran la regulación de las más nimias actividades. La pretensión de Rabasa al despuntar el siglo XX era lograr la depuración del amparo, la aplicación del amparo a la defensa pura de la constitución, de manera que la garantía de legalidad en México se asumiera al estilo norteamericano.[18] Sin citarlo, Carranza sería el encargado de proponer la cristalización de sus ideas.

Finalmente, el amparo se concretó como un instrumento para defender los derechos otorgados (aún no «reconocidos», expresión que habría de aguardar hasta 2011) por la Constitución en forma de garantías constitucionales. No hubo mayor discusión y todo quedó aprobado por unanimidad, al grado que estos principios aún rigen en la actualidad, con lo que, si se analiza desapasionadamente el caso, la Constitución de 1857 consiguió malas interpretaciones y, aplicaciones aparte, una perdurabilidad que pocos documentos logran.

Del otro lado de la ecuación, esto es, colocados ya no en sede judicial, sino ministerial, no sobra recordar lo que el gran cronista del constituyente Juan de Dios Bohórquez («Djed Bórquez») narró en torno a la trascendente participación del general Francisco J. Mújica en la discusión del artículo 16 constitucional (23 de diciembre de 1916). Según Bórquez, Mújica habría sostenido que «el Ministerio Público, para que surta sus efectos y para que llene la nece-

---

17 «Sin embargo de esto —reconocía el propio Carranza— hay que reconocer que en el fondo de la tendencia a dar al artículo 14 una extensión indebida, estaba la necesidad ingente de reducir a la autoridad judicial de los Estados a sus justos límites, pues bien pronto se palpó que convertidos los jueces en instrumentos ciegos de los gobernadores, que descaradamente se inmiscuían en asuntos que estaban por completo fuera del alcance de sus atribuciones, se hacía preciso tener un recurso, acudiendo a la autoridad judicial federal para reprimir tantos excesos». Por ahí comenzaba el primer jefe su razonamiento en torno a la capacidad *constitutiva* del debido proceso.

18 *Cfr.* Azuela, Mariano, «El Amparo y sus reformas», en *El pensamiento Jurídico de México,* (Porrúa, México, 1949), ahora en *El pensamiento jurídico de México en el Derecho Constitucional,* ahora en J.R. Cossío Díaz, José Ramón, comp., México: Centro de Documentación y Análisis, Archivos y Compilación de Leyes de la Suprema Corte de Justicia de la Nación, 2015, p. 65

sidad a que está llamado, es necesario que esté vigilante en todos momentos, que esté tan pendiente de la justicia de la que es guardián, como el poder ejecutivo es el guardián de la sociedad, y es indudable que no habrá ninguna dificultad para los interesados en la aprehensión de un delincuente, el que se efectúe aquella aprehensión en cualquier momento, supuesto que está allí el representante del Ministerio Público para pedirla desde luego [...] Esta necesidad de garantizar la libertad de los individuos cuando se trata de delitos del orden común, ha nacido indudablemente de toda esa serie de atropellos que en tiempos pasados se vinieron cometiendo en la persona de los ciudadanos, y en los que indudablemente tenían una gran participación las autoridades políticas, no solo por su mala inclinación y su mala educación en aquellos tiempos, sino por lo fácil que es sorprender a una autoridad, principalmente en nuestros pueblos pequeños en que los representantes del poder son hombres ignorantes y no alcanzan a darse cuenta de la gravedad de un atropello y que solo tienen presente este pensamiento: el de que han de dar garantías; y así dictaban y pueden dictar en lo sucesivo órdenes de aprehensión a diestra y siniestra, con la idea de que están dando garantías».[19]

El Ministerio Público parece aquí, más bien, una suerte de superintendente de las determinaciones judiciales. Carranza tenía en mente otra cosa. Si en 1857 había adquirido simplemente rasgos certificadores de la legalidad con la que supuestamente tenían que actuar los jueces, tal como ocurría en las audiencias del Antiguo Régimen, que contaban con «fiscales» al lado de los «oidores», el Ministerio Público había pasado a ser la piedra de toque del sistema mixto de enjuiciamiento cuando, en 1900, fue concebido como órgano acusador funcionalmente dependiente del Poder Ejecutivo y, en lo que a las responsabilidades se refiere, sometido al Poder Legislativo que exigía de él una «exacta aplicación» de su voluntad. Ahora bien, el tipo mixto, que no terminaba de ser acusatorio ni dejaba de ser inquisitivo, se tradujo durante el tardo porfiriato en la deplorable práctica de que los jueces penales se constriñeran a certificar con su timbre, firma y sello, la validez de las conclusiones acusatorias del fiscal. Puntualmente, era el mundo al revés: el juez sometido a su antiguo empleado. Un sincretismo[20] que, además, no se decidía entre lo individual y lo corporativo o propio de la «defensa social». Todo, pues, «a medias y eclécticamente», como diría Natividad Macías respecto de la regulación de 1857.

---

19 Bórquez, *Crónica...*, pp. 143-144.

20 Una tesis constante de la profesora Elisa Speckman Guerra, ahora hallable a lo largo de *En tela de juicio. Justicia penal, homicidios célebres y opinión pública, México, siglo XX*, Valencia: Tirant lo blanch-Universidad Nacional Autónoma de México, 2020.

Carranza comprendió a la perfección la idea de Macías, como puede apreciarse en el multicitado *Discurso inaugural*:

> Las Leyes vigentes, tanto en el orden federal como en el común, han adoptado la institución del Ministerio Público, pero esta adopción ha sido nominal, porque la función asignada a los representantes de aquel tiene un carácter meramente decorativo para la recta y pronta administración de la justicia. Los jueces mexicanos han sido, durante el periodo corrido desde la consumación de la Independencia hasta hoy, iguales a los jueces de la época colonial: ellos son los encargados de averiguar los delitos y buscar las pruebas, a cuyo efecto siempre se han considerado autorizados a emprender verdaderos asaltos contra los reos, para obligarlos a confesar, lo que sin duda alguna desnaturaliza las funciones de la judicatura...
>
> La sociedad entera recuerda horrorizada los atentados cometidos por jueces que, ansiosos de renombre, veían con positiva fruición que llegase a sus manos un proceso que les permitiera desplegar un sistema completo de opresión, en muchos casos contra personas inocentes, y en otros contra la tranquilidad y el honor de las familias, no respetando, en sus inquisiciones, ni las barreras mismas que terminantemente establecía la ley.

Sesenta años antes, Ponciano Arriaga había dado vida a una fantasmal institución que, sin embargo, podría llegar a constituirse en solución:

> La misma organización del Ministerio Público, a la vez que evitará ese sistema procesal tan vicioso, restituyendo a los jueces toda la dignidad y toda la respetabilidad de la magistratura, dará al Ministerio Público toda la importancia que le corresponde, dejando exclusivamente a su cargo la persecución de los delitos, la busca de los elementos de convicción, que ya no se hará por procedimientos atentatorios y reprobados, y la aprehensión de los delincuentes.

Con la virtud adicional de dotar con eficacia, al fin, a la prohibición de detenciones arbitrarias, el añejo deseo de 1857 que nunca, en realidad, había logrado cristalizar:

> Por otra parte, el Ministerio Público, con la policía judicial represiva a su disposición, quitará a los presidentes municipales y a la policía común la posibilidad que hasta hoy han tenido de aprehender a cuantas personas juzgan sospechosas, sin más méritos que su criterio particular.

Para el primer jefe —cuyo amigo Rabasa, con quien Macías realizó sus pininos profesionales, ocupó una agencia del Ministerio Público por algún tiempo a fines del siglo XIX—, la revitalizada institución haría por fin realidad la vigencia de esos «derechos del hombre» que hoy, antimetafísicamente, comenzarían a llamarse «garantías individuales»:

> Con la institución del Ministerio Público, tal como se propone, la libertad individual quedará asegurada; porque según el artículo 16, nadie podrá ser detenido sino por orden de la autoridad judicial, la que no podrá expedirla sino en los términos y con los requisitos que el mismo artículo exige.

Las *Actas del Congreso Constituyente*, casi siempre preteridas en el análisis en favor del *Diario de debates*, hablan muy a las claras del amplio consenso que logró la propuesta Carranza-Macías:

> Art. 21.- La imposición de las penas es propia y exclusivamente de la autoridad judicial. La persecución de los delitos incumbe al Ministerio Público y a la policía judicial, la cual estará bajo la autoridad y mando inmediato de aquél. Compete a la autoridad administrativa el castigo de las infracciones de los reglamentos gubernativos y de policía, el cual únicamente consistirá en multa o arresto hasta por treinta y seis horas; pero si el infractor no pagare la multa que se le hubiere impuesto, se permutará esta por el arresto correspondiente, que no excederá en ningún caso de quince días.
>
> Si el infractor fuere jornalero u obrero no podrá ser castigado con multa mayor del importe de su jornal o sueldo en una semana.

No da lugar a discusión, y, puesto desde luego a votación, es aprobado por 158 votos de la afirmativa contra 3 de la negativa, que correspondieron a los CC. diputados Aguilar Antonio, Garza Zambrano y Rodríguez González.[21]

Ahora bien, a pesar de los innegables avances, las confusiones entre procuración y administración de justicia y el sincretismo que no nos permitía tener fiscalías propiamente dichas siguieron estando presentes:

> *DE LAS FACULTADES DEL CONGRESO*
>
> Art. 73. El Congreso tiene facultad:
>
> [...]
>
> 5ª.- El Ministerio Público en el Distrito Federal y en los Territorios estará a cargo de un Procurador General, que residirá en la ciudad de México, y del número de agentes que determine la ley, dependiendo dicho funcionario directamente del presidente de la República, quien lo nombrará y removerá libremente.
>
> [...]
>
> Art. 102. La ley organizará el Ministerio Público de la Federación, cuyos funcionarios serán nombrados y removidos libremente por el Ejecutivo, debiendo estar presididos por un Procurador General, el que deberá tener las mismas calidades requeridas para ser Magistrado de la Suprema Corte.

---

21 *Actas del Congreso Constituyente*, 40.ª Sesión ordinaria del Congreso Constituyente, celebrada en el Teatro Iturbide de la ciudad de Querétaro, la tarde del sábado 13 de enero de 1917.

> Estará a cargo del Ministerio Público de la Federación la persecución, ante los tribunales, de todos los delitos del orden federal; y, por lo mismo, a él le corresponderá solicitar las órdenes de aprehensión contra los reos; buscar y presentar las pruebas que acrediten la responsabilidad de estos; hacer que los juicios se sigan con toda regularidad para que la administración de justicia sea pronta y expedita; pedir la aplicación de las penas e intervenir en todos los negocios que la misma ley determinare.
>
> El Procurador General de la República intervendrá personalmente en todos los negocios en que la Federación fuese parte; en los casos de los ministros, diplomáticos y cónsules generales, y en aquellos que se suscitaren entre dos o más estados de la Unión, entre un estado y la federación o entre los poderes de un mismo estado. En los demás casos en que deba intervenir el Ministerio Público de la Federación, el Procurador General podrá intervenir por sí o por medio de alguno de sus agentes.
>
> El Procurador General de la República será el consejero jurídico del Gobierno; tanto él como sus agentes se someterán estrictamente a las disposiciones de la ley, siendo responsables de toda falta u omisión o violación en que incurran con motivo de sus funciones.

A pesar de que los diputados parecían tener muy clara su adscripción ejecutiva, el asunto del Ministerio Público fue incluido en votación idéntica a la correspondiente al Poder Judicial:

> La Secretaría da lectura al dictamen reformado referente al Poder Judicial, que presenta la segunda Comisión. Puesto desde luego a discusión, el C. diputado Cañete hace una interpelación, que contesta el C. diputado Medina. Para hacer aclaraciones hacen uso de la palabra los CC. diputados González, Rivera Cabrera, Medina, Múgica y Martí. El C. diputado Palavicini hace varias explicaciones y aclaran algunos puntos los CC. diputados Truchuelo y Medina.
>
> El C. presidente de la segunda Comisión manifiesta que, atendiendo algunas indicaciones que se le han hecho en lo privado, ha aceptado una nueva modificación y, después de que hacen aclaraciones los CC. diputados Múgica, González y Pastrana Jaimes, la Asamblea acepta la nueva modificación, y en votación económica, resuelve que el asunto está suficientemente discutido. El C. diputado Múgica pide la palabra para un hecho y pide se incluya en la votación la fracción II del artículo 79, que estaba pendiente. La Asamblea acuerda de conformidad. El C. diputado Céspedes pide la palabra para una aclaración, y la Presidencia no se la concede, por estar agotado el debate.
>
> Los preceptos que van a votarse son los siguientes:
>
> Art. 73o....
>
> ...
>
> Inciso V.- El Ministerio Público en el Distrito Federal y en los Territorios estará a cargo de un Procurador General que residirá en la ciudad de México y

del número de Agentes que determine la ley, dependiendo dicho funcionario directamente del presidente de la República, el que lo nombrará y removerá libremente.

...

Artículo 102.- La ley organizará el Ministerio Público de la Federación, cuyos funcionarios serán nombrados y removidos libremente por el Ejecutivo, debiendo estar presididos por un Procurador General, el que deberá tener las mismas calidades requeridas para ser Magistrado de la Suprema Corte.

Estará a cargo del Ministerio Público de la Federación la persecución ante los Tribunales de todos los delitos de orden federal, y, por lo mismo, a él le corresponderá solicitar las órdenes de aprehensión contra los reos, buscar y presentar las pruebas que acrediten la responsabilidad de éstos, hacer que los juicios se sigan con toda la regularidad, para que la administración de justicia sea pronta y expedita; pedir la aplicación de las penas e intervenir en todos los negocios que la misma ley determinare.

El Procurador General de la República intervendrá personalmente en todos los negocios en que la Federación fuere parte, y en los casos de los ministros, diplomáticos y cónsules generales y en aquellos que se suscitaren entre dos o más estados de la Unión, entre un estado y la federación o entre los poderes de un mismo estado. En los demás casos en que deba intervenir el Ministerio Público de la Federación, el Procurador General podrá intervenir por sí o por medio de alguno de sus agentes.

El Procurador General de la República será el consejero jurídico del Gobierno, y tanto él como sus agentes se someterán estrictamente a las disposiciones de la ley, siendo responsables de toda falta u omisión o violación en que incurran con motivo de sus funciones.

Se procede a recoger la votación nominal, quedando aprobados los artículos anteriores por unanimidad de 150 votos, a excepción del artículo 94o., que se aprobó por 148 votos de la afirmativa contra 2 de la negativa, de los CC. diputados De los Ríos y Truchuelo; y del artículo 96o., que resultó aprobado por 149 votos de la afirmativa, contra 1 de la negativa, del C. diputado Truchuelo.

A las 7.45 p.m. se levantó la sesión.

Al margen: Aprobada. 22 de enero de 1917.- José M. Truchuelo, D. S.

Es copia. Querétaro de Arteaga, enero 23 de 1917.- El Oficial Mayor: Fernando Romero García.[22]

A diferencia de lo que ocurrió con la cuestión judiciaria, el juicio de amparo y la conformación de la Suprema Corte, incluidos en materia ministerial,

---

22 *Ídem,* 54a. Sesión ordinaria del Congreso Constituyente, celebrada en el teatro Iturbide, de la ciudad de Querétaro, la tarde del domingo 21 de enero de 1917.

el artículo 102 alcanzó un amplio consenso. Con su no confesada planta rabasiana, el modelo acusatorio se apuntó uno de sus primeros triunfos constitucionales en México (pocos lustros después, el descarnado realismo de los legisladores derivados lo sustituirían, en el Código de Procedimientos Penales de 1931, por un —aquí sí confeso— modelo mixto con prevalencia de los «matices» inquisitivos). Queda, sin embargo, el esfuerzo de 1917 como motivo de orgullo si no codificador, sí constitucional.

III. ¿POR QUÉ ENTONCES NO HA FUNCIONADO EL MODELO MINISTERIAL?

El orden constitucional derivado del carrancismo no puede ser acusado de haber frustrado el modelo acusatorio adversarial a través de un ministerio que, tras la deriva autoritaria del Maximato, expresada en códigos y leyes secundarias, se convirtió en todo menos en «público».[23] El modelo «mixto» con prevalencia «inquisitiva» se mostró, durante el siglo XX, una y otra vez inconstitucional, a pesar de que los tribunales no procedieran a declararlo así. Lo propio ocurrió con la autonomía efectiva para las fiscalías acusadoras, perpetuamente diferida a pesar de las más que claras expresiones de Mújica y Carranza.

En los términos originales del artículo 102, los *funcionarios* del Ministerio Público serían nombrados y removidos libremente por el Ejecutivo y se verían *presididos* por el procurador general de la república, cuya intervención personal se reducía a los negocios en los que la Federación fuese parte. En los demás casos, se hallaba facultado para intervenir «*por sí* o por medio de alguno de *sus* agentes». Una reforma de 1940 aclaró que el presidente de la República podría remover al procurador y a cualquier funcionario del Ministerio Público, pero solamente siguiendo «principios de estricto derecho». Parece claro que se pretendía predicar la autonomía no solo de la cabeza de la Procuraduría, sino de los *funcionarios* que ya se llamaban *agentes* del Ministerio Público. Si bien es importante que los Fiscales generales, bien sean locales o federales, no dependan ni orgánica ni funcional ni presupuestariamente de los ejecutivos correspondientes, también es trascendente que el funcionariado de las procuradurías goce de una *autonomía relativa* que, sin abjurar ni subvertir el principio de unidad en el Ministerio, genere las parcelas de independencia suficientes para el óptimo desempeño de la función acusadora.

---

23 *Cfr.* Piccato, Pablo, *Historia nacional de la infamia*, trad. Claudia Itzkowich, México: CIDE-Grano de Sal, 2020.

Desde 1994, año en que se instituyó la necesidad de aprobación parlamentaria para la propuesta ejecutiva sobre la persona titular de la Procuraduría General de la República, hasta 2014 en que se constitucionalizó la llamada «autonomía de las fiscalías», quedó la impresión de que basta con que la cabeza del Ministerio Público corte los vasos comunicantes que lo unen al titular del Poder Ejecutivo para que los objetivos de eficacia y protección de los intereses públicos fundamentales en sede acusatoria queden garantizados. Impresión falsa, sin duda, pues da lugar a cotos de poder unipersonal y jerarquizado vedado a controles y rendición de cuentas e impermeable a la necesidad de generar incentivos para que los «agentes del Ministerio Público» (es decir, las y los fiscales «no generales») obtengan sentencias favorables a la causa del Estado mexicano.

La cuestión se tornó aún más acuciante desde la reforma para la oralidad penal (2008), puesto que el sistema acusatorio y adversarial requiere, para poder funcionar, de una estricta «igualdad de armas» entre las partes, y es evidente que la o el jurista de la acusación jamás estará en paridad con la defensa si tiene que estar respondiendo a las indicaciones (en ocasiones, auténticas instrucciones inmotivadas) de quien encabeza la Fiscalía General. Si un juez de distrito tuviese que estar sometido a las órdenes de sus tribunales de alzada y de las y los ministros integrantes de la Suprema Corte, no habría forma de que cumpliera su deber en forma expedita, eficaz e independiente. Es por eso precisamente que el relator de las Naciones Unidas para la Independencia Judicial insistió, en su informe de 2019, en que las garantías orgánicas de autonomía interna que se predican respecto de la Judicatura deben entenderse extendidas al ámbito ministerial. De lo contrario, se tendrá un remedo de proceso de enjuiciamiento de las causas criminales, impropio de un Estado constitucional y democrático de derecho: «Únicamente un sistema imparcial de magistrados y fiscales verdaderamente independientes de cualquier influencia externa o interna podrá hacer frente a los desafíos que plantean la delincuencia organizada y la corrupción mundial».[24]

A partir de la reforma de 2014, nos enfrentamos a un problema conceptual. El Ministerio Público de la federación *se organiza en* una Fiscalía General, que es la que parece gozar de autonomía, convirtiéndose la potestad acusadora en un mero mandato, un *ministerio*. Autonomía, pues, no para la función sino para el órgano que, estructurado piramidalmente, como ocurre en nues-

---

[24] Naciones Unidas. *Informe del relator especial sobre la independencia de los magistrados y abogados, Diego García-Sayán, presentado en atención a la resolución 35/11 del Consejo de Derechos Humanos*, 16 de julio de 2019, p. 20/22.

tra legislación, termina reconociendo la práctica totalidad de potestad a su titular, es decir, a la estructura unipersonal que la encabeza.

¿Es esta la mejor práctica posible?, ¿no existen formas más eficientes de organizar fiscalías? Si es el Ministerio Público el que debe desenvolverse conforme a los principios de legalidad, objetividad, eficiencia, profesionalismo, honradez y respeto a los derechos humanos, ¿por qué no lo dotamos de garantías institucionales y orgánicas suficientes para ello en lugar de sujetarlo a las disposiciones de una sola persona a la cual le exigimos, además, la imposible tarea de conocer al detalle todas las causas que se tramiten ante el órgano constitucional autónomo que encabeza?

Y mejor ni hablar del régimen de responsabilidades, pues si todo puede derivarse hasta el fiscal general sin que los tramos efectivos de responsabilidad queden claros en el *iter*, ¿a quién podremos hacer responder, más allá de lo político, por una mala estrategia procesal, una mala argumentación jurídica, una falla en la cadena de custodia o una falencia en el ofrecimiento y desahogo de las pruebas?

Un fiscal general no debería poseer potestades tan ilimitadas que le permitan, por ejemplo, retirar cualquier tipo de apoyo, auxilio o asesoría pericial y jurídica a un agente del Ministerio a su cargo. Si su capacidad de autorregulación e interferencia en la labor de los fiscales es tan amplia, diríase que omnímoda, no debería extrañarnos que todos los asuntos y todos los fracasos terminen por impactar en su oficina y en su trayectoria política, sin que podamos saber quiénes fueron las personas que, encargadas de tal o cual causa, efectivamente fallaron.

Una vuelta al espíritu original de 1917 permitiría establecer un modelo de *fiscalías de distrito* encargadas a un fiscal de distrito autónomo que, a su vez, cuente con los fiscales auxiliares especializados por materia que se requieran y que responda efectivamente por la investigación que condujo y por la estrategia procesal que siguió, en un juego de incentivos efectivos con carrera de servicio civil ministerial de por medio.

En este modelo, que cuenta con experiencias probadas en otros países, el fiscal general mantiene la superintendencia, vigilancia y régimen de disciplina sobre las fiscalías de distrito, pero respeta sus ámbitos de autonomía y no es responsable de todo cuanto se decida en ellas. Los fiscales de distrito, que se hallan sujetos a un estricto régimen de responsabilidades y rendición de cuentas, participan en concursos de oposición para optar por tal o cual adscripción distrital, sin que puedan ser removidos de ella, una vez obtenida, salvo por causa de ilicitud grave. Articulación y sistemática semejante promueven índices de eficacia ministerial mucho más altos que los que conocemos en México.

En 2014, el artículo 102 del texto constitucional mexicano inauguró el vicio de referirse a las responsabilidades del fiscal general de la república «y de sus agentes», deslizando una equivocación que puede resultar fatal para el modelo procesal acusatorio, puesto los agentes no son del fiscal, sino del Ministerio Público: de la cosa pública, de la república, en realidad.

Como hemos pretendido probar en estas líneas, hay formas (y ha habido tentativas) de evitar que semejantes vicios y errores de la regulación y de la práctica se perpetúen, impidiéndonos gozar de las fiscalías eficientes y responsables que exige un modelo de Estado constitucional como el que pretendemos tener.